Three Crowns and Eleven Tears
East Norse Philology from Cologne

Three Crowns and Eleven Tears
East Norse Philology from Cologne

Edited by
Anja Ute Blode & Elena Brandenburg

SELSKAB FOR ØSTNORDISK FILOLOGI

Anja Ute Blode & Elena Brandenburg (red.): *Three Crowns and Eleven Tears: East Norse Philology from Cologne*

Selskab for østnordisk filologi, nr. 4
Universitets-Jubilæets danske Samfund, nr. 605

Tilsyn: Simon Skovgaard Boeck
Bogens bidrag har desuden været underkastet anonym fagfællebedømmelse

Udgivet med støtte fra
Institut für Skandinavistik/Fennistik, Universität zu Köln
Fachverband Skandinavistik e.V.
Letterstedtska Föreningen
Svend Grundtvigs og Axel Olriks Legat

Printed in Denmark by Tarm Bogtryk A/S
ISBN 978-87-408-3417-8

Kommissionær: Syddansk Universitetsforlag

Omslag: Cod. Holm. K 47, bl. 1; prologen til Ivan Løveridder
Se http://tekstnet.dk/ivan-loeveridder/1.
Originalen tilhører Kungliga biblioteket, Stockholm.

Selskab for østnordisk filologi
ostnordiskfilologi.wordpress.com
www.facebook.com/ostnordisk

Universitets-Jubilæets danske Samfund
Christians Brygge 1
1219 København K
ujds.dk

Syddansk Universitetsforlag
Campusvej 55
5230 Odense M
Tlf. +45 6615 7999
universitypress.dk

CONTENTS

Acknowledgements ... 7

List of Authors ... 9

1. Three Crowns and Eleven Tears
   Anja Ute Blode, Elena Brandenburg ... 11

I. Text Witnesses and Linguistics

2. Vad är filologi? Vem är filolog?
   Bo-A. Wendt ... 15

3. En fælles grammatik for ældre nordisk?
   Luca Panieri ... 29

4. Språklig variation i Nådendal. En jämförande undersökning av språkbruk i textvittnen av två brev från Nådendals kloster
   Viveca Rabb ... 45

5. Historical punctuation in Old Norse. The role of punctuation in realizing information structure in historical written sources
   Juliane Tiemann ... 67

6. The meanings of Middle Danish *mughe* 'can, may, must'
   Sune Gregersen ... 109

7. An Introduction to the Scribes and Script of Codex Runicus, AM 28 8vo
   Patrick Aaron Farrugia ... 127

II. Paleography and Codicology

8. Materialitet og kontinuitet i Västergötlands skriftkultur
   Anna Catharina Horn ... 143

9. Miracles and More. The Composite Manuscript Cod Holm A 110
   Karl G. Johansson ... 157

10. Spotlight on the Periphery – the Marginalia in Codex AM 899 4to
    Anja Ute Blode ... 177

III. Transmission, Adaptation and Media Change

11. De bibliska citaten i *Mechtilds uppenbarelser*
    Mikko Kauko 207

12. Manuscript variation and translation: The corpus of *Guta Saga*
    Seán D. Vrieland 237

13. Translating heroes, creating monsters – alterity discourses in *Karl Magnus*
    Elena Brandenburg 259

Index 275

ACKNOWLEDGEMENTS

The editors wish to express their gratitude to Regina Jucknies, the co-organizer of the Fourth International Conference on East Norse Philology at the University of Cologne in June 2019. We would also like to thank the Department of Scandinavian and Finnish Studies which contributed not only with practical issues, but also secured the funding of this volume. Our gratitude also goes to a.r.t.e.s. – Graduate School for the Humanities Cologne, Deutsche Forschungsgemeinschaft (DFG), Fondet for Dansk-Svensk Samarbejde (FDSS), Svenska Litteratursällskapet i Finland (SLS), and Zentrum für Mittelalterstudien Köln (ZEMAK) for supporting the conference. We are especially grateful to all the participants in the conference for contributing to a lively atmosphere and wonderful discussions.

This publication is further funded by Fachverband Skandinavistik e.V., Letterstedtska Föreningen, and Svend Grundtvigs og Axel Olriks Legat. We are most thankful for this international support. The anonymous peer reviewers also helped to ensure that the essays can now see the light of day. In addition, special thanks goes to Simon Skovgaard Boeck, who assisted us with all organizational questions. Many thanks to all – vielen Dank!

Cologne,
March 2022

LIST OF AUTHORS

Anja Ute Blode (M.A., research assistant), Department of Scandinavian and Finnish Studies, University of Cologne

Elena Brandenburg (Dr. phil., research assistant), Department of Scandinavian and Finnish Studies, University of Cologne

Patrick Aaron Farrugia (PhD student), Department of Linguistic, Literary, and Aesthetic Studies, University of Bergen

Sune Gregersen (Research assistant), Department of Nordic Studies and Linguistics, University of Copenhagen

Anna Catharina Horn (Dr. Postdoctoral Fellow), Department of Linguistics and Scandinavian Studies, University of Oslo

Karl G. Johansson (Professor), Department of Linguistics and Scandinavian Studies, University of Oslo

Mikko Kauko (PhD, Postdoctoral researcher), Scandinavian Languages, School of Languages and Translation Studies, University of Turku

Luca Panieri (Professor), Department of Humanities Studies, Libera Università di Lingue e Comunicazione IULM, Milan

Viveca Rabb (Vice director at Åbo Akademi University Library), Swedish Language Department, Åbo Akademi

Juliane Tiemann (PhD student), Department of Linguistic, Literary, and Aesthetic Studies, University of Bergen

Seán D. Vrieland (PhD, postdoctoral fellow), Department of Nordic Studies and Linguistics, University of Copenhagen

Bo-A. Wendt (fil. dr., researcher), Centre for Languages and Literature, Lund University

1. THREE CROWNS AND ELEVEN TEARS

ANJA UTE BLODE & ELENA BRANDENBURG

Cologne was not only during the Middle Ages one of the most popular pilgrimage destinations for Scandinavian and European travellers. As the Fourth International Conference of the Society for East Norse Philology took place in Cologne in June 2019, we could welcome researchers and guests from eight countries. This shows an increasing interest in East Norse scholarship which is far beyond the geographical borders of Denmark and Sweden. Following the conferences of the Society for East Norse Philology in Uppsala (2013), Venice (2015) and Copenhagen (2017), Cologne became another chapter in the Society's history, undermining the international character of the research which, from its foundation in 2013, was intended to link and connect the international studies on East Norse topics.

The title of the presented volume connects the history of the City of Cologne represented in its coat of arms with Scandinavia. *Tre Kronor* also decorate the Swedish coat of arms, but in Cologne, the three crowns and the eleven tears stand for the Three Magi and St. Ursula and her 11,000 virgins. The bones of the Three Magi have been in Cologne since 1164, where they have attracted crowds of pilgrims ever since, including the Danish king Valdemar Atterdag. According to legend, Cologne's patron saint, St. Ursula, suffered martyrdom at the hands of Attila the Hun along with her entourage in Cologne because of her Christian faith. Her legend spread quickly throughout Europe and relics of her and her virgins found their way to Scandinavia.

The articles presented in this volume are divided into three thematic branches which also were the main sections of the conference in Cologne: *Text Witnesses and Linguistics*, *Paleography and Codicology*, as well as *Transmission, Adaptation and Media Change*.

In the first section, *Text Witnesses and Linguistics*, six articles discuss different issues in the field of linguistics and their concrete expression based on medieval manuscripts. The section opens with Bo-A. Wendt's article on the notion of philology in Danish and Swedish. He argues for a core area that deals with the appearance of a text, *text philology*, and from which various sub-areas emerge that deal with the language, content, use and physical aspect of a text. Luca Panieri works with the traditional language-comparative method to reconstruct pan-Nordic forms, which can then be applied both as keywords in a glossary and also used for the grammatical description of medieval Nordic languages. Working with two copies of a charter from the Birgittine Monastery in Nådendal, Viveca Rabb is able to show systematic changes in the language of these charters, which relate primarily to a change in the degree of formality. In her work on historical punctuation, Juliane Tiemann compares East and West Nordic sources and thus contributes to the development of a systematic analysis of punctuation in medieval Nordic manuscripts. Sune Gregersen deals with the meaning of the modal verb *mughe* and takes a look at the contexts in which the change from possibility to necessity took place. Patrick Farrugia deals with the working processes of medieval scribes and shows through his work on *Codex Runicus* that this manuscript was most likely created based on another manuscript written in the Latin alphabet.

The branch on *Paleography and Codicology* is introduced by Anna Catharina Horn and her research on materiality and continuity in *Äldre Västgötalagen*, the oldest of all Swedish provincial laws and transmitted in B 59 (ca. 1290), and *Yngre Västgötalagen*, transmitted in B 58 (ca. 1305) from the perspective of Material Philology. Karl G. Johansson discusses in his article the manuscript Cod Holm A 110 in order to understand the use and functions of composite manuscripts in the literate culture of the Middle Ages. Anja Ute Blode deals with the marginal notes on the Great Swedish Rhymed Chronicle in AM 899 4to and is able to show how this manuscript was still a subject of scholarly interest in modern times.

Mikko Kauko opens the section on *Transmission, Adaptation and Media Change* with his discussion on Biblical quotations in the revelations of Saint Mechtilde of Hackeborn (1241–1299) with focus on the Swedish version from the year 1469, a Latin edition, and two early German translations. Seán Vrieland highlights topics as manuscript variation and translation regarding *Guta saga*, the pseudo-historical narrative from the island of Gotland and discusses methods for the study of manuscript variation, taking *Guta saga* in various languages such as Gutnish, German, Swedish, and Danish as an example. With Elena Brandenburg's contribution to transmission of cultural concepts such as identity and alterity in Old Swedish *Karl Magnus*, the final section is completed.

Although not all of the conference participants are represented in this volume, we hope to show the astonishing spectrum of the research on East Norse Philology, which was presented and debated in the hot summer of 2019 in Cologne. May the interested reader discover many new and fascinating things while reading this volume and at least mentally embark on a pilgrimage to Cologne: Amen.

I.
TEXT WITNESSES AND LINGUISTICS

2. VAD ÄR FILOLOGI? VEM ÄR FILOLOG?

BO-A.WENDT
Språk- och litteraturcentrum, Lunds universitet, Sverige

Contact
Post   Lunds universitet, Språk- och litteraturcentrum
            Box 201, SE-221 00 Lund, Sverige
E-mail   bo.wendt@nordlund.lu.se

Keywords
philology, philologist, text, materiality, literature, linguistics

Summary
This article investigates the notion of philology, first and foremost as used in Danish and Swedish. Today, especially when compared to its original use, the term is used with a rather narrow sense in Danish and Swedish, more similar to German or French, rather than to English. The article makes the argument for identifying a core area for philology that deals with questions of a specific text's appearance and historical development and how it should be interpreted locally. This core area can be called *text philology*. Three further distinct areas, expanding from this core area, can be identified as also belonging to philology: *materiality philology*, which deals with aspects of the text-bearing artefact; *reality philology*, which deals with aspects of the text's content or use; and *linguistic philology*, which deals with the language of the text. The latter area can be differentiated from *philological linguistics*, which deals with language usage as such: it is indeed concerned with language in texts (thus philological) but not in a particular text in its own right, merely in its capacity of representing a whole category of texts. The border between philology and linguistics is suggested as lying between these two areas.

1. Inledning

Min ingång till frågan om vad filologi egentligen är hänför sig i första hand till mångåriga funderingar kring min egen ämnesidentitet. Att jag är nordist är uppenbart och givet, men lika uppenbart är det att jag som sådan inte sysslat med ren lingvistik men inte heller med ren filologi. Utan att sålunda uppfatta mig som någon filolog i snävare mening – åtminstone inte i den snäva mening som ibland förfäktas – uppfattar jag likväl ämnet som ett jag hör hemma i.[1]

I föreliggande artikel skall jag ge några terminologiska förslag med tillhörande skissartade definitioner ägnade att försöka klargöra de olika delar av filologin, från dess kärna (avsnitt 3) och utåt (avsnitt 4), som jag menar att man med fördel kan urskilja – och därmed också försöka klargöra filologins gränser mot andra vetenskaper. Det kommer här inte att handla om de gränsdragningar inom ämnet som ofta upptagit filologer de senaste årtiondena, den mellan traditionell och ny filologi, hur man nu än vill benämna dessa båda företeelser. (För ett par östnordiska exempel från senare år på sådan diskussion, som teoretisk upptakt till empiriska undersökningar, se Backman 2017: 18–22. och Vrieland 2017: 32–34). Min infallsvinkel är en annan, i huvudsak riktad utåt mot förhållandet till närstående vetenskaper. Frågan om nyfilologi kommer likväl att återkomma i någon mån. Emellertid skall jag (i avsnitt 2) börja med en ämneshistorisk bakgrund.

2. Filologi i historiens backspegel

Att filologi inte så lätt låter sig definieras har en lång historisk bakgrund. Begreppet har förståtts på olika sätt vid olika tider och i olika sammanhang. I sin ursprungliga användning hade det av allt att döma vanligtvis en mycket bred räckvidd, närmast som textbaserad kulturvetenskap. Framväxten av den komparativa språkvetenskapen under början av 1800-talet ändrade till att börja med inte på detta. Franz Bopp, Rasmus Rask och de båda bröderna Grimm såg sig alla som filologer, om än ytterligt medvetna om att de företrädde en helt ny väg inom sin vetenskap (Koerner 1982: 406). En av de första som tydligt drog upp en gräns mellan filologi och lingvistik var August Schleicher (1850: 1):

> Die Wissenschaft nämlich, welche zwar zunächst die Sprache zum Object hat, dieselbe aber doch vorzugsweise nur als Mittel betrachtet um durch sie in das geistige Wesen und Leben eines oder mehrerer Volksstämme einzudringen ist die Philologie und sie gehört wesentlich der Geschichte an. Ihr gegenüber steht die Linguistik, diese hat die Sprache als solche zum Object und sie hat direct mit dem geschichtlichen Leben der die Sprachen redenden Völker Nichts zu schaffen, sie bildet einen Theil der Naturgeschichte des Menschen. [spärrad stil efter originalet]

---

[1] Förvisso tillräckligt för att känna mig som fullvärdig medlem av det Sällskap för östnordisk filologi som ger ut denna volym. Emellertid skall medges att jag faktiskt i förstone var en liten smula tveksam till att utan vidare inmäla mig som medlem, just mot bakgrund av ovannämnda kluvenhet.

Han förde alltså å ena sidan filologin – men väl att märka en sådan med innehållslig snarare än textuell inriktning – till historievetenskaperna och å andra sidan lingvistiken som ett led i sitt språkvetenskapliga program till naturhistorien – det senare inte så radikalt som det kanhända i förstone kan tyckas, om vi tänker på neurologiskt inriktad allmänlingvistik. Ännu skulle det dröja innan en sådan strikt uppdelning blev mer allmänt omfattad, men med strukturalismen blev omsider lingvistik snabbt något entydigt skilt från filologin, låt vara ibland så att filologi nu sågs som historisk lingvistik, så förkättrad för de första strukturalisterna. Calvert Watkins (1990: 24) slår fast att namnskiftet vid Harvard University från *Department of Comparative Philology* till dito *of Linguistics* "in the late 40s was entirely appropriate, and indeed long overdue".

En dylik förståelse av filologi, som språkstudier ägnade historiska textkällor, har förblivit vanlig i engelskspråkig tradition, medan den franska och tyska traditionen istället någorlunda à la Schleicher har förstått filologi som framförallt tolkning och utgivning av företrädesvis litterära texter (Adamson och Ayran-Bennett 2011: 201).[2] Tillspetsat skulle detta kunna se ut som historisk lingvistik gentemot litteraturvetenskap av infrastrukturellt slag. Det är en snarlik, men inte identisk skillnad som utgör grund för den engelska språkforskaren Anna Morpurgo Davies' tudelning (2011: 207) i *linguistic philologists* och *literary philologists*:

> In some traditions, those who study texts for literary or cultural purposes are called philologists (here I shall refer to them as literary philologists), but those who work on the history of language may also be called philologists (I shall refer to them as linguistic philologists). The link is provided by the study of texts, but not all historical linguists work on texts. They may concentrate on fieldwork and change in progress, or on comparative reconstruction based on oral sources, or on the theory of change, and, if so, they probably prefer to be called linguists. However, in a number of instances, perhaps the majority, a detailed analysis of long-term change inevitably depends on written material of different dates. The result is that the literary philologists and the linguistic philologists may find themselves working on the same data, but with different aims: for the linguistic philologists the language rather than the content of the text is the main point of interest. In fact, we are dealing with three categories: literary philologists, linguistic philologists and linguists.

---

2   Jämför med Leonard Bloomfield (1935: 512) som förespråkar det kontinentala bruket mot det han kallar "the confusion in English use" (nämligen av filologi och lingvistik).

I nordisk tradition har vi inte oväntat snarast hållit oss till den tyska förståelsen av begreppet, åtminstone i Sverige med tiden allt snävare avgränsat. SAOB (sp. F 539) ger visserligen ännu sin definition från 1924 skäligen vida gränser:

> sammanfattande benämning på sådana vetenskapsgrenar som avse utforskande av de problem som knyta sig till ett folks l. en folkgrupps språk l. litteratur l. (numera mindre br.) till ett folks l. en folkgrupps andliga odling i allm. (särsk. sådan den framträder i litteraturen); numera särsk. (motsatt: lingvistik) om textkritik o. tolkning l. grammatisk l. stilistisk undersökning av språkminnesmärken; äv. om språkvetenskap i allm.

Och ODS (4: 960) ger vid samma tid (1922) för danska en kortare, men ändå snarlik definition:

> den videnskab, der udforsker et sprog som middel til at trænge ind i et folks aandsliv (især litteratur) (jf. Lingvistik); ogs. m. videre bet.: sprogvidenskab

Karl G. Johansson (2017: 39–40) beskriver det stegvisa uppbrottet från ett mycket vitt uppfattat nordiskt filologiämne mot en allt starkare lingvistisk dominans under 1930- och 40-talen. Detta torde emellertid ha varit tydligare i Danmark än i Sverige, där strukturalismen som paradigm hade det avsevärt trögare i portföret, åtminstone inom nordistiken (jfr med Josefson 1978: 111, 122–124).[3] Att filologibegreppet i nutiden vanligtvis används snävare i både danska och svenska bekräftas hursomhelst av de sentida nuspråkliga ordböckerna DDO (2: 173) och SO (s. 750):

> videnskab som beskæftiger sig med især ældre sprog og dets historiske udvikling samt tolkning af især ældre tekster

> gren av den historiska språkvetenskapen som huvudsakligen ägnar sig åt tolkning och behandling av äldre texter ° ngn gång äv. allmännare (historisk) språkvetenskap

Det kan vara värt att lägga märke till att det att döma av DDO tycks finnas större inslag kvar av det mer lingvistiskt språkhistoriska i det danska *filologi*, kanhända för att detta ord trots de tidiga strukturalistiska instegen förblev del av benämningar på universitetsinstitutioner i Danmark på ett sätt som varit okänt i Sverige (men inte i Finland). Henrik Williams (2009: 277) tar för övrigt fasta på just denna SO:s snäva

---

3 Betecknande nog säger SAOB (sp. L 798) år 1940 om *lingvistik* "numera företrädesvis om (den gren av språkvetenskapen som sysslar med) historisk språkforskning, språkhistoria".

definition för att sedan slå fast hur få det nuförtiden finns av "egentliga filologer" i Sverige.

3. Filologins kärna

Det ligger i sakens natur att avgränsning av vetenskapliga discipliner alltid är förenad med större eller mindre gråzoner och (därmed) kontroverser. Likväl skulle jag vilja hävda att filologins kärna, om vi nu – med, vill jag ändå tro, gott stöd i nutida nordiskt språkbruk (jfr med DDO och SO liksom med Williams ovan) – godtar att det numera finns en sådan snäv förståelse av begreppet, gör att just detta vetenskapsområde är särskilt väl ägnat att få särskilt oklara gränser. Filologi i sin antytt snäva mening återfinns ju nämligen i den absoluta skärningspunkten mellan det kulturella sammanhang som dess undersökningsobjekt texterna är bärare av och det språk som dessa texter är utformade på och dessutom det fysiska objekt som de återfinns på eller i. I filologins undersökningsobjekt möts det abstrakta innehållet, det abstrakta språket och den konkreta textbäraren. Därmed blir det också ytterligt naturligt att låta ens kunskapsintresse röra sig längre ut åt ettdera (eller flera) av dessa håll. Ändå tror jag att det faktiskt är välgörande att identifiera en ämnets kärna just i denna skärningspunkt. Att förespråka en sådan snäv förståelse av begreppet i sin mest egentliga mening är ju ingalunda detsamma som att förespråka ett snävt avgränsat kunskapsintresse som det allena saliggörande. Denna snävare verksamhet finns där emellertid oavsett hur eller vart vi sedan vidgar kunskapsintresset och kan därmed behöva benämnas, fastän det kanske inte behöver vara med det rätt värdeladdade *den rena filologin* (eller för den delen, med Williams, *den egentliga filologin*).

Vad är det då vi hittar för kunskapsintressen i själva skärningspunkten? För det första handlar det förstås om hurdan texten egentligen ser ut, det vill säga textetablering eventuellt – mer infrastrukturellt – förenad med textutgivning (editionsfilologi). För det andra handlar det om hur texten har blivit som den nu är, det vill säga texttraderingens historia (texthistoria i en av det ordets möjliga användningar (jfr med Wendt 2012)). Och för det tredje handlar det om hur texten hänger samman som den nu är – i egenskap av just text –, det vill säga texttolkning på det rent lokala planet, av enskilda (mer svårtolkade) textställen. För att undgå det onödigt värderande *ren filologi* vore *textfilologi* en mycket god benämningskandidat för denna kärna.[4] Det är ju just texten som text det handlar om i alla dessa tre delaspekter. Vad editionsfilologi är behöver knappast konkretiseras med något prototypiskt

---

4 När jag läste en forskarkurs i textutgivning vid Lunds universitet för professorn i latin Birger Bergh hösten 1997, frågade jag honom vad som skilde *textfilologi* från *filologi* och fick då svaret att det är samma sak. Att döma av hur han i denna kurs definierade filologi menade han därmed för sin del att filologi är ett lika snävt begrepp som det jag här vill kalla textfilologi.

exempel; tack och lov för alla med historiska intressen flödar den verksamheten ännu frikostigt inom östnordisk filologi. Som ett sentida illustrativt exempel på annan textfilologi än sådan textetablerande kan nämnas Frederiksen 2017 om de östnordiska *Jon Præst*-textvittnenas förhållande till varandra och till sina förlagor, med tyåtföljande tolkningsförslag till ett enskilt textställe (ett enskilt ord i texten, s. 142–143). (När det i det följande ges tydliggörande östnordiska exempel på olika slags filologi blir det som här för varje kategori enbart något enstaka, i regel från senare år. Detta för att dels ge utrymme att kort beskriva exemplen, dels inte ge sken av något slags "tio-i-topp-lista"; exemplen är förvisso mönstergilla i sitt slag men ändå just bara tillfälligt valda exempel bland många andra lika mönstergilla.)

Det är sedan utifrån en så urskild kärna, med inriktning på texten som sådan, som utvidgningar åt olika håll – från skärningspunkten och utåt – kan och bör urskiljas och gränsen för allt slags filologi till äventyrs utstakas.

4. Utvidgade kunskapsintressen i tre ledder

En av utvidgningarna från texten som text vetter mot textbäraren, det fysiska objekt som tillhandahåller texten åt oss, och innebär ett kunskapsintresse som istället avser materialiteten i sig. Det handlar då om att beskriva eller värdera textbäraren som sådan (i utvalda hänseenden: paleografiskt, kodikologiskt, bokhistoriskt eller liknande). I den mån detta kunskapsintresse renodlas oberoende av nyssnämnda textfilologiska kärnområde skulle vi kunna kalla det *materialitetsfilologi*. Att jag inte istället föreslår den mer etablerade termen *materialfilologi* beror helt enkelt på att den är etablerad i en annan användning. Inom materialfilologin, som det idag allt oftare heter istället för det som under 1990-talet lanserades som *nyfilologi*, är förvisso den enskilda textbärarens materialitet mycket viktig, men det är tillika rent abstrakta sidor hos textbärarens specifika textvittne – nämligen i sin egen rätt och utan hänsyn till den traditionella filologins fokus på arketypen. Kanhända är därför, som Maja Bäckvall (2013: 48–49, 2017: 29–30) föreslår, *deskriptiv filologi* en lyckligare term än *materialfilologi*, ehuru den också har sina nackdelar (jfr med Backman 2017: 21–22). Lexikaliserade sammansättningar behöver ju heller inte motsvara den enkla summan av sina delar, och termer som satt sig är hursomhelst inte så lätta att rubba. För att undvika begreppsförvirring föreslår jag därför för den av mig annorlunda uppfattade specialiseringen alltså termen *materialitetsfilologi*.

Det skall härvid understrykas att textfilologi inte övergår i materialitetsfilologi bara för att man undersöker textens materialitet. Det är den överordnade forskningsfrågan som är klassificerande. Så länge denna är textfilologisk kan materialiteten få nästintill hur stort utrymme som helst i undersökningen. Det är först när den överordnade frågeställningen gäller just materialiteten som forskningen blir materialitetsfilologisk. Att lösa sitt problem avseende texttradering eller texttolkning med hjälp av variabler i textbärarens materialitet (till exempel handskrifternas ålder på grundval av vattenmärken eller tolkning av ett korrumperat textställe i förhållande till en radbrytning) förblir textfilologi, men det omvända gäller förstås också: om det problem man vill lösa avser materialiteten (till exempel en handskrifts fysiska sammansättning) förblir det materialitetsfilologi, fastän man kanhända drar in textuella variabler i denna analys.[5] Samtidigt kan givetvis en brett upplagd undersökning icke dess mindre rymma båda slagen av filologi i var sina delundersökningar. Det gäller till exempel Backman 2017 om en specifik fornsvensk handskrift med en materialitetsfilologisk inriktning på själva textbäraren men också en textfilologisk på dess textvittne (i synnerhet i kap. 3 om en deltexts förlaga).[6]

Det kunskapsintresse som primärt rör materialiteten kan, menar jag, med rätta kalla sig filologi så länge föremålet för undersökningen förblir den enskilda textens materialitet och inte istället utvidgas till materialitet i allmänhet. I så fall övergår det till paleografi, kodikologi eller bokhistoria med mera sådant i så att säga egen rätt. Ett tydliggörande exempelpar härvidlag kan Åström 2003 och 2013 utgöra: den förra undersökningen får ses som materialitetsfilologisk med sitt överordnade syfte att med kodikologiska metoder datera svenska lands- och stadslagshandskrifter, den senare som kodikologisk i egen rätt med sitt överordnade syfte att katalogisera medeltida vattenmärken (låt vara med samma laghandskrifter som huvudmaterial).

En helt annan utvidgning bort från själva den textfilologiska skärningspunkten har en tveklöst mer grundmurad, självständig tradition inom det som genom tiderna kallats filologi. Det handlar här om en utvidgning – om man så vill ut ifrån texten – i riktning mot dess innehåll som sådant. (Något som vi sett ibland till och med har uppfattats vara själva filologin, som hos Schleicher.) Det handlar i detta fall om att tolka texthelheten, inte (enbart) enstaka textställen, eller värdera denna (i ett eller annat hänseende: litterärt, kulturellt, ideologiskt, realhistoriskt eller liknande) såsom texthändelse i sitt historiska sammanhang. För detta kunskapsintresse kan vi använda en etikett som i motsats till *materialitetsfilologi* sedan länge, åtminstone emellanåt, förekommit i just ifrågavarande betydelse, nämligen *realfilologi*. Det är innehållet och dess realiteter som är det viktigaste, det må sedan som sagt vara dess litterära eller ideologiska sidor eller dess realhistoriska implikationer eller för den delen dess reception som text i bruk. Det är detta slags filologer som Jonas Carlquist (2017: 96) – hos honom som hos Schleicher under namn av *philologists* rätt och slätt – tilldelar

---

5 Detsamma gäller givetvis *mutatis mutandis* i alldeles samma mån för de båda andra utvidgningarna som kommer att behandlas i det följande.
6 Också detta gäller för andra möjliga kombinationer av här föreslagna filologislag, men förmodligen är den med just text- och materialitetsfilologi sida vid sida särskilt vanlig, eftersom det är väl upplagt för den i sådana typiskt materialfilologiska studier som Backmans ägnade en enda specifik handskrift.

"the task to uncover historical communities and the ideology that our understanding depends on". Ett exempel är Brandenburg 2019 om tematik, ideologiska genredrag och textfunktioner hos de östnordiska bearbetningarna av fransk hjältediktning kring Karl den store. Och på motsvarande sätt som med materialitetsfilologin kan förvisso realfilologin med rätta kalla sig filologi så länge fokus ännu är den enskilda texten och inte innehållsfrågor ur allmännare synvinkel. Annars övergår det hela i litteratur-, kultur-, idé- eller allmänhistoria. Eller, om inriktningen istället förskjuts mot reception i allmännare sammanhang, i litteratur- eller textsociologi och liknande.

Eftersom denna gräns sedan länge och på de flesta håll också är en gräns mellan olika universitetsdiscipliner, åtminstone i Sverige, är det nog på det hela taget så att detta gränsland är mindre problematiskt och mindre kontroversiellt med avseende på etikettering som filologi. Man kan ägna sig åt nästintill likadana studier härvidlag, men huruvida man i detta uppfattar sig eller uppfattas som filolog eller litteraturhistoriker och så vidare blir mest en fråga om vilket universitetsämne eller mer handfast vilken universitetsinstitution man verkar inom. (Om den i och för sig specifikt svenska institutionella bodelningen mellan filologi och litteraturvetenskap se till exempel Olsson 2001: 54–55).

Därmed föreställer jag mig – och det inte bara för att just jag själv befinner mig inom det oklart avgränsade mellanområdet – att etiketteringen är så mycket mer besvärlig eller till och med besvärande när utvidgningen av kunskapsintresset i en tredje ledd bort från textfilologins kärna drivs åt det språkliga hållet, om man så vill inåt texten, så att den språkliga formen blir det viktigaste. Här handlar det alltså om textens språkbruk som sådant, om att beskriva eller värdera texthelheten språkligtstilistiskt (i utvalda hänseenden). Ett exempel är Boeck 2017 om syntaktiska och lexikologiska särdrag i en örtbok och en läkebok i var sin forndansk handskrift med sikte på subgenreskillnader. Detta skulle jag föreslå att vi kallar *lingvistisk filologi*. Därmed är också sagt att jag menar att detta kunskapsintresse likaledes med rätta skall kallas filologi, så länge som fokus stannar vid den enskilda texten och inte glider över till språkbruk ur en mer allmän synvinkel.

När detta senare är förhanden skulle det istället – med en terminologisk tyngdpunktskiasm – bli tal om filologisk lingvistik.[7] Det kunskapsintresset avser sålunda det generella bruket av en given språklig storhet eller språket i en hel textkategori. Medan den lingvistiska filologen frågar "Hur ser språkbruket (i vissa hänseenden) ut i text A?", frågar alltså den filologiska lingvisten istället "Hur används språkföreteelse A i olika (slags) texter?" eller "Hur ser språkbruket ut i textkategori A?".

---

7 Och det är väl att märka snarast här, om nu inte rentav en god bit in i den rena lingvistiken, som vi hittar Morpurgo Davies' (2011: 207) *linguistic philologists*. Det kunde också vara upplagt att tillämpa samma terminologiska kiasmer i de andra gränslanden och tala om till exempel kodikologisk filologi (à la Åström 2003) och filologisk kodikologi (à la Åström 2013).

Här är de undersökta texterna i båda delfallen enkom ett urval av representanter för något större.[8] Sådan lingvistik är ändå filologisk i så måtto att den är inriktad på hur specifika texter faktiskt ser ut. Detta till skillnad från den rena lingvistiken som intresserar sig för språket som sådant, språket som (fonologiskt, morfologiskt, lexikologiskt och syntaktiskt) system. (Det förra svarar mot det Andreas Widoff (2018: 43) kallar *talad teknik*, det senare *ren teknik*.) Vi kan, för att också här – för lingvistikens kärnområde (och trots Widoffs term) – undvika det värderande attributet *ren*, kalla detta kunskapsintresse för *systemlingvistik*.[9] Sant är att texter också inom systemlingvistiken kan bli aktuella som källor, inte minst inom historisk sådan där varken egen intuition eller informanter finns till hands. Det filologiska inslaget förblir emellertid då endast en hjälpvetenskap, inget annat, låt vara en ytterligt viktig sådan om man inte skall riskera felaktiga slutsatser av det man iakttar i de undersökta texterna. Men det omvända är förstås lika sant för textfilologin; för denna är lingvistik en viktig hjälpvetenskap för att rätta hantera och tolka en text, i synnerhet när denna är avfattad på ett språk som inte (längre) är ens eget.[10]

Detta sistnämnda motiverar också de två, till synes inbördes redundanta frågorna som ställs i min titel: vad filologi är, vem som är filolog. Vanligtvis följs förstås dessa benämningar åt, men den personbetecknande av dem ger väl oftast uttryck för en mer konstant egenskap. En lingvist kan som sagt behöva ägna sig åt filologi, ibland rätt kvalificerad sådan, liksom en filolog behöver ägna sig åt lingvistik, ibland minst lika kvalificerad. Jag känner dem, både lingvister och filologer, som gör detta andra med största bravur, men som ändå skulle värja sig eftertryckligt för att därmed erkänna sig som filolog respektive lingvist.

5. De språk- och textvetenskapliga kunskapsintressena

Sammanfattningsvis vill jag sålunda hävda att det är terminologiskt välgörande att urskilja en självklar snäv kärna inom filologin. För att slippa en lätt exkluderande

---

8 I vissa speciella fall skulle detta representativa urval, kanhända av källägesskäl, kunna inskränka sig till en enda text, och då blir gränsen mot lingvistisk filologi genast hårfin: säg en undersökning av lågtyska lånord i det danska Nya Testamentet av år 1524 – filologisk lingvistik om ingången är lånord i (översatt) tidig 1500-talsdanska (med NT-översättningen som ensamt undersökningsmaterial), men lingvistisk filologi om ingången är denna den äldsta NT-översättningens språk undersökt just med avseende på lånord (jfr med Wendt 2012: 59). Ett snarlikt verkligt fall är Wistrand 2006 om lågtyska lånord i fornsvenska brev från Närke – en undersökning som utifrån syftesbeskrivningen ändå är att se som filologiskt lingvistisk trots det insnävade texturvalet.

9 Också utifrån denna lingvistikens kärna kan flera olika utvidgningar urskiljas, inte bara en mot intresse för språkbrukarens textproduktion, det vill säga åt filologins håll, utan också dels åt intresse för språkbrukaren som biologisk varelse och bli psykolingvistik, neurolingvistik eller för den delen akustisk fonetik, dels åt intresse för språkbrukaren som samhällsvarelse och bli sociolingvistik.

10 Jämför med den synpunkt om förhållandet lingvistik : filologi som Watkins (1990: 21) återger från Harvardhistorikern Crane Brinton: "It seems to come down to the question of which is the handmaiden of which?".

benämning som *ren filologi* föreslår jag för denna kärna etiketten *textfilologi*. Som lika självklart vill jag emellertid hävda att också de från denna kärna utvidgade kunskapsintressena, nämligen de hos det som här kallats *materialitetsfilologi*, *realfilologi* och *lingvistisk filologi*, skall räknas som delar av filologin istället för (enbart) tillhöriga andra discipliner. I denna artikel har framförallt förhållandet gentemot lingvistiken skärskådats närmare. Filologi uppfattat på detta sätt – utgående från texten som just text men vettande ut därifrån mot dess materialitet, dess innehåll och dess språk – avgränsas alltså av sina kunskapsintressen och forskningsfrågor som alla gäller en specifik text i dess egen rätt samt därmed samhöriga metodologier, och något som helst skäl att (såsom för det mesta ändå görs) sätta gränser med avseende på textens ålder finns det som jag ser det inte alls. Carlquist (2017: 75, not 1) sätter, till synes helt *ad hoc*, en främre gräns vid sent 1800-tal (med hänvisning till den filologiskt ambitiösa Strindbergs-utgivningen) men tillägger sedan så mycket mer övertygande att "[p]hilological methods can be used on all written materials". Samma metoder som tillämpats på Strindbergs verk kan förstås lätt föreställas för någon förtjänt författare ur vår egen samtid.

En fråga som på tal om det sistnämnda kan inställa sig är hur pass generell också utanför traditionell metodologi denna tudelning mellan språk- och textvetenskap är. Jag vet att det är att svära inte bara i kyrkan utan i två kyrkor samtidigt att, som jag gjort tidigare (Wendt 2012: 64), påstå att det egentligen finns påfallande släktskap mellan filologi och diskursanalys. Båda kännetecknas ju av näranalyser av enskilda texter ur språkliga, materiella och innehållsliga synvinklar eller – om man så vill – av det som alltifrån Roman Jakobson återkommande sagts vara filologins själva väsen: "the art of reading slowly" (jfr med Watkins 1990: 25). Sett i ljuset av ovan förda resonemang blir det likväl klart att det tilltänkta ungefär-lika-med-tecknet kommer alldeles på skam. För filologin är en enskild text som sådan alltid utgångspunkten, för diskursanalysen snarare det sociala sammanhang (med Faircloughs (1992: 73) ord: den sociala praktik) som texten är ett (mer eller mindre typiskt) alster av. Sociolingvistik är i de flesta fall, liksom filologisk lingvistik, en utvidgning ur systemlingvistiken åt språkbrukshållet, men fokus ligger här inte på enskilda texter utan på språkbrukarnas samhälleliga förankring. Sedan kan man se diskursanalys och liknande angreppssätt som en ytterligare utvidgning härav. Därvid kan denna förvisso hamna i närheten av dels materialitetsfilologin, genom sitt intresse för multimodalitet, dels realfilologin, genom sitt intresse för (ideologiskt) innehåll. Likväl måste alltså kyrksvärandet mildras högst avsevärt: det finns sådana här likheter mellan filologi och diskursanalys, men de båda är ändå allt annat än snarlika saker under olika namn. Kunskapsintressena kan visserligen avse alldeles samma slags företeelser men utgångspunkterna och därmed forskningsfrågorna är vitt skilda från varandra. (I samma anda kan man för psykolingvistik, i den mån denna undersöker faktiskt språkbruk, hitta likheter med textfilologins ibland psykologiska förklaringar av exempelvis (förmenta) skrivarmisstag.)

De begreppsliga utredningar som varit denna artikels huvudsak, samman med dessa senaste resonemang i denna begreppsutrednings ytterkanter, skulle kunna sammanfattas som i vidstående figur, där filologin avgränsas i en inre och en yttre cirkel med gränsland åt tre håll och där den lingvistiska filologin och den filologiska lingvistiken tillsammans avgränsas genom sin inriktning på språkbruket som sådant gentemot (bland mycket annat) sociolingvistikens på också utomtextuella variabler. Intresset för sådana delas givetvis också av materialitetsfilologi och realfilologi, men då är det som sagt tal om (delvis) helt andra variabler.

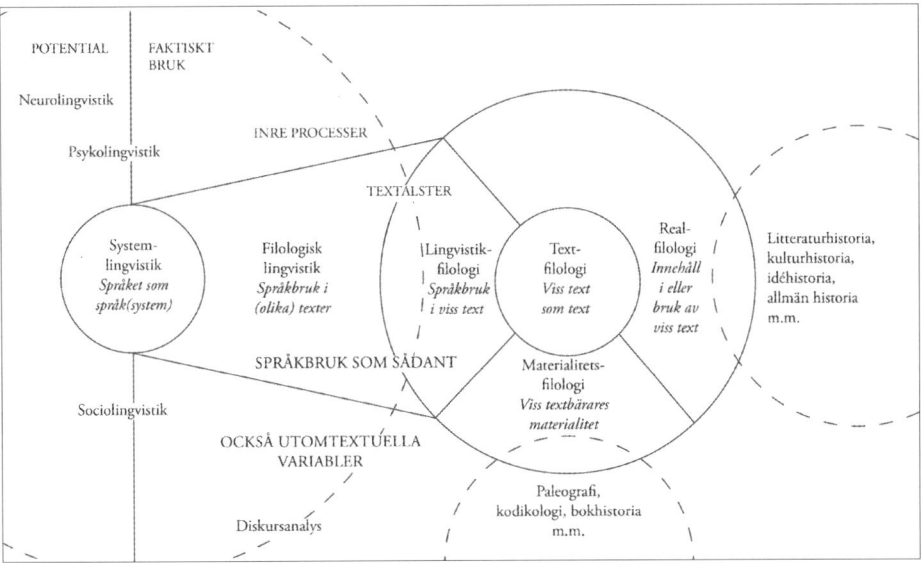

Tillåt mig så till sist att avrunda där jag började – med min egen personliga ämnesidentitet. Min vacklan härvidlag har, som det visar sig, inte lösts utan faktiskt istället bekräftats med denna terminologiska begreppsutredning, eftersom jag nämligen genom åren har ägnat mig åt både lingvistisk filologi (så till exempel i Wendt 1997 om språkbruket i några olika hänseenden i *Kristoffers landslag*) och filologisk lingvistik (så till exempel i Wendt 2020 om huvudsatsekvivalenter i några olika fornöstnordiska genrer). Jag har med andra ord ömsom dvalts på den ena sidan, ömsom på den andra om den gräns mellan filologi och lingvistik som avtecknar sig i figuren. Likafullt vill jag i detta sammanhang, det som föreliggande antologi utgör, gärna se mig som filolog bland filologer.

LITTERATUR

Adamson, Sylvia & Ayres-Bennett, Wendy. 2011. "Linguistics and Philology in the Twenty-first Century: Introduction". *Transactions of the Philological Society. An International Journal for the Structure, History & Relationships of Languages* 109: 3, s. 201–206.

Backman, Agnieszka. 2017. *Handskriftens materialitet. Studier i den fornsvenska samlingshandskriften Fru Elins bok (Codex Holmiensis D 3)*. Nordiska texter och undersökningar 32 (Uppsala: Uppsala universitet).

Bloomfield, Leonard. 1935. *Language*. Revised Edition (London: George Allen & Unwin).

Boeck, Simon Skovgaard. 2017. "Word Formation, Syntax and Style in Old Danish Medical Texts" i Jonathan Adams and Massimiliano Bampi (eds): *Beyond the Piraeus Lion. East Norse Studies from Venice*. Selskab for østnordisk filologi 2 (København), s. 107–122.

Brandenburg, Elena. 2019. *Karl der Große im Norden. Rezeption französischer Heldenepik in den altostnordischen Handschriften*. Beiträge zur nordischen Philologie 65 (Tübingen: Narr Francke Attempto).

Bäckvall, Maja. 2013. *Skriva fel och läsa rätt? Eddiska dikter i Uppsalaeddan ur ett avsändar- och mottagarperspektiv*. Nordiska texter och undersökningar 31 (Uppsala: Uppsala universitet).

—. 2017. "Description and Reconstructions: An Alternative Categorization of Philological Approaches" i Harry Lönnroth (ed.). *Philology Matters! Essays on the Art of Reading Slowly*. Medieval and Renaissance Authors and Texts 19 (Leiden/Boston: Brill), s. 21–34.

Carlquist, Jonas. 2017. "Philology as Explanation for Historical Contexts" i Harry Lönnroth (ed.). *Philology Matters! Essays on the Art of Reading Slowly*. Medieval and Renaissance Authors and Texts 19 (Leiden/Boston: Brill), s. 75–96.

Davies, Anna Morpurgo. 2011. "Philology and Linguistics: When Data Meet Theory. Two Case Studies. I: The case of Hieroglyphic Luwian". *Transactions of the Philological Society. An International Journal for the Structure, History & Relationships of Languages* 109: 3, s. 207–219.

DDO = *Den Danske Ordbog* (København: Det Danske Sprog- og Litteraturselskab/Gyldendal 2003–2005).

Fairclough, Norman. 1992. *Discourse and Social Change* (Cambridge: Polity Press).

Frederiksen, Britta Olrik. 2017. "Et par noter til de nordiske Jon Præst-tekster". *Arkiv för nordisk filologi* 132, s. 139–151.

Johansson, Karl G. 2017. "Intertextuality and the Oral Continuum: The Multidisciplinary Challenge of Philology" i Harry Lönnroth (ed.). *Philology Matters! Essays on the Art of Reading Slowly*. Medieval and Renaissance Authors and Texts 19 (Leiden/Boston: Brill), s. 35–57.

Josefson, Ingela. 1978. "Traditionen svensk nordistik". Tomas Forser (red.): *Humaniora på undantag? Humanistiska forskningstraditioner i Sverige* (Stockholm: PAN/Norstedts), s. 108–124.

Koerner, Konrad. 1982. "On the Historical Roots of the Philology/Linguistics Controversy". Anders Ahlqvist (ed.): *Papers from the 5th International Conference on Historical Linguistics* (Amsterdam: John Benjamins), s. 404–413.

Lönnroth, Harry (ed.). 2017. *Philology Matters! Essays on the Art of Reading Slowly*. Medieval and Renaissance Authors and Texts 19 (Leiden/Boston: Brill).

ODS = *Ordbog over det danske Sprog*. Grundlagt af Verner Dahlerup, udg. af Det danske Sprog- og Litteraturselskab (København 1918–1956).

Olsson, Thomas. 2001. "Litteraturforskning – estetik eller filologi". *Videnskab og national opdragelse. Studier i nordisk litteraturhistorieskrivning. Del I*. Nord 2001: 29 (København: Nordisk Ministerråd) s. 53-82.

SAOB = *Ordbok över svenska språket*. Utgiven av Svenska Akademien (Lund 1893–).

Schleicher, August. 1850. *Die Sprachen Europas in systematischer Übersicht. Linguistische Untersuchungen II* (Bonn: H. B. König). (New edition (1983) with an introductory article by Konrad Koerner (Amsterdam/Philadelphia: John Benjamins).)

SO = *Svensk ordbok*. Utgiven av Svenska Akademien (Stockholm 2009).

Watkins, Calvert. 1990. "What is Philology?". *Comparative Literature Studies* 27: 1, s. 21–25.

Wendt, Bo-A. 1997. *Landslagsspråk och stadslagsspråk. Stilhistoriska undersökningar i Kristoffers landslag*. Lundastudier i nordisk språkvetenskap A 53 (Lund: Lund University Press).

—. 2012. "Texthistoria – vad är det?". *Språk och stil. Tidskrift för svensk språkforskning* 22: 1 (ny följd), tema Text, gästred.: Anna-Malin Karlsson och Jan Svensson, s. 53–66.

—. 2020. "Huvudsatsekvivalenter i fornöstnordiskt skriftspråk". Daniel Sävborg, Eva Liina Asu och Anu Laanemets (red.): *Studier i svensk språkhistoria 15. Språkmöte och språkhistoria.* Nordistica Tartuensia 12 (Tartu: University of Tartu Press), s. 300–312.

Widoff, Andreas. 2018. *Hermeneutik och grammatik. Fenomenologiska undersökningar av språket som tal och teknik*. Lundastudier i nordisk språkvetenskap A 77 (Lund: Lunds universitet).

Williams, Henrik. 2009. "Förnyad filologi. Filologins rötter". Mohammad Fazlhashemi och Eva Österberg (red.): *Omodernt. Människor och tankar i förmodern tid* (Lund: Nordic Academic Press), s. 276–292.

Wistrand, Helena. 2006. *Bebrevat i Närke. Medellågtyska importord i fornsvenska brev ur regionalt perspektiv.* Samlingar utgivna av Svenska fornskriftsällskapet 1: 88 (Uppsala: Svenska fornskriftsällskapet).

Vrieland, Seán D. 2017. *Old Gutnish in a Danish Hand. Studies in the B manuscript of Guta lag* (København: Københavns Universitet). Elektroniskt tillgänglig: https://curis.ku.dk/ws/files/186418792/Ph.d._afhandling_2017_Vrieland.pdf [03.02.2021].

Åström, Patrik. 2003. *Senmedeltida svenska lagböcker. 136 lands- och stadslagshandskrifter. Dateringar och dateringsproblem*. Stockholm Studies in Scandinavian Philology. New Series 32 (Stockholm: Almqvist & Wiksell International).

—. 2013. *Vattenmärken i svenska medeltida laghandskrifter och Uppsala universitetsbiblioteks medeltida pappersbrev*. Samlingar utgivna av Svenska fornskriftsällskapet 1: 99 (Uppsala: Svenska fornskriftsällskapet).

3. EN FÆLLES GRAMMATIK FOR ÆLDRE NORDISK?

LUCA PANIERI
Dipartimento di Studi Umanistici, Libera Università di Lingue e Comunicazione IULM – Milano, Italy

Contact
Post: Via Zermanese 161 – 31100 Treviso, Italy
E-mail: luca.panieri@iulm.it
ORCID: 0000-0002-5047-4306

Keywords
Medieval Scandinavian, Old Norse, Old Danish, Old Swedish, Old Norwegian, Old Icelandic, Old Gutnish, North Germanic

Summary
This article essentially describes the method used for the reconstruction of pan-Nordic forms to be used as headwords in a glossary of anthological passages written in the five medieval Nordic languages: Old Icelandic, Old Norwegian, Old Danish, Old Swedish and Old Gutnish (Haugen 2018). Furthermore, the article illustrates how the same kind of pan-Nordic forms can also be used in the grammatical description of the medieval Nordic languages. This article therefore further develops the subject already addressed by the author previously (Panieri 2019), but places it in the more complex context of the grammatical description. The theoretical background on which the reconstruction of the pan-Nordic forms rests is mainly based on the traditional language-comparative method. Its explanatory model alone can hardly account for the whole complex interplay of coexisting factors behind the historical development of language, but it is nevertheless well suited as a basis for an abstract reference system for use in a language description of the Nordic medieval languages which, mostly for pedagogical reasons, strives to emphasize the similarities and common origin of the languages.

Forord
Dette bidrag er et led i et større projekt der har som hovedformål at indføre et fagligt interesseret italiensktalende publikum i de nordiske sprog og litteraturer fra middelalderen. Projektet har allerede ført til udgivelsen af det første bind af et værk som netop handler om emnet: *Le lingue nordiche nel medioevo* (Haugen 2018). Første bind indeholder hovedsageligt en samling af udvalgte tekster fra middelalderen, skrevet på de forskellige datidige nordiske sprog med paralleloversættelse til ital-

iensk. Denne læsebog er forsynet med indledende sprog-, literaturhistoriske og filologiske afsnit til hjælp for læserens forståelse af teksterne.

Der forventes nu redigeringen af mindst et andet bind, der vil indeholde et glossarium og en grammatik for samtlige nordiske middelaldersprog. Dette vil muliggøre en fuldstændig forståelse af teksternes sprog og, mere overordnet, give læseren dybere indblik i de faktiske sproglige forhold, både synkront og diakront set.

I nærværende bidrag er fokus især sat på nogle af de mest typiske morfofonologiske og ortografiske spørgsmål der opstår ved forsøget på at udarbejde en samnordisk sprogbeskrivelse. Valget af en samnordisk tilgang er blevet drøftet tidligere (Panieri 2019), så dette bidrag vil bare konsekvent blive ved at anvende den som et kendemærke af ovennævnte projekt. Her skal dog præciseres at den teoretiske baggrund, hvorpå rekonstruktionen af de samnordiske former hviler, hovedsagelig bunder i den traditionelle sprogsammenlignende metode.[1] Dens forklaringsmodel alene kan næppe gøre rede for hele det komplekse samspil af medvirkende faktorer som ligger bag den sproghistoriske udvikling,[2] men den egner sig dog godt som grundlag for et abstrakt referencesystem til brug for en sprogbeskrivelse af de nordiske middelaldersprog der, mest af pædagogiske grunde, stræber efter at fremtone sprogenes indbyrdes ligheder og fælles oprindelse.

Indledning

Nordens sproghistorie forud for middelalderen lader sig skildre i grove træk, takket være for det meste runeindskrifterne. I oldtidens sidste århundreder, da runealfabetet mindskedes til 16 tegn, var sprogtilstanden særlig ensartet over hele Norden, som de talrige indskrifter fra vikingetiden vidner om. Først lige efter denne tid, da den europæiske skriftlige kulturs frø spirer også i Norden, kan vi helt tydeligt konstatere at det nordiske sprog i de middelalderlige håndskrifter ikke længere er ét og det samme overalt.

Det er selvfølgelig meget sandsynligt at nogle af disse sprogforskelle i virkeligheden allerede var opstået engang i vikingetiden og endda før, men det forholdsvis begrænsede antal sprogdata fra denne tid og, mest af alt, runealfabetets yderst unøjagtige gengivelse af sprogets lydsystem gør det faktisk vanskeligt nærmere at bestemme detaljerne i de forventede dialektale nuancer. Imidlertid viser sprogforskellene mellem de nordiske sprog i middelalderen en klar tendens til at blive større med tiden, hvilket sandsynliggør antagelsen at vikingetidens dialektale variationer ikke var særlig store.

---

1 Metodens grundprincipper er for ikke længe siden blevet klart beskrevet bl.a. af Weiss (2014).
2 Om emnet se bl.a. Heggarty (2014).

Der kan i hvert fald næppe være tvivl om at Norden, i begyndelsen af middelalderen, på trods af sin manglende politiske enhed, stadig opfattedes af sine egne indbyggere som et stort område hvor man talte nogenlunde samme sprog. I denne henseende er det af størst betydning at netop i det fjerntliggende, sprogligt konservative og sprogbevidste Island var betegnelsen for både deres og de øvrige nordiske sprog *dǫnsk tunga*, dvs. "dansk tungemål" (Melberg 1951: 89–146), selvom dansk nok var det nordiske sprog som, alt i alt, mest havde ændret sin oprindelige struktur.

Når vi så, i vores beskrivelse af de nordiske middelaldersprog, har valgt en samnordisk tilgang af hensyn til vores udenlandske læseres baggrundsviden, opleves vores valg faktisk noget mindre abstrakt i lyset af den velbevidnede fællesnordiske sprogbevidsthed, der stadig kendetegnede Norden i begyndelsen af middelalderen, selv i dette store områdes fjerneste egne. På den anden side er vi helt klar over at *dǫnsk tunga* og vores sprogbeskrivende begreb af en samnordisk "fællesnævner" er inkommensurable størrelser, da det første begreb bygger på en generaliseret subjektiv selvopfattelse, der ser bort fra enhver sprogvidenskabelig vurdering, mens det andet udgør en abstraktion baseret på iagttagelse, analyse og fortolkning af objektive sprogdata. Hovedformålet med denne fremgangsmåde er at opstille et nogenlunde overordnet og mest muligt homogent tværsprogligt referencesystem, der skal være i stand til at tydeliggøre alle nordiske middelaldersprogs indbyrdes sammenhæng og gøre rede for de faktiske sprogforskelle ved henvisning til et overskueligt fælles udgangspunkt.

I min fremlæggelse vil jeg mest fokusere på beskrivelsen af lydforholdene ved gennem eksempler at tage nogle af de tilfælde op, hvor sammenhængen mellem de forskellige sprog volder visse sproghistoriske vanskeligheder. Valget af stavemåden til de samnordiske former som her bliver foreslået svarer til de rekonstruktionsprincipper der blev beskrevet i *Samnordisk tilgang til beskrivelsen af de nordiske middelaldersprog* (Panieri 2019), som for klarhedens skyld herefter opremses:

   a: hensyntagen til alle de tidligere trin i sprogudviklingen;
   b: valget af den form der kan forklare alle dattersprogs særskilte udviklinger, selv når sådan en ikke er direkte belagt;
   c: valget af den mest konservative overleverede form, når den lever op til forrige kriterium;
   d: norrønt inspireret stavemåde;
   e: hovedformens stavemåde bør dog tydeliggøre de sproghistoriske forbindelser mellem de forskellige nordiske middelaldersprog.

I overensstemmelse med de ovenanførte kriterier for fastsættelsen af de samnordiske formers stavemåde skal det dog præciseres at i nærværende bidrag betegnes vokalen i **verða** 'vorde, blive' (< urn. **werþan*) anderledes end den i **gæstʀ** 'gæst'

(< urn. *gastiz*). Desuden bliver tvelyden i f.eks. **stæinʀ** 'sten' (< urn. *stainaz*) ikke mere betegnet som *steinr*. Disse ændringer tydeliggør den diakrone sammenhæng uden at fjerne sig betydeligt fra de historisk bevidnede ortografiske varianter, som man så ofte finder i de overleverede norrøne kilder. Desuden afspejler stavemåden ‹æi› mere direkte den rimelige antagelse at det første element i den oprindelige germanske/urnordiske tvelyd */ai/ undergik en lydændring i samme stil som den velkendte palatalomlyd (jfr. urn. *gastiz* > oldn. *gæstʀ*), da det andet element i tvelyden faktisk består af en palatallyd. Derudover er stavemåden ‹æi› særlig velegnet som visuel fællesnævner for både den normaliserede vestnordiske ‹ei› og den oldgutniske ‹ai› (jfr. gutn. *stainj* Dsg. 'sten', *Stainkirchiu* Asg. 'Stenkyrka' stedn.).[3] De nyindførte ændringer tager altså stadigvæk hensyn til de ovennævnte principper.

At finde ud af de samnordiske former

Da vi lige før har nævnt at nordboerne i den tidligere middelalder stadig havde på fornemmelsen at de tilhørte samme sprogfællesskab, kan det være interessant at indlede afsnittet med en sammenligning af former på norrønt og tre gammeldanske dialekter fra 1200tallet:[4]

Island	**Skåne**	**Sjælland**	**Jylland**	
halda	*halda*	*haldæ*	*hald*	'holde'
skulu	*skulu*	*skulæ*	*skul*	'(de) skal'
seldi	*salde*	*saldæ*	*sald*	'(han) overdrog' ("solgte")
honum	*hanum*	*hanum*	*ham*	'ham' (dat.)
ekki	*ækki*	*ekki*	*ekki*	'ikke, intet'

Når man konfronteres med disse sprogdata alene ved hjælp af sin mere eller mindre begrænsede viden om det islandske "sagasprog" som baggrund, intetanende om de faktiske sproglige forhold i de øvrige nordiske lande i middelalderen, får man sikkert et mindre chok, især ved synet af de (sønder)jyske former: Den eneste der stemmer overéns med de norrøne er da *ekki*! Hvad har danskerne gjort af endelsesvokalerne? Kan det passe at sønderjyder fra 1200tallet allerede sagde *ham* i stedet

---

3   De to oldgutniske former i parentes forekommer i hhv. *Guta Lag* 19.4, efter Schlyters udgave (1852: 37), og Haugen (2018: 132), hvor formen afspejler nøjagtigt det man kan læse i hs. Holm B 64, 46ᵛ og 47ʳ. Derimod angives den normaliseret som *Stainkirkiu* i Peels udgave (1999: 8 og 10).

4   Hvis ikke anderledes sagt, citeres de norrøne, fornsvenske og gammeldanske former i nærværende bidrag efter hhv. *Ordbog over det norrøne prosasprog*, *Fornsvensk lexikalisk databas* og *Tekster fra Danmarks middelalder og renæssance 1100–1550 på dansk og latin*.

for *honum*? Hvorfor *salde/sald* og ikke *seldi*? Det er mere eller mindre dette som vores gennemsnitslæser ville undre sig over.

Vores hovedformål er bedst muligt at formidle den sproghistoriske indsigt der kan gennemskue den tilsyneladende mangfoldighed af sprogfænomener og føre dem tilbage til et fælles abstrakt udspring. Denne abstraktion medfører selvfølgelig også en vis grad af fortolkning og stillingtagen, især når jævnførelsen af sprogdataene ikke viser sig entydig.

Hvis vi vender tilbage til skemaet ovenfor og tager vores læsers forventede spørgsmål op igen, kan vi roligt besvare det om endelsesvokalerne ved at gøre læseren opmærksom på det nuancerede billede som de forskellige gammeldanske dialekter frembyder, hvor skånsk faktisk går stort set side om side med norrønt, mens sjællandsk kendetegnes af et generelt sammenfald af endelsesvokaler, der giver sig udslag i stavemåden -‹æ›, som nok dækker over vokallyden [ə]. Svækkelsen af de tryksvage vokaler når dog sit højdepunkt i Jylland med bortfaldet af de samme. På dette punkt lignede lydforholdene i de danske dialekter fra 1200tallet meget de nutidige. Også de moderne jyske dialekter viser jo dette typiske bortfald af vokalendelser (Ringgaard 1959).

Svækkelsen af de tryksvage vokaler kunne dog hæmmes i visse lydomgivelser, som de gamle sjællandske former *hanum* og *ekki* tydeligt viser. Her er det tryksvage *-u-* bevaret på grund af den efterfølgende labiale konsonant *-m*, og endelsesvokalen *-i* svækkes ikke til [ə], da den da nok palataliserede foregående *-kk-* forstærkede vokalens fortungeartikulation, hvilket også hæmmede det jyske bortfald af endelsesvokalen. Sandsynligvis kunne bortfaldet kun ramme de endelsesvokaler der først var blevet svækket til [ə].[5] Opståen af den aldeles moderne form *ham* i 1200tallets sønderjysk er imidlertid overraskende, i betragtning af at formen *hanum*, i de andre danske dialekter, levede videre som *hannem* efter middelalderen. Men ud fra vores synsvinkel er formen *ham* bare en dialektalt sammentrukken variant af den gængse gammeldanske form *hanum*. Og hvad er så dennes forhold til den norrøne form *honum*? Hvad er den samnordiske grundform? Svaret skal tage hensyn til samtlige data om tredjepersonspronomenet i ental. På grundlag af både den norrøne hunkønsform *hón* i nominativ og den tilsvarende oldgutniske *hān*[6] kan man rekonstruere en samnordisk langvokalisk ordstamme **hān-* for pronomenet. Den oprindelige langvokal blev imidlertid forkortet senere i de fleste bøjede former af pronomenet som følge af den tryksvage stilling som det ofte indtager i sætningen. Vores bedste bud for en samnordisk forgænger for både norrønt *honum* og gammeldansk *hanum* er derfor **hǫnum**, fra en tidligere **hǫ́num**, en form der stadig viser

---

5   Om de særlige lydforhold i endelsestavelser i det danske middelaldersprog se Bjerrum 1967: 10–12.
6   Om denne oldgutniske forms vokallængde se Noreen 1904: 389.

sin oprindelige langvokal, dog med tydelig virkning af *u*-omlyd på den. Skulle man opstille hele det samnordiske paradigme for tredjepersonspronomenet "han/hun", ville vi sikkert vælge følgende mønster:

	hankønsformen	hunkønsformen
N	**hann** (< hánʀ)	**hǫ́n**
G	**hans** (< háns)	**hænnaʀ** (< hǽnraʀ)
D	**hǫnum** (< hǽnʀi)	**hænni** (< hǽnʀi)
A	**hann** (< hánn)	**hana** (< hána)

I ovenstående skema anføres også formen i et tidligere sprogtrin i parentes, som hjælp til at forstå den diakroniske sammenhæng mellem kort- og langvokaliske former.[7]

Endnu engang vender vi tilbage til det første skema med sammenligningen mellem norrøne og gammeldanske former og gør rede for forskellen på rodvokalen mellem norrønt *seldi* (inf. *selja*) og gammeldansk *salde* (*saldæ*, *sald*). Hvad skal, i dette tilfælde, anses som samnordisk form? Svaret er uden tvivl **saldi**. Den norrøne form *seldi* skal jo opfattes som opstået analogisk efter infinitiv- og præsensstammen *sel-*, og i lyset af norrønt *telja* 'tælle, fortælle' og dets datidsform *taldi*, med germ. /a/ regelmæssigt bevaret i oprindeligt lette stavelser, synes enhver mulig indvending forgæves.

Nu kan vi gengive alle de fem former fra det første skema i deres samnordiske skikkelse:

Samnordisk	Island	Skåne	Sjælland	Jylland
halda	*halda*	*halda*	*haldæ*	*hald*
skulu	*skulu*	*skulu*	*skulæ*	*skul*
saldi	*seldi*	*salde*	*saldæ*	*sald*
hǫnum	*honum*	*hanum*	*hanum*	*ham*
æitki	*ekki*	*ækki*	*ekki*	*ekki*

Den sidste form, **æitki**, kan umiddelbart virke fjernt fra dén de øvrige fire nordiske dialekter bevidner så entydigt. For at forstå vores valg til fulde, skal man dog ikke

---

[7] Jfr. ovenstående skema med dét i Vrieland (2011: 12), hvor de oldgutniske og de fornsvenske former af tredjepersonspronomenet sammenlignes. Nærværende rekonstruktion udgør et ideelt udgangspunkt for begge sprogs morfologiske træk.

glemme at det pågældende ord oprindeligt ikke er andet end intetkønsformen i nominativ og akkusativ ental af et ubestemt pronomen, svarende til nutidsdansk *ingen*. De mange og brogede bøjede varianter pronomenet viser i de historiske kilder gør det muligt at rekonstruere en grundform der oprindeligt bare bestod af pronomenet **æinn** (m), **æin** (f), **æitt** (n) 'én' efterfulgt af den benægtende partikel **-gi**. Kun første led blev bøjet, mens partiklen var ubøjelig. Denne oprindelige tilstand er stadig tydelig i nogle af de historisk bevidnede former af pronomenet, såsom norr. *einn-gi* (Nsg. mas.), *einu-gi*, (Dsg. neu.) eller delvis synligt i *et-ki* (N/Asg. neu.), hvor tvelyden i første led dog er blevet sammentrukket til en kortvokalisk lyd, og i fsv. *ænxi* (Gsg. mas./neu.),[8] fra tidligere **ænski*, med metatese fra oprindeligt **æins-gi*.

Tilfældet norr., gdan. *ekki* < **æitki** giver os lejlighed til at understrege at de abstrakte samnordiske former der anvendes i vores bog ikke skal opfattes bare som formelle fællesnævnere men derimod som udfald af komplekse sproghistoriske overvejelser, der sætter det enkelte sprogfænomen i et bredere og diakronisk dybere perspektiv. Kort sagt er det vores hensigt at vække læserens fornemmelse for diakroni.

Der findes også tilfælde hvor det faktisk er umuligt at tilbageføre de historisk bevidnede former til en entydig samnordisk form. Heri afspejles sprogforskelle som, i nogle tilfælde, kan være ældre end selve vikingetidens sprog, hvilket bekræfter antagelsen at *dǫnsk tunga* allerede da var kendetegnet af en vis dialektal variation, omend i mindre grad end i den senere periode. Som et eksempel herpå kan man tage ordet **hult/holt** 'ufrugtbar, træbevokset (og højtliggende) stengrund', hvis vokal sandsynligvis har været geografisk bestemt siden urnordisk tid. Denne påstand bygger på mindst to kendsgerninger:

1. Varianten *hult* viser den oprindelige urgermanske rodvokal i ordstammen **hulta-* og derfor må den være meget gammel;
2. Varianten *holt* forudsætter urnordisk **holta-* som dialektal videreudvikling af germ. **hulta-*, efter at *a*-omlyden var begyndt at vinde indpas i de forskellige nordiske dialekter.

Som afgørende støtte for punkt 2 citeres her den berømte urnordiske runeindskrift fra Gallehus (Jylland), hvor det afledte tillægsord *holtijaz*,[9] såvel som navneordet *horna*, entydigt vidner om gennemførelsen af *a*-omlyden omkring året 400 e.K., og

---

8 Foruden denne genitivform findes der også *engsis* og *ængsins* på fornsvensk (Noreen 1904: 421).
9 Jeg gør opmærksom på at i de urnordiske former, såsom *holtijaz*, har man her valgt at transskribere runen ᛉ med ⟨z⟩ fremfor ⟨ʀ⟩, i modsætning til den traditionelle transskription (jfr. f.eks. Jacobsen og Moltke 1942: 4). Hermed fremhæves den direkte etymologiske forbindelse mellem konsonanten betegnet med ᛉ og det oprindelige urgermanske fonem **/z/.

især vidner om tilstedeværelsen af ordstammen *holta-* i Jyllands datidige urnordiske dialekt.

Dette tilfælde er i virkeligheden bare et af de mange eksempler der viser at *a*-omlyden aldrig har været generaliseret over hele det nordiske sprogområde, men den har været hyppigst mod vest og sjældnest mod øst, med Gotland som yderpunkt for dens fravær (Skautrup 1944: 36 og Wessén 1969: 15).

Eftersom vi har inddraget gammeldanske, fornsvenske og oldgutniske tekster i vores første bind, udvides billedet af de samnordiske former til brug for sprogbeskrivelsen med et væsentligt islæt fra østnordisk. I virkeligheden gør både de øst- og de vestnordiske træk sig gældende i vores samnordiske beskrivelsesmodel, men de fleste potentielle læsere i målgruppen er jo vant til direkte at forbinde oldnordisk med norrønt, bare af mangel på kendskab til de østnordiske sprog, så alle sprogtræk der afviger fra vestnordisk virker mere iøjnefaldende, som der nok allerede er blevet lagt mærke til.

Følgende tilfælde vil nok virke endnu mere "afvigende". Det drejer sig om at tage stilling til tilfælde som norr. *søkkva* vs. fsv. *siunka*, gdan. *siunkæ* 'synke' og foreslå en mulig samnordisk løsning på sagen. Den østnordiske form *siunka* lader sig nemt tilbageføre til urn. **sinkwan*, hvis sandsynlighed bekræftes af got. *sigqan* [ˈsɪŋkʷan]. Tvelyden i *siunka* er opstået ved en labialiserende indflydelse[10] fra den labiovelare konsonant *-kv-*, som siden blev forenklet til velar *-k-*, men forblev uændret i vestnordisk. Den østnordiske udvikling afspejler sig også i fsv. *siunga* 'synge' (< urn. **singwan*; jfr. got. *siggwan* [ˈsɪŋgʷan]), som på vestnordisk hedder *syngva*, med bevaret labiovelar konsonant. I begge sprog har den oprindelige labiovelare konsonant udøvet sin artikulatoriske indflydelse på rodvokalen, men udfaldet er noget forskelligt. Desuden viser oldgutnisk slet ingen labialiserende indflydelse i f.eks. **singa* 'synge'.[11] Så må den samnordiske form her være **singva**, en form der nemt kan udgøre udspringet til *syngva*, *siunga* og **singa*, uden selv at være nogen af de tre. Ligeledes kan, eller skal, den østnordiske form *siunka* henføres til en oprindelig form **sinkva*. Men sagen bliver her vanskeligere på grund af tilstedeværelsen af en konsonantgruppe, dannet af en nasalkonsonant efterfulgt af en ustemt klusil (*-nk-*, *-nt-*, *-mp-*). Kun vestnordisk viser her en regelmæssig assimilatorisk udvikling til *-kk-*, *-tt-*, *-pp-*. Desuden bliver oprindeligt kort /i/ og /u/ foran de pågældende konsonantgrupper sænket til hhv. /e/ og /o/ på vestnordisk, men ikke på østnordisk. Et indlysende eksempel er norr. *drekka* 'drikke', *sokkit* 'sunket' vs. fsv. *drikka*, *sunkit*. Alt taget i betragtning må konklusionen være at de pågældende lydændringer aldrig

---

10 Det drejer sig om det østnordiske *w*-brydningsfænomen, der rammer oprindeligt kort /i/ (Wessén 1969: 26).

11 Den oldgutniske form **singa* lader sig nemt rekonstruere på grundlag af den belagte *singis* 3sg. præs. konj. i *Guta Lag* kap. 24 (*af bryllaupum*), efter Schlyter (1852: 59).

blev udbredt over hele det nordiske sprogområde, men kun vestpå blev de enerådende.

Når man skal kondensere alle disse oplysninger og overvejede formodninger i en samnordisk skriftform der stræber efter umiddelbar klarhed og pædagogisk hensyn, vil man nok vælge løsninger som **drĭkka**, for med ‹ĭ› at betegne en særlig vokallyd der opstod som følge af assimilationen *-nk-* > *-kk-* og som senere hen udviklede sig i to forskellige stedbestemte retninger:

urn. **drinkan* ⟶ **drĭkka** ⟨ vestn. *drekka* / østn. *drikka*

En delvis parallel udvikling gør også rede for forskellen mellem de ovenomtalte norr. *sokkit* og fsv. *sunkit*:

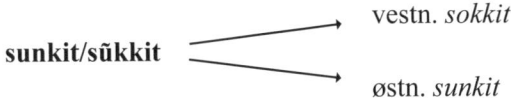

sunkit/sūkkit ⟨ vestn. *sokkit* / østn. *sunkit*

Men selv vanskeligere tilfælde, som det omtalte norr. *søkkva* vs. fsv. *siunka*, gdan. *siunkæ*, kunne få en forholdsvis nem symbolsk gengivelse som følgende:

urn. **sinkwan* ⟶ **sinkva/sĭkkva** ⟨ vestn. *søkkva* / østn. *siunka*

Varianten **sĭkkva**, uden at fjerne sig så langt fra den mere konservative **sinkva**, oplyser om at rodvokalen, i lighed med den første vokal i **drĭkka**, undergår sænkning i vestnordisk og i lighed med rodvokalen i **singva**, også undergår runding. Samspillet af disse to lydændringer giver udfaldet /ø/ i vestnordisk.

Et andet interessant tilfælde, hvor kendskabet til norrønt alene nemt kunne lede den uerfarne læser på vildspor, er datidsformen af verbet **fylgja** 'følge'. Den norrøne form *fylgði* stemmer ikke overens med den fornsvenske *fulghþe* 'fulgte'. Hvad er den samnordiske datidsform så? Svaret er igen resultatet af en række sproghistoriske iagttagelser og logiske overvejelser. Først og fremmest erkendelsen af at vokalen /u/ i den østnordiske form ikke kan skyldes intern analogi, da både infinitiv og præsens viser rodvokalen /y/. Tværtimod er det mere sandsynligt at vestnordisk har generaliseret /y/ i hele paradigmet. Det er i hvert fald en kendsgerning for en sproghistoriker at den oprindelige urgermanske verbalrod netop var **fulg-*, som både oldeng. *folgian* og oldht. *folgēn* bekræfter.[12] Verbet tilhører, historisk set, 3. klasse af de svage verber, ligesom f.eks. norr. *skorta* 'skorte', *hafa* 'have' eller *segja* 'sige'. Disse verber viser normalt ikke omlyd i deres datidsform, så derfor ligger fsv. *fulghþe* på et ældre trin end norr. *fylgði*. Derfor godkendes den østnordiske form, i sin normalisede udgave **fulgði** (< urn. *fulgaðē), i vores samnordiske grammatik. Dens direkte efterkommer lever i bedste velgående i sin nutidsdanske skikkelse *fulgte*, den dag i dag.

Slutbemærkninger

Bidragets indhold skal relateres til det igangsatte projekt med *Le lingue nordiche nel medioevo* (Haugen 2018), og derfor betragtes som en fortsættelse og videreudvikling af de emner der blev fremlagt og argumenteret ved Selskabets for østnordisk filologi møde i 2017 (Haugen 2019 og Panieri 2019). Alle disse indlæg oplyser om tankegangen og fremgangsmåden bag projektet.

Retningslinjerne for stavemåden af de samnordiske former til brug for glossariet blev allerede fastsat i Panieri (2019). Her foretages bare et par ændringer (*gæstʀ, stæinʀ;* se ovenfor s. 31–32), dog stadig i overensstemmelse med de givne retningslinjer (se ovenfor s. 31).

I nærværende bidrag bliver desuden foreslået en ortografisk løsning der kan tage højde for vaklen mellem de østnordiske og de vestnordiske former, i tilfælde som *drikka/drekka, sunkit/sokkit, siunka/søkkva*. Løsningen medfører anvendelsen af de to nye grafemer ⟨ī⟩ og ⟨ū⟩ (se ovenfor ss. 36–37).

I forhold til de nævnte tidligere bidrag udvides her perspektivet, så normaliseringens spørgsmål nu ikke alene involverer glossariet, men også sprogbeskrivelsen i det hele taget. Dermed åbnes muligheden for at omfatte en samnordisk beskrivende grammatik i de næstkommende bind af *Le lingue nordiche nel medioevo*.

I den forbindelse bliver her, igennem yderligere eksempler, gjort rede for løsningen af typiske vanskelige rekonstruktionsproblemer og derigennem endnu engang givet lejlighed til at oplyse om både metodologiske spørgsmål og selve tanken bag et samnordisk referencesystem (*passim*).

Grundtanken om en samnordisk beskrivende model står imidlertid ikke i vejen for anerkendelsen af eksistensen af oprindelige dialektale varianter. Tværtimod gør den anvendte sproghistorisk-sammenlignende metode det muligt at spore sådanne mere eller mindre gamle varianter (se tilfælde som f.eks. *hult/holt, sunkit/sokkit*, m.fl., ovenfor ss. 34–36).

---

12 Se f.eks. Ringe (2017: 287).

Den valgte samnordiske tilgang for sprogbeskrivelsen indebærer at det østnordiske fremhæves betydeligt. Dette muliggør at projektets målgruppe, læserkredsen omkring *Le lingue nordiche nel medioevo*, kan danne sig et helhedsbillede af det "oldnordiske" og få lært at det ikke bare består af det oldislandske sagasprog. Gammeldansk, fornsvensk og oldgutnisk bliver så en del af læsernes sprogbevidsthed, og interessen for de middelalderlige østnordiske sprog og litteratur vil derved forhåbentlig vokse.

Tillæg: normaliseret samnordisk lydsystem

Kortvokaler: a, e, i, o, u, y, æ, ø, ǫ
eksempler: *ma*nn*R* 'mand', v*er*k 'værk', sk*i*p 'skib', h*o*rn 'horn', u*ngR* 'ung', *fy*lla 'fylde', gæst*R* 'gæst', ø*fri* 'øvre', bǫrn 'børn'.

Langvokaler: á, é, í, ó, ú, ý, ǽ, ǿ, ǫ́
eksempler: á*r* 'år', h*ér* 'her', r*í*ða 'ride', m*ó*ðir 'mor', h*ú*s 'hus', n*ýR* 'ny', l*ǽki*R 'læge', s*ǿ*kja 'søge', h*ǫ́*n 'hun'.

Tryksvage vokaler: a, i, u
eksempler: bind*a* 'binde', mán*i* 'måne', e*R*u '(de) er'.

Nasallyde: ĩ, ũ
eksempler: dr*ĩ*kka 'drikke' (jfr. norr. *drekka* vs. fsv. *drikka*), s*ĩ*kkva/sinkva 'synke' (jfr. norr. *søkkva* vs. fsv. *siunka*), s*ũ*kkit/sunkit 'sunket' (jfr. norr. *sokkit* vs. fsv. *sunkit*).

Faldende diftonger: æi, ǫu, øy
eksempler: gæi*t* 'ged', k*ǫ*up*a* 'købe', øyja*R* 'øer'.

Stigende diftonger: ja, já, jǫ, jǫu, jó, ju, jú
eksempler: *h*jalp*a* 'hjælpe', sj*á*tti/sétti 'sjette', j*ǫ*rð 'jord', *b*j*ǫ*uð*a* 'byde', sj*ó*R 'sø', *b*ju*ggu* '(de) boede', jú*gR* 'yver'.

Konsonanter:

stemte klusiler:	*b, d, g*	
	eksempler: **b**œin 'ben', **d**øyja 'dø', **g**ata 'gade';	
ustemte klusiler:	*p, t, k*	
	eksempler: *djú***p**ʀ 'dyb', *vi***t***a* 'vide', *ba***k***a* 'bage';	
stemte frikativer:	*f, ð, g*	
	eksempler: *ha***f** 'hav', *ba***ð** 'bad', *ljú***g***a* 'lyve';	
ustemte frikativer:	*f, þ, h, s*	
	eksempler: **f***inna* 'finde', **þ***ungʀ* 'tung', **h***undʀ* 'hund', *mú***s** 'mus';	
likvider:	*l, r, ʀ*	
	eksempler: **l***and* 'land', **r***ugb*r*ǫuð* 'rugbrød', *ha***ʀ***i* 'hare';	
nasaler:	*m, n*	
	eksempler: **m***øta* 'møde', **n***afli* 'navle'	
halvvokaler:	*v, j*	
	eksempler: **v***ani* 'vane', *sæt***j***a* 'sætte'	

LITTERATUR

Bjerrum, Anders. 1967. *Grammatik over De sjællandske Love efter AM 455 12°. Med tillæg om Jyske Lov efter Flensborghåndskriftet* (København: Københavns Universitets fond til tilvejebringelse af læremidler).

Haugen, Odd Einar (red.). 2018. *Le lingue nordiche nel medioevo 1. Testi* (Oslo: Novus). Open Access: http://omp.novus.no/index.php/novus/catalog/book/2 (04.06.2021).

—. 2019. 'Normalisering av vest- og østnordiske middelaldertekster', i Simon Skovgaard Boeck og Seán D. Vrieland (red.). *A Copenhagen Miscellany: Studies in East Norse Philology*, Selskab for Østnordisk Filologi 3 (København: Universitets-Jubilæets danske Samfund), s. 161–181.

Heggarty, Paul. 2014. 'Prehistory through Language and Archaeology', i Claire Bowern og Bethwyn Evans (red.). *The Routledge Handbook of Historical Linguistics*, (London: Routledge), s. 598–626.

Jacobsen, Lis og Erik Moltke. 1942. *Danmarks runeindskrifter*. Lommeudgave (København: Ejnar Munksgaards Forlag).

Melberg, Håkon. 1951. *Origin of the Scandinavian Nations and their Languages: An Introduction 1* (Halden/København: Aschehoug/Munksgaard).

Noreen, Adolf. 1904. *Altschwedische Grammatik: Mit Einschluss des Altgutnischen* (Halle: Max Niemeyer).

Noreen, Adolf. 1923. *Altisländische und altnorwegische Grammatik (Laut- und Flexionslehre) unter Berücksichtigung des Urnordischen*. Vierte vollständig umgearbeitete Auflage (Halle: Max Niemeyer).

Panieri, Luca. 2019. 'Samnordisk tilgang til beskrivelsen af de nordiske middelaldersprog', i Simon Skovgaard Boeck og Seán D. Vrieland (red.). *A Copenhagen Miscellany: Studies in East Norse Philology*, Selskab for Østnordisk Filologi 3 (København: Universitets-Jubilæets danske Samfund), s. 183–198.

Peel, Christine. 1999. *Guta Saga. The History of the Gotlanders* (London: Viking Society for Northern Research).

Ringe, Don. 2017. *From Proto-Indo-European to Proto-Germanic*, 2nd ed. (Oxford: University Press).

Ringgaard, Kristian. 1959. 'Når tostavelsesord bliver enstavelses. Et bidrag til studiet af den jyske apokope', *Sprog og Kultur*, 21, s. 39–51.

Schlyter, Carl Johan (udg.). 1852. *Gotlands-Lagen,* Corpus iuris Sueo-Gotorum antiqui VII (Lund: Berlingska boktryckeriet).

Skautrup, Peter. 1944. *Det Danske Sprogs Historie I* (København: Gyldendal).

Vrieland, Seán D. 2011. *Old Gutnish Historical Phonology and the Old Norse Context*. M.A. Thesis (Universiteit Leiden).

Weiss, Michael. 2014. 'The Comparative Method', i Claire Bowern og Bethwyn Evans (red.). *The Routledge Handbook of Historical Linguistics*, (London: Routledge), s. 127–145.

Wessén, Elias. 1969. *Svensk Språkhistoria. I. Ljudlära och Ordböjningslära*. Åttonde upplagen (Lund: Almqvist & Wicksell).

Online ressourcer

Fornsvensk lexikalisk databas, Svenska Fornskriftssällskapet: https://spraakbanken.gu.se/fsvldb/ (21.01.2022).

Ordbog over det norrøne prosasprog, Københavns Universitet: https://onp.ku.dk/onp/onp.php (21.01.2022).

Tekster fra Danmarks middelalder og renæssance 1100-1550 på dansk og latin, Det Danske Sprog- og Litteraturselskab: https://tekstnet.dk/front-page (21.01.2022).

4. SPRÅKLIG VARIATION I NÅDENDAL. EN JÄMFÖRANDE UNDERSÖKNING AV SPRÅKBRUK I TEXTVITTNEN AV TVÅ BREV FRÅN NÅDENDALS KLOSTER

VIVECA RABB
Svenska språket, Åbo Akademi, Finland

Contact
Post   Åbo Akademi i Vasa, Strandgatan 2, FIN-65100 Vasa, Finland
E-mail   viveca.rabb@abo.fi
ORCID   0000-0002-9792-4458

Keywords
charters, Nådendal monastery, language use, orthography, abbreviations, scribes

Abstract
In this paper, two charters from the late Middle Ages have been studied. The charters exist both as an original version written on parchment and as a slightly younger copy written on paper. The original charters are DF 3909 from 1482 and DF 4136 from 1487, both written in the Birgittine monastery of Nådendal in Finland. The first copy seems to be written during the period 1490–1530, whereas the other copy seems to be from the same time as the original. The aim of this paper has been to study the changes made by the scribe or scribes from the original to the copy in the charters. The results tend to show systematic changes from a more archaic language in the originals to a more modern language form in the copies. Mostly, the changes in the data take place in orthography, abbreviations, use of majuscules and minuscules as well as in forms of personal names. The cautious conclusions of the study are that the changes between the original and the copy may be stylistical, i.e. they represent a change in the degree of formality. Thus, it seems like the scribe or scribes of the copies follow the same, more modern, norm. However, more data would be needed in order to draw more definite conclusions.

1. Bakgrund
Det senmedeltida skriftspråket kännetecknas av från nutida lekmannasynvinkel överflödiga bokstäver, ett mycket stort antal förkortningar enligt mönster från latinska texter samt av stor variation i bruket av ortografi, morfologi och syntax, även inom samma text. Johnson (2003) hävdar att medeltida texter inte nödvändigtvis återspeglar talspråket, utan snarare skrivarnas medvetna försök att skapa ett svenskt skriftspråk.

När språkhistoriker jämför varianter av medeltida texter, s.k. textvittnen av samma text (se t.ex. Carlquist 2002: 11), undersöker de vanligen olika skrivares versioner av en viss text. En språklig granskning av olika versioner av samma text i nordiskt medeltida brevmaterial har utförts av Hagland (1976) och Andersson (1997). Hagland undersökte skillnaden mellan original och avskrift i nio norska medeltida brev från tiden mellan år 1325 och 1339. Avskrifterna har gjorts åren 1327–1358 (Hagland 1976: 2). Anderssons material bestod däremot av fem svenska brev från tiden mellan år 1355 och 1382. De undersökta avskrifterna är gjorda åren 1366–1493 (Andersson 1997: 16). I både Haglands och Anderssons material har avskrifterna gjorts med syftet att vara officiella dokument och lika juridiskt bindande som originalen. Original och avskrift befinner sig alltså på samma formalitetsnivå. På samma sätt förhåller det sig med de talrika språkliga jämförelserna av längre medeltida texter, som ofta finns bevarade som flera textvittnen av samma text av olika ålder. Då har forskaren primärt koncentrerat sig på ett av dessa textvittnen (se t.ex. Lindell 2000).

Mitt syfte är att jämföra två textvittnen vardera av två senmedeltida texter, nämligen i båda fallen en version skriven på pergament jämfört med en version skriven på papper. Texterna utgörs av två brev från Nådendals kloster från åren 1482 respektive 1487. Hur skiljer sig textvittnena åt språkligt och kan man utifrån undersökningsresultatet dra några slutsatser kring skapandet av det svenska skriftspråket? Undersökningen har utförts med hjälp av finansiering från Svenska litteratursällskapet i Finland.

2. Om de medeltida breven

Vad är då egentligen ett medeltida brev? För det första skilde man (Larsson 2001: 237) under medeltiden mellan två huvudkategorier, nämligen öppna brev och slutna brev. De öppna breven (*litterae apertae*) var avsedda för allmänheten, medan de slutna breven (*litterae clausae*) var skrivna till en viss person. De öppna breven var också rent konkret öppna på så sätt att de kunde läsas utan att man behövde bryta förseglingen.

Larsson (2001: 237) påpekar att de medeltida brev som bevarats till våra dagar oftast hör till den öppna kategorin, vilket antagligen kan förklaras med att de var rättsligt bindande dokument av bestående värde. Den första kända svenska språklagstiftningen finns enligt Larsson (1993: 146) i kung *Magnus Erikssons landslag* från ca 1350. Där stadgas att alla dombrev hädanefter ska skrivas på svenska (i stället för på latin som tidigare) och att en skriftlig handling ska utfärdas på svenska vid alla egendomsöverlåtelser. Även *Magnus Erikssons stadslag* från 1350-talet säger att stadens brev ska skrivas på svenska. Ungefär 60 % av de bevarade öppna breven består vidare enligt Larsson (2001: 125) av dokument som gäller överföring av rätten till ägande eller nyttjande av fast egendom. Hon menar sålunda att just denna brevtyp har haft en stor betydelse vid spridandet av skriftligheten på svenska i det medeltida samhället. Det kunde handla t.ex. om gåvor, morgongåvor, testamenten, försäljning, byten, köp, pantsättning eller förläningar. Larsson (2001: 163) visar också hur andra typer av öppna brev kunde utgöras av t.ex. dombrev, lejdebrev och skyddsbrev.

Den medeltida benämningen på de här texterna är just brev. En vanlig inledning kunde således lyda For alle dande men thetta breff kan koma [...], (För alla rättskaffens män som detta brev kan komma [...][1]). En sentida, men ofta använd beteckning bland lingvister och historiker, är emellertid *diplom*. Jag väljer emellertid att här i texten använda termen brev, vilken också används i mitt medeltida material. Texttypen hade latinska förebilder och det fanns särskilda formulärböcker för att hjälpa skrivarna att ställa upp breven på ett korrekt sätt. De äldsta bevarade, europeiska formulärböckerna härstammar från 600-talet (se Larsson 2001: 220–221). De består av avskrifter av existerande dokument av olika typer som kunde användas som mallar av skrivarna. Det finns belägg för att det funnits formulärböcker även i Sverige, men ingen av dem är bevarad för eftervärlden. Det här betyder rent konkret att samma formuleringar tenderar att återkomma i brev efter brev, ofta ordagrant likadana. Det fanns alltså klara konventioner för skriftspråksbruket i brevgenren.

3. Material
Det finns 131 bevarade brev som är skrivna och daterade i Nådendal mellan åren 1441 och 1533. Det rör sig mest om sälj-, köpe- och donationsbrev angående klostrets jordinnehav och jordförvärv. Breven är främst avfattade på svenska och är skrivna av Nådendalsmunkar (Walta 2012: 304–308). Mitt material består för det första av DF 3909 (SDHK 31080) med pergamentsbrevet från år 1482. I brevet (i två textvittnen) stadfäster Karin Pedersdotter från Masku sin försäljning av mark i Rimito till klostret. Härefter kallar jag detta brev för brev 1 (med original 1 och avskrift 1). För det andra undersöker jag DF 4136 (SDHK 31928, 31929) i två textvittnen varav pergamentsbrevet är från år 1487. Här stadfästs en överenskommelse mellan Nådendals kloster och Jöns av Herttula angående mark i Reso. Härefter kallar jag detta för brev 2 (med original 2 och avskrift 2). Båda avskrifterna är skrivna på papper medan originalen är avfattade på pergament. Den använda skriftformen är gotisk kursiv. Samtliga fyra dokument förvaras i svenska Riksarkivet i

---

1 Alla översättningar är gjorda av författaren.

Stockholm och jag har tagit del av dem i digital form. Breven ingår också i finländska Riksarkivets databasprojekt Diplomatarium Fennicum (DF) och kan studeras i transkriberad och editerad form på webbplatsen http://df.narc.fi/ med hjälp av http://df.narc.fi/search. Breven har transkriberats och getts ut flera gånger, och jag har använt versionen Nådendalsdiplomen, färdigställd av mig själv i mitt arbete för finländska Riksarkivet åren 2016 och 2018. I den transkriberade versionen från 2016 och 2018 (faksimil) har förkortningarna bibehållits, medan de öppnats i den editerade versionen.

I brev 1 utgör avskriften ord för ord samma text som i originalet, med undantag av ett kort tillägg med hänvisning till ett biskopsbrev från 1490. Avskriften har sålunda tillkommit tidigast år 1490. I brev 2 däremot kan avskriften ses som ett sammandrag av den längre text med standardiserade fraser som finns i originalet, kanske avsedd för en dombok med tanke på dess upplägg. Möjligen kan domboksavskriften i sig själv utgöra ett koncept till den slutliga dombokstexten. Hur mycket yngre kan då avskrifterna vara? På basis av handstilarna gör jag bedömningen att de i båda fallen inte kan vara särskilt mycket yngre än sina original, då de båda i mina ögon tycks vara skrivna med 1400-talshandstilar. Denna tanke stöds av en undersökning av vattenmärkena på de papper som använts för avskrifterna. Avskrift 1 har vattenmärket "Bokstav P" med höjden 47 mm. Liknande vattenmärken finns i Piccard (1977: avd. 2) från tiden ca 1480–1530. Tidsramen för avskrift 1 blir då 1490–ca 1530. Avskrift 2 har vattenmärket "Oxhuvud med stång" med höjden 54 mm. Två liknande exempel finns i Piccard (1966: avd. 9, nr 173, 174), det ena från Gripsholm ca 1486–1488, och det andra från Stockholm 1481. Eftersom pergamentsbrevet brev 2 är daterat 1487 får vi en mycket snäv tidsgräns för avskrift 2, och jag antar härmed att pergamentsbrevet och pappersavskriften är så gott som samtida.

Så vitt jag kan bedöma är båda originalen skrivna av samma skrivare, d.v.s. med samma handstil. Denna tanke stöds också av Sjödin (1942: 56–57) som menar att båda breven är skrivna av Jöns Filipusson (normaliserad form Filipsson). Denne var enligt Walta (2012: 310) sysslomann, d.v.s. ansvarig för klostrets affärer ungefär åren 1479–1498. Sjödin tillskriver Jöns Filipsson 45 av Nådendalsbreven och Filipsson skulle i så fall ha varit den skrivare i klostret som ligger bakom det största antalet av de bevarade breven. Beträffande avskrifterna däremot är slutsatserna osäkrare. Det här beror för det första på skrivmaterialet. Bläcket flyter ut mera på papper och ger ett annat utseende än på pergament. Dessutom kan det inte uteslutas att skrivaren i avskriften har använt andra och snabbare varianter av vissa bokstäver än i originalen, som i båda fallen är mycket vackert präntade. Parkes (2008: 82–83, 121, 145) menar också att bokstävernas utseende kunde variera enligt skrivarens brådska och textens syfte, och att det handlade om ett medvetet stilistiskt val. Faktum är att flera av bokstavstyperna i avskrift 1 skiljer sig från original 1, t.ex. är bokstäverna *k, g* och *h* lite annorlunda formade. Avskrift 2 däremot ligger till handstilen närmare original 2, men trots det används samma *g* som i avskrift 1, som alltså skiljer sig från bokstaven *g* i originalen.

Den här diskussionen är nödvändig för att konstatera att skillnaderna mellan original och avskrift i fallet brev 2 kan vara en genrefråga (skillnad mellan brev och domboksanteckning), men möjligen i båda brevens fall samtidigt också en skrivarfråga (byte av skrivare). För det tredje kan det också tänkas att skillnaderna är stilistiska, d.v.s. att avskrifterna kan ha uppfattats som mindre formella än originalen.

Exempel ur breven har jag här i texten behandlat så att jag har löst upp eventuella förkortningar i originalen och markerat dem med kursiv, liksom i databasen Diplomatarium Fennicum – Nådendalsdiplomen. Användningen av minuskler och majuskler (gemener och versaler) har dock behållits som i breven.

4. Hur förändras texterna från original till avskrift?

I brev 1 är 237 av totalt 357 ord ändrade på något sätt från original till avskrift, vilket uppgår till 72 %. I brev 2 är 134 ord gemensamma mellan originalet och avskriften/sammandraget, och i 50 av dessa ord finns en skillnad av något slag, vilket blir 37 %. Vissa ord är vidare ändrade på mer än ett sätt, t.ex. till såväl sin stavning som förkortningar. Att det finns en betydligt större skillnad mellan versionerna i brev 1 än i brev 2 förefaller egendomligt. Avskrift/sammandrag 2 är annorlunda än avskrift 1 på så vis att de formelartade fraserna som brevgenren kräver inte har använts. I stället har man fokuserat på att nämna alla de inblandade personerna vid namn från original 2 samt på att få med basfakta i ärendet. Hela 267 ord från original 2 saknas i avskrift/sammandrag 2. I stället har avskrift 2 76 ord som saknas i formuleringarna från original 2. Man kunde således tänka sig att de två textvittnena av brev 2 skulle skilja sig åt språkligt i högre grad än textvittnena av brev 1. En tänkbar förklaring till det här kunde vara att avskrift 2 är mera samtida med original 2 än vad fallet är med brev 1, en tanke som undersökningen av vattenmärkena stöder. Det kunde möjligen också vara så att original 1 och avskrift 1 kunde vara skrivna av olika skrivare, medan original 2 och avskrift 2 kunde vara av samma hand. Det bör emellertid påpekas att skillnader i användningen av minuskler och majuskler utgör en viktig del av skillnaderna i de två textvittnena av brev 1, och detta har inte kunnat undersökas systematiskt i brev 2 p.g.a. att formuleringarna är så olika i avskrift 2 jämfört med original 2. Undersökningen av syntaktiska orsaker till användningen av majuskler och minuskler samt undersökningen av användningen på textens första rad har på så sätt fallit bort beträffande brev 2.

Hur förändras texterna från original till avskrift? Här kommer jag att gå igenom skillnader på olika språkliga nivåer och samtidigt jämföra brev 1 med brev 2. Jag har enbart beaktat de belägg som i avskriften avviker från originalet. Om något ändras från original till avskrift, hur i så fall?

4.1 Några stavningsskillnader

Stavningsskillnader utgör den överlägset vanligaste typen av förändring i materialet från original till avskrift. Det finns 138 fall på totalt 237 ändrade ord i brev 1, vilket blir 58 % av de ändrade orden. I brev 2 finns det 27 fall på 50 ändrade ord, vilket blir 54 %. Som stavning har jag inte räknat t.ex. variation i användningen av minuskel och majuskel, särskrivning/sammanskrivning eller använda förkortningar. Däremot har jag valt att räkna med de fall som möjligen kan bero på uttalsförändringar, d.v.s. inverkan från ett talspråk i förändring. Jag har alltså försökt undvika spekulationer om orsakerna till att stavningen varierar vid definitionen av vad stavning är.

Tabell 1. Användningen av några stavningsdrag

Språkdrag	Brev 1		Brev 2	
	Original	Avskrift	Original	Avskrift
I – j	j	i	j	i
I – y	i/y	i/y	y	i
V, u – w	oftast w	oftast v, u	w	v, u
I – e	e	i	-	-
O – a	a	o	a	o
Æ – e	oftare e	oftare æ	e	æ
Dubbel – enkel vokal	Dubbel	enkel	dubbel	enkel
Oc – ok	ok	oc, och	ok, och	oc
Jac – jak	jak	jac	-	-
Dubbel – enkel konsonant	oftare enkel	oftare dubbel	enkel	dubbel
G, d, t – gh, dh, th	med h	utan h	oftare med h	oftare utan h

Tabell 1 visar att brev 1 och brev 2 i stort sett följer samma modell. En viss form har valts i båda originalen, medan en konkurrerande form har föredragits i båda avskrifterna. I avskrifterna har sålunda beträffande vokalerna *j* ändrats till *i* (jussj — Jussi), *w* har förändrats till *v* och *u* (godwilia — goduilia), *e* till *i* (kennes — kennis), *a* till *o* (naghan — nogan) och *e* till *æ* (gest — gæst). Variationen mellan *i* och *y* (finnila — fynnilæ) är jämn. Båda varianterna är lika vanliga i avskrift 1 som i original 1, medan det finns endast ett belägg från brev 2. Lång vokal har skrivits med dubbelt vokaltecken i originalen, men ofta ändrats till enkelskrivning i avskrifterna (naden daall — Nadendal). I fallet *i* och *e* kan man notera hur varianten *i* valts i avskriften, medan stavningen *e* föredragits i originalet. Här rör det sig troligen om den sänkning av uttalet av några korta vokaler (*i, y, u*) som t.ex. Pettersson (2005 (1996): 151) beskriver som tillhörande den yngre fornsvenskan. En annan ljudförändring som även den tidsbestämts till den yngre fornsvenskan är övergången från *a* till *å* (stavat *o* i materialet, eftersom bokstaven *å* inte fanns ännu under 1400-talet). Här har den konservativare stavningen med *a* valts i båda originalen, medan avskrifterna antyder att skrivaren/(skrivarna?) uttalade orden i fråga med *å*.

Om man utgår från antagandet att Jöns Filipsson har skrivit både original 1 och original 2 i materialet, så är det också intressant att lägga märke till att skillnaderna i stavning mellan de två breven är små, men dock existerande. I Tabell 1 ovan ser man hur det finns aningen mera variation i stavningen i original 1 än i original 2. Beträffande *i* och *y* kan man konstatera att det finns enbart ett belägg i original 2, vilket gör jämförelsen svår. Intressantare är kanske att *w* ibland växlar med *u* eller *v* i original 1 medan enbart *w* används i original 2. Likaså växlar *e* ibland med *æ* i original 1 medan original 2 har enbart *e*. Dessutom har original 2 enbart enkel konsonant medan original 1 ibland också har dubbel. Tvärtom ser man också att original 2 har belägg på *och*, medan original 1 enbart använder *ok*. Dessutom har original 1 alltid inskott av *h* i *gh*, *th*, *dh*, medan original 2 också har belägg utan *h*. Andersson (1997: 19–20) konstaterar att de två brev i hans material som skrivits av samma hand också uppvisar skillnader sinsemellan och att en individs stavning alltså kan vara instabil. Man ser i alla fall i mitt material att Jöns Filipsson trots allt föredrar en viss variant i båda breven. Även där variation finns är den variant sålunda mest frekvent som är allenarådande i det andra brevet.

De fall av vokalskillnader som kan bero på förändringar i uttalet listas samtliga nedan i Tabell 2. Där ser man att det finns 10 belägg i de två breven där ett *a* i originalet ändrats till ett *o* i avskriften. Detta kan alltså tyda på att skrivarens eget uttal var *å*, men att den äldre formen med *a* ansågs vara lämpligare i ett officiellt dokument på pergament. I materialet finns inga exempel på det motsatta förhållandet, att ett *o* skulle ha ändrats till ett *a*. Orten Nådendal nämns vidare i båda breven och stavas då i samtliga fall med äldre *a* (Nadendal). Här har kanske ordets namnstatus inverkat arkaiserande. Exemplen torde vidare kunna delas upp i flera typer. T.ex. Pettersson (2005 (1996): 149–153) och Eliasson (2010) beskriver hur vissa stavningar med *o* kommer från en förändring av långt *a* till ett *å*-liknande ljud, en förändring som kan ha nått Mellansverige under andra hälften av 1300-talet. Hit kan då åtminstone exemplen gord (Wessén 1965: 73) och otnøya höra. I andra fall däremot har ursprungligt kort *o* i och med kortstavighetens försvinnande övergått i ett långt ljud som var ett mellanting mellan *å* och *ö* (se t.ex. Pettersson 2005 (1996): 149, Eliasson 2010, Schalin 2014: 205).[2] Även detta ljud stavades med bokstaven *o*. Exemplet nogan kan möjligen höra till denna kategori, då med tillägget att stavningen naghan i originalet här i så fall inte nödvändigtvis är en konservativ stavning. I t.ex. Noreen (1904: 414–417) finns exempel både med stavningen *a* och med *o*.

I Tabell 2 finns även två exempel på att ordet kennes i original 1 ändrats till kennis i avskriften. Det här är de enda fallen i materialet där det finns en skillnad mellan original och avskrift i användningen av obetonat *i* och *e*. De två exemplen går möjligen stick i stäv med mina slutsatser om *o* och *a* ovan, i och med att det är den yngre formen med *e* som har valts i original 1, inte den äldre formen med *i* som i avskriften. Noreen (1918: 23) redogör emellertid för hur stavningen med *e* var vanlig regionalt redan under 1300-talet, och då kan man kanske inte automatiskt säga att ett *i* under 1400-talet representerar en äldre form. I brev 2 finns samma ord endast i originalet, där emellertid i formen kennis.

Tabell 2. Vokalskillnader i brev 1 och 2 som kan bero på uttalsförändring

Original	Avskrift	Antal belägg
gardzmestare	gordzmestare	1
Magn*us*	Monss	1
Martin	Morte*n*	2
naghan	Nogan	2
matto	Motto	1
athnøghian	otnøya	1
kennes	kennis	2

Beträffande konsonanterna visar Tabell 1 ovan hur stavningarna ok och jak dominerar i originalen, medan oc, och och jac har valts i avskrifterna. Båda exemplen på och i avskrift 1 förekommer i radslut, där skrivaren kanske har valt den längre formen för att fylla ut raden och sålunda åstadkomma en rak högermarginal (jfr här Dverstorp 2013: 151–152, 156). Vidare har enkel skrivning av konsonanter ofta valts i originalen, medan dubbel konsonant oftare använts i avskrifterna (silfuer — silffuer). Slutligen används enkel skrivning av konsonanterna *g*, *d* och *t* i avskrifterna, till skillnad från de mer konservativa formerna *gh*, *dh* och *th* från originalen (nadhendall — Nadendal) (se t.ex. Wessén 1965). Det här

---

2   Detta ljud finns fortfarande i vissa svenska dialekter och diskuteras t.ex. av Schalin (2014).

kan möjligen tyda på att det frikativa uttalet inte användes i skrivarens (skrivarnas?) talspråk, medan det officiella textvittnet ansågs behöva en konservativ skriftbild.

4.2 Förändringar i förkortningar

I senmedeltida texter användes ett mycket stort antal olika förkortningstecken (abbreviaturer) enligt mönster från latinska förlagor (se t.ex. Cappelli 2004 (1929)). Det här bruket berodde åtminstone delvis på att man ville spara på dyrt skrivmaterial. I brev 1 finns 86 fall av ändringar av förkortningar mellan original och avskrift på totalt 237 ändrade ord, d.v.s. 36 % av de ändrade orden. I de gemensamma delarna av brev 2 hittar jag 17 sådana fall på 50 ord, vilket blir 34 % av de ändrade orden. Jag har delat upp förändringarna i tre grupper: utskrivning av förkortningstecken i avskriften jämfört med originalet, tillägg av förkortning samt utbyte av förkortning. Resultaten ses i Tabell 3.

Tabell 3. Användningen av förkortningstecken

Förändringstyp	Brev 1, avskriften	Brev 2, avskriften
Utskrivning av förkortning	41 (48 %)	3 (18 %)
Tillägg av förkortningar	29 (34 %)	8 (47 %)
Utbyte av förkortning	16 (19 %)	6 (35 %)

Tabell 3 visar hur användningen av förkortningstecken skiljer sig åt i brev 1 jämfört med brev 2. I brev 1 dominerar utskrivningarna av förkortningar från original till avskrift tydligt över de andra två förändringstyperna. Det är alltså klart vanligare att ett ord som förkortats i originalet skrivs ut i avskriften (48 % av fallen) än tvärtom, att utskrivna ord i originalet förkortas i avskriften (34 % av fallen), alternativt att ordet förkortas i båda versionerna men på olika sätt (19 % av fallen). I brev 2 däremot är utskrivningarna av förkortningar få till antalet (18 % av fallen). Vanligare är i stället tilläggen av nya förkortningstecken, d.v.s. att ord som skrivs ut i originalet förkortas i avskriften (47 % av fallen), medan utbyte av förkortning kommer däremellan (35 % av fallen).

Varför denna skillnad mellan brev 1 och brev 2? En förklaring kan ligga i avskrifternas natur. Avskrift 2 är en starkt förkortad form av innehållet i original 2 och kan då helt naturligt ha många förkortningstecken i texten. I avskrift 1 däremot som ord för ord är en avskrift till original 1 måste man dock söka andra förklaringar. En tänkbar (del)förklaring kan vara att avskrift 1 och avskrift 2 är skrivna av olika skrivare med olika praxis vid användningen av förkortningar.

4.3 Inofficiellt – officiellt namn?

I båda breven nämns alla inblandade personer vid namn, inklusive alla officiella vittnen. I några fall används en annan namnform i avskriften jämfört med i originalet. Detta sker 13 gånger i brev 1 och 11 gånger i brev 2. I några fall återkommer samma namnskillnader flera gånger i texterna, vilket också återspeglas i Tabell 4.

Jag tolkar Tabell 4 som att det finns olika typer av förändringar av namnformer. På de två första raderna ser man hur de svenskklingande formerna Henric och Jøns från originalen har förändrats till de finska namnen Heyky och Jussi i avskrift 2. Dessutom har eric j viala i original 2 ändrats till eric vialan i avskriften (i slutet av tabellen), vilket innebär att ett svenskt prepositionsuttryck har ändrats till en finsk genitivform. En mellanform utgör eric kukolan i avskrift 2, som ändrats från eric j kukolan i originalet. Det tycks finnas en känsla för släktskapen mellan de respektive namnformerna, samt en uppfattning att den svenska versionen är mera passande i officiella originaldokument än den finska. Man kan dock inte säga att svenska namn genomgående ändrats till finska, eftersom t.ex. en annan Jussi förekommer med finsk namnform i såväl original som avskrift. Dessutom har pedher jacolan och anders intilæn från original 2 tvärtom tappat sin finska genitivböjning och heter sålunda jacola respektive intila i avskrift 2.

Tabell 4. Användningen av namnformer

Namnform i originalet	Namnform i avskriften	Antal belägg
Hen*ric*	heyky	1
Jøns	jussi	2
Jøns	jønis	2
Jop	Jæppe	1
Mattis	Matz	4
Magn*us*	Monss	1
Martin	Morte*n*	2
Nigles	nicliss	1
Nigles	Nilss	4
Pedh*er*	p*er*	2
Jacolan	jacola	1
Intilæn	intila	1
j viala	vialan	1
j kukola*n*	kukolan	1

I fråga om ordparen Mattis-Matz, Magnus-Monns, Martin-Morten, Nigles-Nils och Pedher-Per i Tabell 4 däremot, handlar det om svenska namnpar där det andra verkar uppfattas som ett (nyare?) smeknamn eller åtminstone som en inofficiell namnform gentemot det första. I fallet Jeppe och Jop har vidare båda namnformerna uppkommit ur formen Jakob, men varianten Jop är inhemsk/svensk, medan Jeppe är inlånad från danskan (Blomqvist 1993: 31). Beträffande Jønis-Jøns och Nigles-Nicliss/Nils är skillnaderna mellan original och avskrift oklara för mig.

4.6 Skillnader i användningen av minuskler och majuskler

Användningen av minuskler och majuskler var ännu under 1400-talet inte reglerad på samma sätt som i dag, och varierar också friskt i materialet. Skillnaden mellan original och avskrift har jag emellertid här kunnat helt systematiskt undersöka enbart i brev 1, först och främst eftersom satsstrukturen och brevets uppbyggnad skiljer sig åt så pass mycket i avskrift 2 jämfört med original 2 att en närmare undersökning av syntaktiska orsaker till valet av minuskler och majuskler ter sig meningslös. Eftersom de inledande standardiserade fraserna saknas i avskrift 2, kan jag inte heller jämföra ord på textens första rad i brev 2. I övrigt har jag dock beaktat båda breven. Det finns i brev 1 16 fall där en majuskel i originalet har bytts ut till en minuskel i avskriften. Motsvarande siffra för brev 2 uppgår till ett fall. Däremot har en minuskel i originalet bytts till en majuskel i avskriften i 29 fall i brev 1 och i två fall i brev 2. I tabellerna 5 och 6 listar jag de orsaker till bytet som jag tycker mig kunna urskilja.

Tabell 5. Orsaker till byte från majuskel till minuskel

Orsaker	Antal belägg
Syntaktiska orsaker	10
Belägget finns på textens första rad	4
Titel eller epitet	1
Personnamn	1
Guds namn	1

Den vanligaste orsaken till byte från majuskel i originalet till minuskel i avskriften tycks som ses i Tabell 5 vara syntaktisk. Majuskel har valts i original 1 inte bara som inledare till hela meningar, utan även till andra satser. Hur det här kan se ut rent konkret, redovisar jag i exempel 1. De ord där bytet från majuskel till minuskel har skett, markerar jag dessutom med fetstil. Meningsbyggnaden i brev 1 är komplicerad och meningarna är oerhört långa. Jag har därför valt att utelämna delar som i det här sammanhanget kan ses som onödiga.

Exempel 1. Byte från majuskel till minuskel av syntaktiska orsaker

[...] Magnus Niglesson hæredzhøfdinge j Masko hæredhe ok flerom godhom mannom **Ok** jngen vilde ther a moth sæghia eller thetta køpp j nager matto ryggia qwælia eller forhindra **Thy** gaff fornempde broder Olaff Jønsson / mik vi alna nærest krumpet ok ofuerskurit offuer alla betalan for kerlek sculdh ok thy køpeno til mere stadfestilse / **Hwarffore** affhender jak mik ok mynom ærffwingiom fornempda tridningh j Brwnila medh allom thess tillaghom j watho ok torro, alzingo vndan tagno **Ok** tilegnar han Nadhendals clostre [...]

[...] Magnus Niklasson häradshövding i Masko härad och flera andra gode män **Och** ingen ville säga emot det eller på något sätt upphäva förhindra eller stoppa detta köp **Därför** gav förutnämnde broder Olav Jönsson / till mig 6 alnar kläde från Naarden krympt och utskuret förutom all betalning för kärleks skull och för att stadfästa köpet ytterligare / **därför** avhänder jag mig och mina arvingar den förutnämnda tredjedelen i Brunila med all dess områden som hör till den i vått och torrt, utan undantag **Och** han tillägnar Nådendals kloster [...]

Exempel 1 visar att första bokstaven i den samordnande konjunktionen Ok ändras till minuskel i avskriften. Även satsinledarna Thy och Hwarffore har majuskel i originalet men minuskel i avskriften. Hwarffore föregås dessutom i originalet av ett s.k. virgulatecken, ett snedstreck som kan användas i medeltida handskrifter för att markera satsbyte. Jag tolkar situationen så att majuskel har valts som satsinledare i original 1 (ibland kombinerad med virgula) för att underlätta läsningen av texten. Majuskel används sålunda i originalen inte bara som inledning till huvudsatser, utan även som inledning till bisatser och vissa mindre fraser.

I två av de tio fallen där jag gjort tolkningen att en majuskel i originalet har bytts ut av syntaktiska orsaker mot en minuskel i avskriften (Tabell 5) gäller det ord med initialt *a*: Aff och Aarom. Bokstaven *a* (och *æ*) är svår att bestämma som antingen minuskel eller majuskel, eftersom minuskeln kunde skrivas tvårummigt såväl som enrummigt. I det förstnämnda fallet skrevs den enligt Derolez (2003: 133–134) i Skandinavien gärna betydligt högre än andra minuskler och kan således förväxlas med en majuskel. Wiktorsson (2015 I: 23) påpekar dock att detta bruk minskade klart efter mitten av 1300-talet då det enrummiga *a*-et blir allt vanligare. I mitt material förekommer inga tvårummiga *a* medialt i ord utan enbart initialt. Jag tolkar således mina (tvårummiga) exempel som majuskler.

En annan möjlighet är eventuellt att se fraserna som inleds med majuskel i originalet som s.k. överföringsenheter (Dverstorp 2010, termen från Parkes 2008: 63). Det här syftar på att skrivaren rent konkret läser ett lämpligt stycke i förlagan, som han håller i minnet medan han skriver ner det i sin egen text. Därefter flyttar han åter blicken mot förlagan, läser lite till, och skriver ned. Dverstorp (2010: 124) menar att överföringsenheterna kan ha utgjorts av satser, delar av satser eller av fraser. De medeltida breven ses inte i normala fall som avskrifter, men man kan i princip tänka sig att skriften har skett utifrån ett koncept och då har på sätt och vis en överföring skett. Enligt den här tolkningen kunde man alltså se fraserna med majuskel som överföringsenheter, alltså tillkomna i det praktiska skrivarbetet för att hjälpa skrivaren snarare än med tanke på den kommande läsaren. Dverstorp (2010) ställer sig frågan om den medeltida interpunktionen med virgulatecken och punkter i övre kanten av skriftraden kan visa överföringsenheterna. I brev 1 (originalet) finns dock endast två virgulatecken och en punkt i en text på 19 rader. Så långa kan överföringsenheterna knappast ha varit, och det är då snarare möjligt att majusklerna leder på rätt spår.

Medeltida handskrifter kännetecknas även av att textens första bokstav, den s.k. anfangen, oftast är stor och på olika sätt utsmyckad (se t.ex. Hedlund 1992: 142, Walta 2012: 140–141). I Nådendalsbreven kompletteras denna utsmyckning med att flera ord på brevets första rad har skrivits med förstorade initialer eller majuskler med eventuellt utsmyckade huvudstaplar. I brev 1 har sådana majuskler i originalet ändrats till minuskler i avskriften i tre fall. Det fjärde fallet är ett dubbelt initialt *f* i ordet ffoordom på första raden. Derolez (2003: 146) menar att dubbeltecknade *f* i initial position ska tolkas som majuskler.

I ett fall där majuskler har ändrats till minuskler i avskriften, gäller det en persons titel eller epitet, nämligen Ærlighen man Pædher Niglesson borgamestare j Nadhendals køpstadh och i det andra fallet handlar det om Guds namn i uttrycket Anno Dominj, d.v.s. det latinska uttrycket i Guds år vid årtalsangivelse. Båda beläggen kommer från brev 1. Till sist finns det ett belägg från brev 2 på ändring från majuskel till minuskel i ett personnamn, då Johan har blivit johan.

Vidare finns fall när en minuskel i originalet tvärtom ändrats till en majuskel i avskriften (Tabell 6).

Tabell 6. Orsaker till byte från minuskel till majuskel

Orsaker	Antal belägg
Personnamn eller ortnamn	20
Viktigt ord	8
Syntaktiska orsaker	2
Titel	1

Ett byte från minuskel i originalet till majuskel i avskriften har skett i totalt 31 fall i breven. I det överlägset vanligaste fallet handlar det om personnamn eller ortnamn (20 belägg). Namnet torsten har sålunda ändrats till Torsten och nadhendall till Nadendal i avskrifterna. I åtta fall verkar det mera handla om ord som vid författandet av avskriften kan ha uppfattats som särskilt viktiga i sammanhanget, se exempel 2. Ordet jncigle i (1), d.v.s. sigill, är mycket viktigt i en medeltida officiell text, eftersom sigillen motsvarar dagens namnunderskrifter. Sigillen bevisar således att vittnena verkligen varit närvarande vid transaktionen. I (2) är det orden gull och lødogt silfuer som först stavats med majuskel. Orden har skrivits med minuskel i originalen men betonats med majuskel i avskriften. Att ordet hade namnkaraktär eller upplevdes som viktigt i sammanhanget, tycks sålunda inte ha motiverat användning av majuskel i det officiella originalet.

Exempel 2. Byte från minuskel till majuskel vid eventuellt särskilt viktiga ord

(1) [...] myn son nigles fynnewidzson bidher beskedelighen man mattis mattisson radman j nadhendall om hans jncigle at hengia nidhen fore thetta breff a waara vegna medhen wy ey sielfue **jncigle** hafuom

[...] min son Niklas Finvidsson ber aktade mannen Mats Matsson rådman i Nådendal om hans sigill att hänga nerför detta brev på våra vägnar eftersom vi inte själva har **sigill**

(2) [...] xc marker swenska huilka summa jak kennes mik redeliga hafua vpburith til fulla athnøghian mæstha delen j **gull lødogt** silfuer ok redha penningom

[...] xc svenska mark vilken summa jag erkänner ha rätt uppburit till full belåtenhet mesta delen i **guld lödigt** silver och reda pengar

I två fall verkar vidare orsaken till användningen av majuskel i avskrift 1 vara syntaktisk, medan minuskel har använts i originalet. Dessa fall redovisas i exempel 3. I (1) inleder ordet swa frasen swa epterkomandom som nw nærwarandom. Dessutom finns frasen på textens första rad, vilket ytterligare kunde motivera en majuskel. Å andra sidan har majuskel redan använts för att inleda de två närmast föregående orden, och det är möjligt att skrivaren ansåg att det blir för mycket av det goda att inleda tre ord i rad på detta sätt. I (2) inleder ordet thy frasen **thy** køpeno til mere stadfestilse. Även i detta fall har skrivaren i originalet valt minuskel.

Exempel 3. Byte från minuskel till majuskel där majuskeln verkar ha varit syntaktiskt motiverad

> (1) For alle dande men thetta breff Kan Koma **swa** epterkomandom som nw nærwarandom Kennes Jach kadrin pederssdotter [...]
>
> För alla rättskaffens män som detta brev kan komma, **såväl** efterkommande som nu närvarande låter jag Karin Pedersdotter veta [...]
>
> (2) Thy gaff fornempde broder olaff jønsson / mik vi alna nærest krumpet ok ofuerskurit offuer alla betalan for kerlek sculdh ok **thy** køpeno til mere stadfestilse
>
> Därför gav förutnämnde broder Olav Jönsson / mig 6 alnar kläde från Naarden krympt och utskuret förutom all betalning för kärleks skull och för att stadfästa **det** köpet ytterligare

Till sist finns det ett belägg i brev 1 där en persons titel har inletts med minuskel i originalet, men ändrats till majuskel i avskriften, nämligen beskedelighen man mattis mattisson **radman** j nadhendall.

Sammanfattningsvis konstaterar jag att de jämförbara beläggen i brev 2 är mycket få och att mina slutsatser därför främst stöder sig på förhållandena i brev 1. Det verkar emellertid som om majuskel i originalet främst används av syntaktiska orsaker, för att underlätta läsningen av texten eller eventuellt som ett led i skrivarens avskrivning av texten. Derolez (2003: 183) skriver att bruket att inleda satser med majuskel härstammar redan från tiden med s.k. karolingisk skrift (800–1000-talet). Han påpekar emellertid också att majusklernas konkreta utseende varierade stort samt att forskningen om användningen av majuskler i gotisk skrift är nästan icke-existerande. I mitt material användes dessutom gärna majuskler initialt i ord på textens första rad i original 1. I avskrifterna däremot används majuskler gärna vid personnamn och ortnamn, samt vid ord som i sammanhanget kan uppfattas som särskilt viktiga. Om man vill kan man kanske se namnen som en underavdelning till dessa särskilt viktiga ord.

4.7 Några exempel på lexikaliska och morfologiska skillnader

När medeltida texter finns i flera textvittnen, kan det förekomma att vissa ord skiljer sig åt från ett textvittne till ett annat (t.ex. Andersson 1997: 19). Att texten är avskriven ord för ord är alltså ingen självklarhet. I mitt material är dock brev 1 avskrivet ord för ord från original till avskrift (förutom det korta tillägget på slutet, som endast finns i avskriften). På den lexikala nivån finns alltså inga som helst skillnader. I brev 2 däremot finns två belägg på utbyte av ord från original till avskrift. Ordet `hæredztingh` har således ändrats till `Waar tingh` och `j hion gardhen` har ändrats till `i hionstuffwon`. Dessutom finns ett exempel på tillägg av ett ord. Nämndemannen `henric j kukola` i originalet har således benämnts `kocko heyky j kukola` i avskriften. Liksom de lexikaliska ändringar från original till avskrift i brevmaterial som diskuteras av Hagland (1976) handlar ändringarna i mitt material främst om synonymer som inte förändrar betydelsen nämnvärt. Andersson (1997) som gjort en liknande undersökning som Hagland, konstaterar också att ordvalet ändras enbart i undantagsfall från original till kopia. I mitt eget material ser jag samma tendens i en avskrivning ord för ord (brev 1), och att enbart tre ord ändras vid förkortningen av brev 2.

I två fall i brev 1 har jag identifierat morfologiska skillnader. Originalets `a satte tinge` har ändrats till `a satte ting`, vilket innebär att en konservativ dativform har ändrats till den modernare ackusativformen i avskriften. Delsing (2014) redogör för hur användningen av dativ- och genitivformer i skrift försvinner så gott som helt i Mälardalsområdet från mitten av 1400-talet. I stället ökar användningskontexterna för kasusen nominativ och ackusativ. Det här kasussammanfallet kallar han för *Stora katastrofen*. Han visar vidare hur Nådendalsmunken Jöns Budde i sju av sina texter upprätthåller användningen av dativ och genitiv i betydligt större utsträckning än i de undersökta texterna från Mälardalen. Mitt material (som inte är skrivet av Jöns Budde men dock i Nådendals kloster) kan möjligtvis antyda en variation mellan dativformer och ackusativformer hos språkbrukarna i Nådendals kloster under 1400-talets sista decennier och att dativformen uppfattades som mera officiell.

Vidare har `medh myna sønerne nigles ok philppus ok flere mynne` **barna** `ok ærffwingiæ samtykkio` i originalet ändrats till `medh myno` sønerne nicliss oc philppus oc flere myne **barn** och erffwingiæ samtyckio i avskriften. Här har alltså en (traditionell) genitiv pluralform ändrats till en nominativ- eller ackusativform. Eller ska man se barn i avskriften som en del av en gruppgenitiv? Delsing (2014) förklarar hur svenskans moderna användning av genitiv (som det här är fråga om) kvarstod trots kasussammanfallet. Möjligt är emellertid att skrivaren var osäker på i vilka situationer genitivformer faktiskt skulle användas och hur de skulle se ut då draget befann sig i förändring. Wessén (1965: 143) påpekar att ändelsen -s blev vanlig för genitiv i pluralis i skrift först ca år 1500.

I avsnitt 4.3 ovan har jag redan redogjort för tre fall av morfologisk förändring i brev 2, där finsk böjningsmorfologi finns med antingen i originalet eller i avskriften.

5. Slutdiskussion

Jag har undersökt två brev från Nådendals kloster (från åren 1482 och 1487) som finns bevarade i två textvittnen vardera, nämligen som original och avskrift/sammanfattning. Jag har fokuserat på de förändringar som gjorts från originalet till avskriften. De klart flesta förändringarna sker i ortografin och vid bruket av förkortningar. Vanliga är också förändringar i användningen av minuskler och majuskler, samt vid val av namnformer. På de språkliga nivåerna morfologi, lexikon och syntax är förändringar däremot ovanliga eller icke-existerande i det undersökta materialet. Andersson (1997), som undersökt skillnader mellan original och avskrift kom även han fram till att skillnaderna i stavning och förkortningar var de vanligaste. Han drar slutsatsen att det här betyder att stavningen är den viktigaste språknivån vid undersökningar av skriftkonventioner, en slutsats som jag gärna håller med om.

Zheltukhin (1996) har undersökt stavningsvariationen i svenska texter från 1500-talet och kommit fram till att det finns mönster i variationen. Det handlar således inte om någon s.k. fri variation. På samma sätt verkar det finnas mönster för förändringarna från original till avskrift i mitt, lite äldre, material. De förändringar som gjorts av skrivaren (skrivarna?) går sålunda oftast åt samma håll. I flera fall handlar det om att en mer konservativ variant har valts i originalet medan avskriften är språkligt modernare. Dessutom finns det en tendens till att svenskklingande namn får en finskspråkig form i avskriften. C. O. Blomqvist (2017: 241–243) menar också att de finska inslagen (eller frånvaron av dem) i brev från det senmedeltida Finland inte är slumpmässiga, utan ett stilistiskt val som tyder på att det finska språket inte sågs som ett skriftligt kulturspråk. Det kan alltså vara svårt att utläsa de omtalade personernas modersmål ur de bevarade breven. Finskspråkiga personer kan sålunda ha fått en svensk namnform, och i en omfattning som vi inte kan vara säkra på.

Vad beror då skillnaderna mellan original och avskrift på? Jag har undersökt skillnader mellan textvittnen som av allt att döma har tillkommit med relativt korta tidsavstånd från original till avskrift, vilket gör det osannolikt att det handlar om en språkförändring under mellantiden, en språkförändring som skulle synas på så många olika språkdrag som här. Carlquist (1997) och Adams (2017: 278) diskuterar de skillnader som observerats i deras respektive material som beroende av den tilltänkta läsaren/lyssnaren. I mitt fall tänker jag mig emellertid att läsarna/lyssnarna är av samma typ åtminstone i fråga om brev 1. Carlquists och Adams resonemang kan tänkas vara applicerbart på brev 2, eftersom avskrift 2 kan vara ett dombokskoncept och då i så fall har andra läsare/lyssnare än original 2.

Kan det då förhålla sig så att avskrifterna uppfattades som mindre formella än originalen, och att det alltså handlar om en stilskillnad mellan original och avskrift som syns i utbytet av pergament mot papper men som även kom till uttryck vid språkliga val? Det verkar faktiskt ha funnits en tydlig tanke hos skrivaren/skrivarna om vad som passar sig i de olika typerna av text (d.v.s. i original eller avskrift), vad som är mest korrekt, detta under en tid när det ännu inte fanns några etablerade stavningsnormer. Det tycks vara en fråga om konventioner som eventuellt gällde enbart dessa skrivare eller som möjligen kan ha varit mera spridda till även andra skrivare. De två originalen tycks vara skrivna av en och samma person, medan avskrifterna kan vara skrivna av två olika skrivare, som trots allt sinsemellan verkar skriva på liknande sätt. Tyvärr finns nästan enbart pergamentsbrev i original bevarade för eftervärlden. T.ex. består den bevarade brevsamlingen från Nådendals kloster av 131 brev, av vilka enbart två också har bevarade avskrifter, som alltså har analyserats här. En utvidgad undersökning av eventuella skillnader mellan original och avskrift är alltså inte möjlig för Nådendalsbrevens del. Liknande undersökningar från andra materialsamlingar vore sålunda synnerligen välkomna.

KÄLLFÖRTECKNING

Handskrifter
DF 3909 (SDHK 31080)
DF 4136 (SDHK 31928, 31929)

Editioner
Nådendalsdiplomen, Diplomatarium Fennicum

Sekundärlitteratur

Adams, Jonathan. 2017. 'Birgitta and Bernard: Two Saints and Five Old Swedish Fragments in the Danish National Archives', *European Journal of Scandinavian Studies,* 47:2, p. 263–290.

Andersson, Roger. 1997. 'Den medeltida vidimationen. En förbisedd källa för filologisk spekulation', i Roger Andersson och Patrik Åström (red.). *Till Barbro. Texter och tolkningar tillägnade Barbro Söderberg den 23 september 1997* (Stockholm: MINS 45), s. 11–22.

Blomqvist, Carl Oliver. 2017. *Flerspråkighet eller språkförbistring? Finska segment i svenska medeltidsbrev 1350–1526.* (Skrifter utgivna av institutionen för nordiska språk vid Uppsala universitet nr 100. Uppsala).

Blomqvist, Marianne. 1993. *Personnamnsboken* (Helsingfors: Finn Lectura).

Cappelli, Adriano. 2004 (1929). *Dizionario di Abbreviature latine ed italiane* (Milano: Ulrico Hoepli).

Carlquist, Jonas. 1997. 'Birgittauppenbarelserna i Cod. Holm. A 54 – deras användning och deras ställning i texttraditionen', i Patrik Åström (utg.). *Studier i svensk språkhistoria 4. Förhandlingar vid Fjärde sammankomsten för svenska språkets historia Stockholm 1–3 november 1995.* (MINS 44. Stockholm), s. 35–43.

—. 2002. *Handskriften som historiskt vittne. Fornsvenska samlingshandskrifter – miljö och funktion.* Sällskapet Runica et Mediævalia, Opuscula, 6. (Stockholm: Runica et Mediævalia).

Delsing, Lars-Olof. 2014. 'Stora katastrofen – med för- och efterskalv. Om kasussammanfallet i fornsvenska', i Maria Bylin, Cecilia Falk och Tomas Riad (red.). *Studier i svensk språkhistoria 12. Variation och förändring.* (Stockholm: Acta Universitatis Stockholmiensis), s. 27–46.

Derolez, Albert. 2003. *The Palaeography of Gothic Manuscript Books. From the Twelfth to the Early Sixteenth Century* (Cambridge: Cambridge University Press).

Dverstorp, Nils. 2010. 'Från förlaga till avskrift. Om avskrivning av text under medeltiden', i Maj Reinhammar et al. (red.). *Studier i svenska språkets historia 11. Förhandlingar vid Elfte sammankomsten för svenska språkets historia i Uppsala 23–24 april 2010* (Uppsala: Acta Academiae regiae Gustavi Adolphi CIXIII), s. 119–126.

—. 2013. 'Ortografi och filologi. Om stavningen av konjunktionen och i fornsvenskan', i Daniel Andersson och Susanne Haugen (red.). *Språken, tiden, rummet: Festskrift tillägnad Lars-Erik Edlund på 60-årsdagen den 16 augusti 2013.* (Umeå: Nordsvenska, Supplement 1), s. 149–158.

Eliasson, Stig. 2010. 'Kedjeförskjutningen av långa bakre vokaler och svenskans "tionde" vokal', i Maj Reinhammar et al. (red.). *Studier i svenska språkets historia 11. Förhandlingar vid Elfte sammankomsten för svenska språkets historia i Uppsala 23–24 april 2010* (Uppsala: Acta Academiae regiae Gustavi Adolphi CXIII), s. 127–136.

Hagland, Jan Ragnar. 1976. 'Avskrift "orð ifra orðe". Gransking av ein kontrollert avskrivingsprosess frå mellomalderen', *Maal og Minne*, 1–2, s. 1–23.

Hedlund, Monica. 1992. 'Kodikologi och handskriftskatalogisering', i Jonas Carlquist (utg.). *Föreläsningar i medeltidsfilologi.* (MINS 38. Stockholm), s. 131–149.

Johnson, Rakel. 2003. *Skrivaren och språket. Skriftspråksbruk, kasus och vokaler i medeltidsbrev på svenska* (Göteborg: Göteborgs universitet).

Larsson, Inger. 1993. 'De medeltida lagarna om skrift och språk', i *Nordisk medeltidsliteracy i ett diglossiskt och digrafiskt perspektiv*. MINS Meddelanden från institutionen för nordiska språk vid Stockholms universitet 39 (MINS 39. Stockholm)

—. 2001. *Svenska medeltidsbrev. Om framväxten av ett offentligt skriftbruk inom administration, förvaltning och rättsutövning*, Sällskapet Runica et Mediævalia. Scripta minora 5. (Stockholm: Runica et Mediævalia).

Lindell, Inger. 2000. *Heliga Birgittas uppenbarelser bok 7 efter Cod. Ups. C61. Diplomatarisk utgåva med kommenterande inledning*, Samlingar utgivna av Svenska fornskriftsällskapet Serie 1, Svenska skrifter 84. (Uppsala: SSFS).

Noreen, Adolf. 1904. *Altnordische Grammatik II. Altschwedische Grammatik. Mit Einschluss des Altgutnischen*. Sammlung kurzer Grammatiken germanischer Dialekte VIII. (Halle: Max Niemeyer).

—. 1918. *Grunddragen av den fornsvenska grammatiken till den akademiska undervisningens tjänst*. (Stockholm: Norstedt & Söner).

Parkes, M. B. 2008. *Their Hands Before Our Eyes. A Closer Look at Scribes. The Lyell Lectures Delivered in the University of Oxford 1999* (Aldershot–Burlington: Ashgate).

Pettersson, Gertrud. 2005 (1996). *Svenska språket under sjuhundra år. En historia om svenskan och dess utforskande* (Lund: Studentlitteratur).

Piccard, Gerhard. 1966. *Die Ochsenkopfwasserzeichen.* (Stuttgart: Kohlhammer).

—. 1977. *Wasserzeichen Buchstabe P.* (Stuttgart: Kohlhammer).

Schalin, Johan. 2014. 'Kvaför säär man [flōta] för *flotte* och [brŏtas] för *brottas* [ŏpa] östnyylenskå?', i Maria Bylin, Cecilia Falk och Tomas Riad (red.). *Studier i svensk språkhistoria 12. Variation och förändring.* (Stockholm: Acta Universitatis Stockholmiensis), s. 201–219.

Sjödin, Lars. 1942. 'Kanslistilar och medeltida arkiv 2', *Meddelande från Svenska Riksarkivet för året 1940*, s. 37–95.

Walta, Ville. 2012. 'Writing Charters and Building Archives in Medieval Sweden. The Example of the Birgittine Monastery of Naantali', *Archiv für Diplomatik, Schriftgeschichte, Siegel- und Wappenkunde*, 58, s. 283–342.

Wessén, Elias. 1965. *Svensk språkhistoria I. Ljudlära och ordböjningslära* (Stockholm–Göteborg–Uppsala: Almqvist & Wiksell).

Wiktorsson, Per-Axel. 2015. *Skrivare i det medeltida Sverige I* (Skara: Skara stiftshistoriska sällskap).

Zheltukhin, Alexander. 1996. *Orthographic Codes and Code-Switching. A Study in 16th Century Swedish Orthography*. Acta Universitatis Stockholmiensis, Stockholm Studies in Scandinavian Philology, New Series 21. (Stockholm: Almqvist & Wiksell International).

Onlineresurser
Diplomatarium Fennicum: http://df.narc.fi/ (26.05.2021).

KARP Fornsvenska https://spraakbanken.gu.se/karp/#?mode=oldswedish&lang=swe&advanced=false (26.05.2021).

5. HISTORICAL PUNCTUATION IN OLD NORSE: VISUAL REFLEXES OF INFORMATION STRUCTURE

JULIANE TIEMANN
Department of Linguistic, Literary, and Aesthetic Studies, University of Bergen, Norway

Contact
Post   University of Bergen, Department of Linguistic, Literary, and Aesthetic Studies, HF-bygget, Sydnesplassen 7, Postboks 7805, 5020 Bergen, Norge
E-mail   juliane.tiemann@uib.no

Keywords
punctuation, information structure, Old Norse, linguistics, manuscripts, variation

Abstract
Tegnsetting i tekster fra middelalderen har lenge vært et lite utforsket tema, og heller ikke innenfor det norrøne forskningsfeltet har dette blitt systematisk analysert. I tidligere forskning har det blitt påpekt at tegnsetting i håndskrevne materialer i stor grad er avhengig av skribentens preferanser og dermed ofte tillater flere tolkninger. På samme tid har alle tegn den egenskapen til felles at de er skrevet for å tydeliggjøre hvordan den nedskrevne teksten skal leses og forstås; de inngår med andre ord i et implisitt og grunnleggende system. Den litteraturen som allerede finnes om prinsippene som styrer tegnsettingen, beskriver dem som prosodiske/retoriske og grammatiske, og de blir ofte forstått som to forskjellige strategier, knyttet til separate mål. I denne artikkelen foreslår jeg imidlertid at begge strategiene har det samme overordnende formålet: De deler en diskurs inn i kognitivt forståelige informasjonsenheter. I forlengelsen av dette foreslår jeg at strategiene dermed ikke er fundamentalt forskjellige fra hverandre. I dette systemet kombineres diksjon, prosodi og syntaks gjennom visuelle markører som viser sammenhengen mellom syntaktiske skilletegn og tale.

1. Introduction: Historical punctuation, a pointless task?

The topic of medieval punctuation is still a relatively under-researched subject with a consensus about its seeming arbitrariness. This results in the conclusion that there is not one overall system that captures medieval punctuation and explains the variations found in different manuscripts and across different genres. This kind of variation has engaged scholars in attempts to explain it, however, a systematic analysis of punctuation in medieval Nordic manuscripts has not been undertaken, not even in paleographic studies.

During the last two decades, historical punctuation has received slightly more attention. These marks have been examined for other older languages, with studies focusing on one particular manuscript or comparing four or fewer manuscripts (see e.g. Alonso-Almeida & Ortega-Barrera 2014; Salles-Bernal 2016; De la Cruz Cabanillas 2014). However, in those analyses a repeating statement is made: punctuation is greatly dependent on the scribe's preferences (see e.g. Rodriguez-Álvarez 1998: 27; Parkes 1978: 138f.), and/or with geographically varying punctuation systems or even different systems from scriptorium to scriptorium. Due to this apparent arbitrariness, there is simply "so much evidence which needs to be studied" (Reimer 1998), that the task of undertaking a description of the whole system of medieval punctuation seems simply 'pointless'. Yet, similarities in the setting of punctuation across different medieval texts have been described[1], suggesting that these signs were not applied completely haphazardly on the manuscript page. Nevertheless, the underlying rules for medieval punctuation are usually not combined into one overall system. Instead, we find two main suggestions: punctuation is either set

i) according to prosodic and rhetorical principles to fulfill the needs of a reader and to give indications about the author's attitude (*elocutionary* function in Lucas' 1971 rationale) or

ii) according to grammatical principles to clarify grammatical structures and sense-units of the text (*expository* function in Lucas' rationale).[2]

Independent of these principles, punctuation can be described as a visual cue assisting the recognition of the structure of what has been written. As such, I will argue here that punctuation signs display visual cues for *information structure* – "the formal expression of the pragmatic structuring of a proposition in a discourse" (Lambrecht 1994: 5). Information structure as a conceptual notion and as a device (as originally described by Halliday 1967) functions to divide the flow of a discourse into comprehensible logical units, each containing a newsworthy element (in contrast to reference and topic).

Instead of treating the above-mentioned principles as different strategies, I will describe the setting of medieval punctuation within an encompassing theory and a

---

1   E.g. Salles-Bernal (2016: 78) notes, "punctuation followed particular patterns depending on the typology of the text".

2   These principles are further understood as two different strategies, connected to the relation between constituents of a sentence, where punctuation bears syntactic sense, or connected to an oral performance of the text, where punctuation bears information concerning e.g. breathing pauses and modulations of voice. In modern times, punctuation has evolved towards a more grammatical usage (see for more details sections 2 & 3). See also Halliday (1989: 37): "punctuation according to grammar, and punctuation according to phonology".

consistent system, strictly following information-structural conditions.[3] This approach also helps us to understand the text and the composition of a text witness in general (see also Carroll et al. 2013) and collates the existing theories on historical punctuation, describing the patterns for setting marks within one uniformed system. Inherent to this kind of analysis is the relation between an utterance's content and its situational and discursive context described by pragmatics (cf. Horn & Ward 2004: xiii).[4] So far, research on 'the pragmatics of the medieval manuscript' (cf. Moore 2011: 182), is only rarely found in the study of historical punctuation.[5] It is, however, a fruitful inclusion, as pragmatics correspond largely to ways in which languages choose to package information structure (see Halliday 1967; Chafe 1976; Lambrecht 1994), and thus, both language variation and visual structure of the text work in combination to imitate the flexibility present in spoken language (through intonational freedom) on the manuscript page.

The aim of this paper is to contribute to the study of punctuation in medieval Nordic manuscripts. The objective is an integration of pragmatics via information structure into material philology to analyze the system of punctuation used in medieval Nordic manuscripts. The material for this study comprises four manuscripts, representing East and West Norse and two genres in order to provide a framework and account for the development of an overarching system description.

2. Views on punctuation: What's the point?

Punctuation and the history of punctuation is a field that has been studied mainly for the development of the modern symbols and their use.[6] An intensively discussed research question connected to descriptions of punctuation and the different uses in medieval manuscripts concerns the primary intention of these marks.

---

3 Primus (2007: 109) also writes that, "'prosodic' and 'grammatical' punctuation are closer to each other than traditionally assumed." See also Ahvensalmi (2013: 49), who writes that "[r]ather than a binary division, the grammatical and rhetorical modes of punctuation can be seen as a continuum: these two modes function together and represent different perceptions of the text, rather than two opposing modes". Cram (1989, in Schou 2007: 198), also tries to combine the two principles "by showing how syntactic distinctions were related to speech".

4 Historical pragmatics, broadly defined, studies communication and meaning in historical contexts, while diachronic pragmatics studies the causes of language change from a pragmatic perspective, e.g. the development of discourse markers, focusing on internal language change (see Jacobs & Jucker 1995: 5; Traugott 2004: 539; Ahvensalmi 2013: 42).

5 According to Carroll et al. (2013: 54), "[s]cholarly interest in visual aspects of the manuscript page" is otherwise a part of book studies (see e.g. Driver & Orr 2011; Partridge 2011). See also Smith & Kay (2011).

6 The Oxford English Dictionary (1989: 841) defines punctuation as "[t]he practice, action, or system of inserting points or other small marks into texts, in order to aid interpretation; division of text into sentences, clauses, etc." Wider definitions take the variety of functions into account, as well as the varying graphical forms of punctuation. Thus, according to Lucas' (1971: 2) definition, "punctuation indicates the relationship between sense-units [...]". See also Wright (1966).

Research on the development of these marks and their setting within manuscript texts then follows a typological and historical distinction between prosodic (also rhetorically)[7] and grammatically determined punctuation (cf. Primus 2007). Prosodic punctuation is characterized by its close connection to intonation (such as shorter or longer pauses and a falling or rising pitch; cf. Parkes 1992) and a stylistically free use (see also Primus 2007: 104). Grammatical punctuation, on the other hand, is "tied to syntactic and semantic distinctions and [is] strictly conventionalized in its use" (ibid. 2007: 104).[8] Punctuation was thus either primarily intended as a visual text division to complement the structure of the text on the manuscript page, or as visual assistance for reading aloud, giving indications of intonation and pauses. Connected to the prosodic principle is the suggestion of an implicit prosody for all written sources that frequently aids disambiguation (see e.g. Hill & Murray 2000 for an analysis of the comma, particularly in relative clauses).[9] Over time, the setting of punctuation marks became more formalized, following specific rules and developing into a standardized appearance and positioning. These historical changes suggest a development from a prosodic to a grammatical punctuation system (cf. Besch 1981; Bartsch 1998) that derives from logical rules of grammar. Punctuation then becomes part of a linguistic subsystem and an essential part of written language (see also Nunberg 1990: 6). The emphasis for punctuation marks, however, remains on the visual (rather than linguistic) aspects of this structuring device. A system of punctuation then comprises the organization of the written material graphically into paragraphs and sets off units of subject matter.

Focusing on medieval sources, I argue that if a mark is set, its aim is to distinguish various informational units (which also includes highlighting of elements). This goes in line with Parkes (1978: 137), who states that scribes "punctuated [...] where they thought that confusion was likely to arise in the minds of the readers for whom the text was prepared". Following an information-structural approach, adding a visual marker is a logical solution when changing from an oral medium to a written medium. If punctuation marks are missing where we otherwise would expect them – either due to structural constraints or a more frequent usage of marks by other scribes in the same milieu – they are missing because of other structuring devices

---

7 Prosodic properties are crucial for a suitable oral presentation of a written text (see e.g. Schneider 1999: 89; Simmler 2003: 2473).
8 With a special position of the comma in this distinction, that still is considered stylistically motivated.
9 The presence of a visible cue also characterizes the historically early uses of punctuation, as shown by the co-occurrence of an overt coordinator and a punctuation mark (cf. Besch 1981 for examples containing a comma).

given in the context.[10] Punctuation gives additional visual cues for the interpretation of utterances and messages, combining linguistic pragmatics of the text with visual pragmatics of the page. The theoretical approach described here then suggests a rethinking of the status of information structure not only for syntactical ordering but also for textual and metatextual graphical ordering of a discourse on a manuscript page. Without a frame theory such as information structure, the issue at hand is arguably too complex to capture within one descriptive system. However, it is possible to describe variation through pragmatics with this approach, combining prosody and syntax. Thus, the variation observed across different manuscripts does not show varying underlying systems, but rather reflects varying reflexes of the same system on the surface.

To capture this system within a simple scheme, I use Lucas' (1971: 3) illustration for the description of the different types of punctuation practices. I will start with the original scheme in figure 1, which I will modify in my analysis. Lucas' scheme shows structural punctuation that may function on two levels – at a grammatical level when it separates sense-units from each other, and at a notional level when it links structurally independent sense-units or groups of such together.

Description of category-type	Categories			
	structural		interpretative	
Intentional	/\	- - - - expository	/\ ||	elocutionary
Functional	grammatical	notional		

Fig. 1: The system of the functions of punctuation (Lucas 1971: 3)

Interpretative punctuation is that which reveals something of the author's attitude. It is used to clarify the sense of the text (*deictic* or *expository* punctuation), or to signal how a text or a passage should be read aloud (*rhetorical* or *elocutionary* punctuation). This presents the twofold systems of punctuation – rhetorical against grammatical, and elocutionary against structural. Punctuation may then function macro-structurally, signaling major textual divisions, or micro-structurally, signaling sentences or sense-units (or *sententiæ*, see section 3). Lucas (1971: 4) further writes "[s]tructural and expository punctuation complement each other, since both contrib-

---

10 The positioning, however, follows one system. The usage of additional visual cues on the manuscript page is put aside as individual preferences in aiding the reader through the text, in addition to syntactical structures and variation. These preferences do not state differences in the overall system lying behind the usage and setting of punctuation.

ute to the meaning of the text."[11] The primary function of punctuation is thus structural, expository, or elocutionary. According to the historical development of punctuation towards a more grammatical system, a gradual process of re-drawing the boundary-line in favor of structural (and expository) can be described at the expense of elocutionary strategies. The system posited by Lucas (1971) for analyzing punctuation is very comprehensive, taking the various functions attributed to punctuation marks into account as well as the fact that these functions do not need to be mutually exclusive (see also Parkes 2012 [1999]: 339). Transferring this to older Nordic texts from the 13th and 14th century (cf. sections 6 and 7 below) and taking the historically gradual re-drawing of the boundaries into account, suggests that the punctuation system used at this time still followed a more elocutionary function of punctuation. This also fits with the development of learned contexts and writing education, as well as with the development of a silent reading society. As such, writing developed tools for visual guidance by making grammar and voice more graphic. However, I will argue that the initial setting of structural punctuation also implemented an expository usage of punctuation in medieval texts and includes elocutionary punctuation as not fundamentally different in effect in as much as information structure serves those functions in a very similar way. With this, I argue for an information-structural setting of punctuation marks in the earliest textual sources. In figure 2, I therefore draw an additional connection between these strategies in a revised version of Lucas' (1971) scheme. In addition, Lennard (1995: 68) writes that "the mutually exclusive opposition of the elocutionary and syntactical functions of punctuation is misguided" for a pragmatic investigation of punctuation. He further notes that "most if not all punctuation can and does normally function in either mode, or in both".

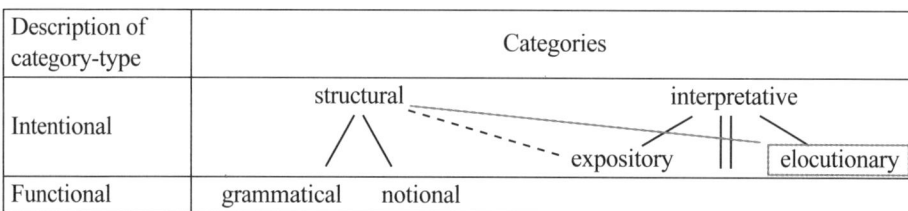

Fig 2: Revised system of the functions of punctuation (Lucas 1971: 3)

With this adjustment, it can be argued that both options are comprised within the same system, and hence have the same purpose. Here, pragmatics[12] are a necessary

---

11   Krahn (2014: 28) notes that "[i]n other places the same terms are described as synonymous with "suprasegmental", which refers usually to the stress, pitch, and juncture in a sentence."
12   Pragmatics (focused on language) describe the relation between an utterance's content and its situational and discoursal context (see Horn & Ward 2004: xiii).

part of the analysis, and I follow Machan (2011) in using the term 'visual pragmatics' (also 'material pragmatics') in this context, which describes a variety of visual cues (including the insertion of initials and majuscules used to indicate new content units, change in script, chapter headings/rubrics etc.) signaling discourse organization.[13] For the analysis of the visual cues that are combined with structural linguistic cues, the framework of information structure offers an elegant solution as an overall theoretical approach, by explaining the usage of punctuation as serving pragmatics and supporting syntactic variation through additional markers. Even though scholars have described punctuation as being dependent on the individual scribe, introducing an information-structural approach into the discussion thus postulates that the system is the same for each scribe.

3. Punctuation and informational units

Since studies on older Nordic languages only deal with written material, any remarks concerning possible correspondence between units of text marked off by punctuation and units of intonation must be conjectural. Nevertheless, there is no reason to believe that units of intonation were different in the Late Middle Ages and Early Modern Scandinavian period from what they are today. To make sure that written language did not diverge too much from spoken language, it was practice to include additional graphical marks to the textual structure on the manuscript page to indicate how to read the text aloud (cf. Parkes 1992; Svenbro 1993; Arn 1994). Studying the formalization of punctuation, however, has always been problematic; since no one oversaw the standardization at the beginning, scribes used their own inventory of symbols, and used those signs in a seemingly idiosyncratic way.[14] Over time, traditions and scribal education slowly formed the standard of the complex and highly developed system that we have today.[15] Not forgetting language change, Modern (Scandinavian) languages also developed a stricter set of rules for syntactic structures whereas syntactic variation in the older Nordic languages seems to be the main tool for the discourse division of a text into units of new information and units

---

13 By this, I mean anything on the page that adds meaning to the linguistic message. Graphological strategies, such as underlining and italicizing (especially in modern written sources) "offer the opportunity for marked information structure, drawing attention to a marked position for [newsworthy] information" (Moore 2016: 17).

14 Parkes (1992: 2) thus writes that "[t]wo scribes can copy the same text and place punctuation in the same positions, but employ different symbols, or apparently attribute different values to the same symbol". Information-structural, the differences follow the structure of the discourse into different comprehensible units. See also Ahvensalmi (2013).

15 Medieval punctuation is then, in contrast to modern punctuation, rather undeveloped and its syntactical function is often not primary. Note, however, that according to Simmler (2003: 2477), Old High German punctuation is not rhetorical, but rather syntactic punctuation. Thus, there might be variation across different languages at this time.

of given information. Punctuation marks and other visual cues are in those cases used to signal the discourse structure as an additional measure, but are not necessarily needed. Punctuation was certainly not seen as the ubiquitous syntactical-rhetorical necessity it is today. However, even though the setting of punctuation marks may have evolved into a stricter grammatical system, its basic function has not changed.[16] Even though written text never mirrors spoken text completely, the visual reflexes on the page brings the two media closer together – without one attempting to be an exact imitation of the other.[17]

When it comes to the interplay of syntactic variation and the setting of punctuation marks, a definition of a sentence becomes more relevant. The traditional definitions of 'sentence' refers to a sense-unit. According to e.g. Parkes (1992: 306), a sentence is thus "an utterance or complete rhetorical structure which expresses a single idea or sententia" or a "series of words in connected speech or writing, forming the grammatically complete expression of a single thought". Michael (1970: 38) further notes that in the Middle Ages, 'sentence' or 'sententia' was a rhetorical concept, which over time became strongly connected with grammar.[18] The medieval units correspond to *sententiæ*, rather than modern grammatical sentences, which must also be taken into account for the setting of punctuation and the general understanding of a logical unit (see also Michael 1970: 479). We might then observe in medieval texts that not every subject-predicate group ends with visual or linguistic means "but rather links it to a following series of sentences which amplify or expand the description" (Arakelian 1975: 617). Ahvensalmi (2013: 29) thus notes that "[p]unctuation symbols identified the boundaries of *sententiæ* as well as the embedded constituents (Parkes 1992: 22, 33)", and could also stretch over several boundaries, following only the division of informational units displaying a new topic.

When discussing punctuation in medieval manuscript material, it is thus important to bear in mind the distinction and development of structural systems over time – which in the case of punctuation also concerns to a higher degree of its frequency and graphical appearance. The positioning of these signs follows constraints of dis-

---

16 Ronberg (1995: 55) writes e.g. that the standardization of punctuation "attempted to strike a balance between the logical relationships in syntax and the rhetorical structure of a period".

17 Additionally, other visual phenomena on the manuscript page such as majuscules and initials might add information to structure the discourse, working together with the setting of punctuation marks (or in some cases replacing these). These might provide information relevant to prosody (cf. Fleischer 2009), although they are primarily analyzed as structuring devices (e.g. majuscules and initials most often indicate the beginning of a new paragraph). In this article, I will not discuss the interplay between different graphical structuring devices. An examination of this, however, could reveal even more insights into the expression of information structure through visual reflexes.

18 Michael (1970: 38) also writes that many definitions of a sentence "fail because they are misconceived: they do not separate rhetorical criteria (e.g. the intentions of the speaker) from logical (e.g. predication) and grammatical criteria (e.g. the presence of a finite verb)".

course division into comprehensible units. These positions strengthen the divisions within the given discourse and promote both focus and topic units. In written sources of the 13th and 14th centuries, however, information concerning discourse structuring still could largely be expressed through syntactic variation, so that punctuation marks might appear as just being scattered in the manuscripts. They are, after all, a complementary addition to purely linguistic structuring devices.

4. About information structure

Focused information (most often new information), reference and topic are, according to Moore (2016: 6) "the three principal systems in the textual meta-function that operate within the clause (Martin, 1992; Fries, 2000; 2002). Each system operates independently, although there are clearly marked and unmarked patterns of correlation." Focusing strongly on context, Moore (2016: 7) further writes that

> the system of REFERENCE locates endophoric (internal to the text) or exophoric (external) meanings [(see Martin 1992; Lucas 1971)] to develop cohesion within the co-text and coherence with the context (Halliday and Hasan, 1985). Through REFERENCE, the textual metafunction ties experiential and interpersonal meanings to a particular [(cultural and situational)] co-text and context […].

At the same time, focused information functions to highlight specific meanings to be newsworthy (see Fries 2002), in contrast to 'given' non-newsworthy meanings. As the discourse progresses, the system of information structure divides or organizes the discourse into comprehensible units.

In speech, information structure is largely realized prosodically by intonation and functions independently from the grammatical structure. One intonation contour is equivalent to one unit of information (see Halliday 1967, 1976; Halliday & Matthiessen 2014).[19] Information structure then serves to focus a listener's attention on one element of a message through highlighting via a tonic foot, while reference assigns status of contextual familiarity to nominal structures through grammatical markers (e.g. definite and indefinite articles; cf. Martin 1992; Moore 2016). A prosodic principle is also prescribed for written sources (= visual rather than auditory) and is expressed through specific structures, accompanied, and supported by punctuation and markers that promote punctuation. Punctuation can then be described as the "visual analogue of prosody" (Cohen et al. 2001: 80). One unit marked through

---

19 Moore (2016: 3) then notes that "[a]lthough there is an unmarked relation between the intonation contour and the grammatical clause, it is not a defining one".

punctuation may thus display one topical unit and promote focused positions within the discourse, by visually putting focus on positions that provide locations for newsworthy and emphasized units. In the following, I will continue to combine approaches described for punctuation ("punctuation according to grammar, and punctuation according to phonology", Halliday 1989: 37) with the concept of information structure, stating that these strategies realize the same basic function.

4.1 Information structure and written sources

It is important for the analysis and implementation of information structure in the discussion of historical punctuation to bear in mind that there are two modes of communication and information transfer (spoken and written) involving important differences. Moore (2016: 10) thus writes that "[w]ritten language should not be viewed entirely as spoken language written down, but as an extra set of semiotic resources to perform functions that are unavailable to a non-recorded language". Halliday (1989: xv) further states that "[w]riting and speaking are not just alternative ways of doing things; rather they are ways of doing different things." Studying information structure in purely written sources thus comes with some challenges, even though both modes follow the same general structuring purposes and the goal of transferring information in a comprehensible way. Studies of information structure have shown that while there is considerable variety in the information-structural strategies across different languages, they are always connected to the prosodic contour in spoken languages. Corpus languages, however, lack accessibility to an intonational contour as well as the possibility to consult native speakers. Nevertheless, anything that is written down can be read aloud, and the needed aid for the reader is given by visual markers. In this sense, prosody and punctuation both realize the same function. From an information-structural point of view, varying punctuation patterns in manuscripts are purely a question of frequency in usage of these marks, leading to a more rigid usage in texts that are meant to be read aloud. For texts that will remain unspoken on the other hand, syntactic variation might have been sufficient for the structuring and the division of the text into logical units to preserve the transfer of meaning. In any case, punctuation just adds an additional visual or graphical cue, reinforcing the information otherwise given by language variation to put focus and emphasis on specific units that can be recognized very quickly when scanning the manuscript page. Information units and the additional visual signals that demarcate them cannot be interpreted without being anchored to a specific situational or textual co- and context that surrounds them, which is why no punctuation mark can be analyzed in isolation. Similarly, analyzing information-structural units takes the immediate textual surroundings into account, as well as the overall discourse context of any utterance to detect and analyze functions such as *topic* and *focus*. Thus, even if the inventory of symbols used by each scribe is idiosyncratic, the setting of punctuation marks in the manuscript texts displays underlying consistency.

To describe the structuring of a discourse on the manuscript page through punctuation marks, I will distinguish three textual levels on which these visual markers function – a discourse level, a sentence level, and a phrase level, corresponding to pragmatic functional domains (for more details see section 5.2. below).

4.2 The progression of a discourse and the dynamics of a clause

Although punctuation certainly fails to represent the total range of prosodic phenomena, it does capture the major aspect of intonational emphasis, assigning focus to elements of the message and making the logical discourse structure somehow visible to the recipient. It thus serves the overall information-structural goal (information transfer) and makes the tools accessible to encode the information (meaning) correctly. Steered through the setting of a visual markup, information structure is mainly maintained via syntactic variation, morphological markers, or special lexical words. The markers involved help with an easy and fast recognition of the information flow within the discourse, mostly by concentrating the reader's attention on a specific position in the text. In written sources, it is possible to use these signals rather scantily, while oral information transfer most often is dependent on variation in the tonic foot. Concerning this difference, Moore (2016: 8) writes that "[w]hile the ability to recreate tonicity is a longstanding function [...], developments in the system of writing have allowed for units of information to expand beyond the limitations of lung capacity". A comparison between intonational units and units marked off by punctuation marks also suggest that a visual information unit (the mean length of punctuation units) typically extends further than a respiratory information unit.[20] While writers and silent readers can process longer informational chunks, an oral performance (reading aloud, listening) needs shorter units and more division (also due to breathing breaks). In spoken language the amount of information in a single intonation unit is thus often limited to one new idea, as more would "be too much to process in a single gulp of comprehension" (Chafe 1987: 16), while in written language we can observe the freedom of a sparser use of (visual) division markers.

Turning to language variation, investigations into, for example, the behavior of clause-endings in comparison with what is defined as topic have revealed consistent

---

20 An average length of a unit of text marked off by punctuation is approximately 21 words. "Chafe (1988) suggests that, for the same written text, speakers are limited to about 5.7 words per intonation contour as opposed to the 8.9 words in a punctuation unit – an increase of about 50 %" (Moore 2016: 16).

patterns that can be used for the description of a punctuation system. For instance, Matthiessen (1995) explains that whatever appears in the topic will be developed in some way later in the clause. New information, that is constantly added to a discourse, might be marked purely structurally, or in combination with a visual marker. Thus, a consensus has formed that new information is most often found at the end of a written unit of information. A punctuation mark that helps saccade the readers eye on the position before the mark then aids the recognition of this structure and draws attention to what follows (= visually division of a discourse into quickly recognizable manageable units).

5. Material and methodology

The data for this study come from four older Nordic manuscripts dated to the 13th and 14th centuries. The texts display a variety of Nordic dialects, of both East and West Norse and can be categorized into two genres – law texts and educational texts. The main analysis is based on the Old Norwegian educational text of *Konungs skuggsjá* in the Norwegian main manuscript, AM 243bα fol. This text serves as a comparison point to the otherwise relative homogeneous and comparable corpus consisting of three law manuscripts (*Gutalagen, Äldre Västgötalagen, Landslov*).[21] I will now briefly present the manuscripts chosen for this study and begin with the manuscript of AM 243bα fol. The manuscript was written in Bergen around 1270 and is the most complete version of the text of *Konungs skuggsjá* in Old Norwegian, with ca. 80% of the text preserved. It is the only manuscript in the corpus that is written in two columns, and in dialogue form.

As part of the law text corpus in this study, I included the *Landslov* in Holm Perg 34 4to for West Norse. This manuscript was written in Bergen ca. 1275–1300 and contains, in addition to the 'Landslov', the text of 'Gulatings' newer Christian law, 'Byloven' for Bergen, 'Farmannsloven' and 'Hirdskråen'. From East Norse, I chose the Old Swedish text of *Äldre Västgötalagen* in Holm B59, dated to 1225, which is the oldest text written in Swedish in the Latin alphabet. The law is preserved in a single manuscript, now at the Royal Library (Kungliga biblioteket) in Stockholm. The manuscript itself is a collection of shorter parts of text.

The final text chosen for this study is the text of *Gutalagen* in B64 from ca. 1350. The manuscript is now held at the Royal Library in Stockholm. It is the only medieval vellum manuscript of 'Gutalagen' in the original Gutnish.[22]

---

21 Originally, it was also planned to include the Old Danish *Skånske lov* in Holm B74. It was, however, difficult to find a facsimile edition online, so that I was forced to leave this for a later comparative study. See Frederiksen (2004) for a discussion of punctuation in this manuscript.

22 This has been inserted by a later hand and the table of contents itself differs slightly from the content.

All manuscripts under discussion have been photographed and these photographic facsimiles are accessible online. In addition, two of the four texts (*Konungs skuggsjá* and *Landslov*) have been electronically transcribed and morphologically annotated and are accessible through online corpora. They are easily searchable for various kinds of phenomena. The other two texts (*Äldre Västgötalagen* and *Gutalagen*) are available in a less academic transcription that was only consulted in cases of doubt while analyzing the photocopies.

The following analysis of the symbols used in the material draws on previous studies by Lucas (1971), Parkes (1992) and Zeeman (1956). The concrete functions of each punctuation mark analyzed in this study were explored in the manuscripts under scrutiny, compared with the information provided by these scholars. These are then compared and collated with the underlying unifying system postulated here. The qualitative analysis involves the context of each punctuation mark, considering the structuring of the text into informational units. In earlier studies, scholars have described (or have not described) the setting and functions of these signs within a text as different from scribe to scribe. In contrast to this, however, the suggestion given here will state that frequency and variation in the inventory of signs do not have any effect on the overall system of the setting of punctuation marks.

5.1 The inventory of punctuation marks

For the purpose of this analysis, I consulted the photocopies of the manuscripts extensively, noting different structural layers (contexts) and signs used within each of the manuscripts. All four manuscripts were analyzed in their entirety, I did not work with a selection of chapters. For a more detailed analysis of *Konungs skuggsjá*, I also used the KoNoKs-corpus,[23] which already includes an annotation of punctuation, with a division into three groups: i) punctuation to divide main clauses, ii) punctuation to divide subclauses and iii) punctuation used to indicate other structures in the discourse and to emphasize elements.

---

23 The KoNoKs-corpus entails the manuscript AM 243bα fol. with an annotation for syntax and information structure. This corpus is part of the PhD-project "Syntactic Variation and Information Structure in Old Norwegian: An Investigation of Konungs Skuggsjá in AM 243bα fol." (Tiemann, University of Bergen) and should be available via ANNIS, a web browser-based search and visualization architecture for complex multi-layer linguistic corpora with diverse types of annotation, in 2022.

The description of the inventory found in the four manuscripts follows earlier studies on medieval punctuation.[24] In table 1, I give a brief overview of the signs found in the manuscripts that are used as punctuation marks, structuring the text visually into comprehensible units of information.[25] I include a short description of these signs using Parkes' (1992) terminology.

Tab. 1: Overview over punctuation symbols used in the manuscripts

Punctuation symbol	Short description	Example
Punctus	It appears in all manuscripts discussed here and is the most frequent symbol used, sometimes found in a raised form. It is placed in *media distinction* or *subdistinctio* position, most of the time without functional distinction.	
Punctus elevatus	It consists of a dot and a diagonal or S-shaped stroke above it. It is used in two of the manuscripts – *Landslov* and *Konungs skuggsjá*. It is written in *subdistinctio* or *media distinction* position without functional distinction. It can mark a new paragraph or just a regular period.	
Paragraph mark	The paragraph mark is very likely to have been inserted after the writing of the text. It appears in three of the manuscripts (*Gutalagen*, *Landslov* and *Äldre Västgötalagen*) within the text of the manuscript page (in other manuscripts it often appears in the margins). Most often, the paragraph mark is followed by a capital letter (although not always), beginning a new sentence. It is set apart from the rest of the text by colouring.	
Colon	The colon is generally employed to coordinate more contrasting information. It is used only very rarely and is found in just one manuscript of the corpus (*Gutalagen*). It follows the organization of the text according to syntactic rules, but also considering the semantic value of the text.	

---

24 Depending on their form and position in relation to the baseline of the text, the signs are described as *distinctio* (placed at the top of the text line), *subdistinctio* (placed at the bottom), and *media distinctio* (placed in an intermediate position within the text line). In the manuscripts under discussion, punctuation marks within the corpus material can be found on two of these three places – namely in *subdistinctio* position and in *media distinctio* position. The different positions might interact with the textual levels described here especially with the division into discourse and sentence level. However, due to the limited amount of space in this article, I put a detailed analysis of the position connected to the baseline aside for a later investigation.

25 There was also an example of a punctus versus, however, since this symbol was not used as punctuation, but in a purely abbreviated way, I will not discuss this sign here. De la Cruz Cabanillas (2016: 16) states that there are also "other symbols that are considered supra-textual devices by Ahvensalmi (2013) and contribute to the general layout of the manuscripts, but have been disregarded, as they do not add information on [a structuring] system. For instance, a mark that resembles a double hyphen is used to link words divided across the end of one line and the beginning of the next." It is often written beyond the writing frame in the margin. Note also that Parkes (1997: 47) states that a way of interpreting the punctuation system is to take into account "that the function and value of each symbol must be assessed in relation to other symbols in the same immediate context, rather than in relation to a supposed absolute value and function for that symbol when perceived in isolation".

The punctus often overlaps in its function with other marks from the same manuscript milieu, especially with the punctus elevatus. Parkes (1992) has, in addition, shown that a more extensive setting of punctuation marks in a text may lead to a more neutral interpretation, meaning a greater overlap in the specific functions of different marks used for punctuation. An overlap in function is also recorded for the medieval Nordic manuscripts, with the punctus as the most frequent sign in use in the corpus material, as shown in table 2.

Tab. 2. Frequency of the punctuation marks used in the manuscripts

	Punctus	Punctus elevatus	Paragraph mark	Colon
Konungs skuggsjá, AM 243bα fol.	99.77%	0.23%	-	-
Landslov, Holm Perg 34 4to	96.75%	2.29%	0.97%	-
Äldre Västgötalagen, Holm B59	99.93%	-	0.07%	-
Gutalagen, Holm B64	89.39%	-	10.55%	0.06%

All manuscripts under discussion use the punctus, with Holm B59 on the upper end of the scale, using this sign almost exclusively throughout the manuscript text. All manuscripts additionally show some variation with other punctuation marks – although not equally distributed.

5.2 Three independent levels: Methodology

I will discuss punctuation as divided over three textual levels – a discourse level, a sentence level, and a phrase level, corresponding to the spheres of meaning (see Wichmann, Dehé & Barth-Weingarten 2009: 4–7) or the pragmatic functional domains (see Erman 2001). The three levels group the different purposes of punctuation marks into their main functions. On the discourse level, punctuation has a macro-textual function. It is mostly employed to signal major divisions, separating different topics/introducing new topical units within each chapter, as shown in figure 3.

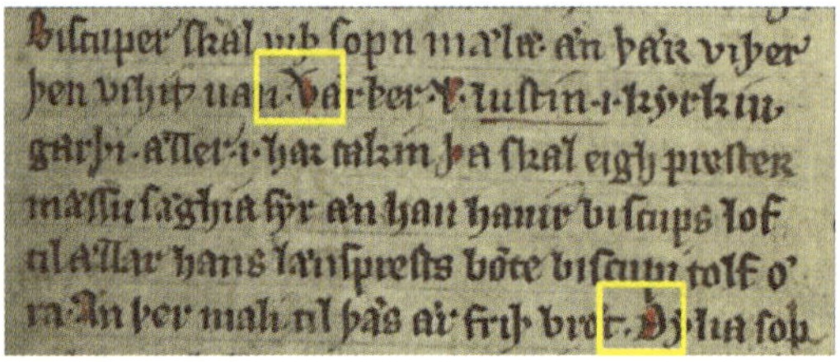

"Biscuper skal viþ sopn mælæ. æn þær viþer þen vihit uan. Væþer .Ý. lustin .i. kyrkiugarþi. æller .i. har takin þa skal eigh prester mæssu sæghia fyr æn han hauir biscups lof til ællar hans lænsprests böte biscupi tolf öra. Æn þer mali. til þæs ær friþ bröt. Dylia sop[nær]"

Fig. 3. Discourse level punctuation, *Äldre Västgötalagen*, Holm B59, 3ᵛ.[26]

On the sentence level, punctuation is chiefly employed to separate two structurally independent sense-units. That is to mark the end of a sentence, connect coordinate clauses, and to introduce authorial comments and subordinate clauses, as seen in figure 4.

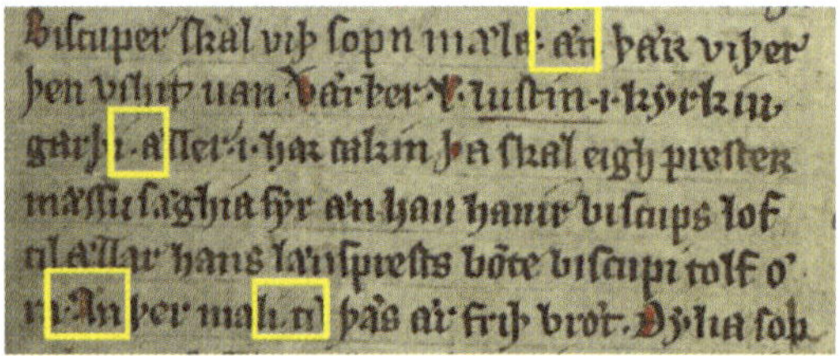

Fig. 4. Sentence level punctuation, *Äldre Västgötalagen*, Holm B59, 3ᵛ.

On the phrase level, punctuation is also used as a stylistic device to signal abbreviations and to circumscribe numerals and single character words. As such, it can mark a change in script that can also be described as 'visual code-switching' from one scribal system to another, as seen in figure 5.[27] On this level, marks may also be inserted to resemble a (double) hyphen to signal word division (see footnote 25).

---

26 'The bishop shall prosecute the parish, and they (shall prosecute) those (who) committed the murder. Is a man beaten in the cemetery or pulled from the hair; then the priest shall not say the mass until he has the bishop's permission for (it) or his county priest's (permission). (One) shall be fined twelve öre to the bishop. But they will prosecute the one who broke the peace. Denies the parishioners' (my translation).

27 The manuscript Holm B59 of *Äldre Västgötalagen* is a prime example for this use of punctuation. Roman numerals and special signs used for abbreviation, such as the runic letter Ý signifying the word *maðr* 'man' are marked by punctuation throughout the text.

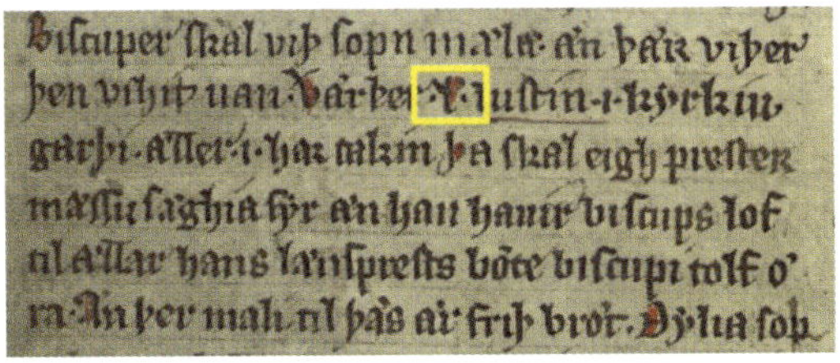

Fig. 5. Phrasal level punctuation, Äldre Västgötalagen, Holm B59, 3ᵛ.

The third level, as being purely graphical in its function to demarcate numerals, names, abbreviations etc., and not serving to structure the discourse in any way, will not be discussed any further.

To illustrate these functions more comprehensively, I will now present a detailed analysis of the text of *Konungs skuggsjá*, together with an overview of the status of the discussed signs in the remaining three manuscripts.

6. The analysis of the punctuation in *Konungs skuggsjá*

In *Konungs skuggsjá*, punctuation marks are used together with other linguistic and visual signs to guide the reader through the meaning of the text, to demarcate the end of topical discourse units and to put visual emphasis on focus units. Heinz (2019) analyzes the main manuscript of *Konungs skuggsjá* from a rhetorical point of view and states that a specific feature of this manuscript is the "marking of both the end of speaking units as well as the end of semantic or topical units" (ibid. 198). As not all punctuation signs given in table 1 are used in AM 243bα fol., I will turn to the other manuscripts for the description of the colon and the paragraph sign.

6.1 The punctus

The punctus is the most common symbol in AM 243bα fol., representing 99,77% of all punctuation. It is evenly distributed throughout the manuscript and across the three levels described above. Overtaking different functions, the punctus is generally employed to indicate discursive and sentential relations by separating phrases and to signal mostly major pauses, i.e. sentence boundaries, but also to avoid possible grammatical ambiguity. Zeeman (1956: 14) notes the diverse functions of the punctus for medieval English manuscripts, stating that it "may separate phrases from phrases, clause from clause, main statements from qualifying clause, or it may end a sentence". We can also observe this in the manuscript material under discussion here. Occasionally, it adds emphasis to particular words and phrases, or marks off the fronting of a subordinate clause with the effect of emphasizing this clause.

The most immediate function of the punctus is to signal a relation between the clause constituents. In this regard it is a significant tool to facilitate the processes of understanding the flow of the text, as is exemplified in figure 6.

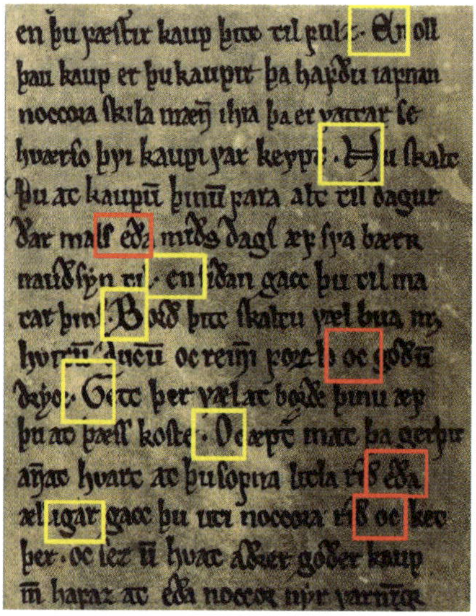

"(en þu fæstir kaup þitt til fulz.) En oll þau kaup er þu kaupir þa hafðu iafnan noccora skila mænn ihia þa er vattar se hværso þvi kaupi var keypt. Nu skalt þu at kaupnum þimum fara alt til dagur· ðar mals eðaa miðs dags æf sua bærʀ nauðsyn til. en siðan gacc þu til ma tar þins. Borð þitt skaltu væl bua mæð hvitum ducum oc reinni fæzlo oc goðum drycc. Gett þer væl at borðe þinu æf þu at þæss koste. Oc æptir mat þa gerþu annat hvart at þu sofna litla rið eða ælligar gacc þu uti noccora rið oc ske[m]t þer. oc sez um hvat aðrer goðer kaup mænn hafaz at eða noccor nyr varningr (…)"

Fig. 6. The punctus, *Konungs skuggsjá*, AM 243bα fol., 2ʳ.[28]

The punctuation units shown in figure 6 are of varying length and show that there is often no further division of the structure through an additional punctus, but rather through syntactic patterns (separation of relative clauses etc.; here marked in red). An insertion of the punctus (marked in yellow) can be analyzed on both the discourse level and the sentence level. The first topical unit starts with the majuscule E in the first line (which is also preceded by a punctus) and ends with the second punctus that is placed right before the next majuscule N. The ending of this discourse unit is again visually emphasized with the following majuscule B. Majuscules thus might be already a sufficient visual cue for the structuring of topical or sense-units. On other occasions, the punctus is used without a majuscule (here also marked in yellow) and in this position supports the division into further indicated intra-clausal relations and calls attention to what follows. In the example above, we

---

28 All translations for passages in *Konungs skuggsjá* are based on Larson (1917). Some minor changes have been made and are indicated with square brackets.
"(…) And [with all purchase you make], call in a few trusty men to serve as witnesses as to how the bargain was made. You should keep occupied with your business till breakfast or, if necessity demands it, till midday; after that you should eat your meal. Keep your table well provided with a white cloth, and clean victuals, and good drinks. Serve enjoyable meals, if you can afford it. After the meal you may either take a nap or stroll about a little while for pastime and to see what other good merchants are employed with, or whether any new wares (...)"

find a punctus without a majuscule within the second sense-unit, for instance. It separates syntactically independent clauses that still act within the same topical unit. In all these cases, the linguistic structure, including signals in the form of conjunctives, already divides the discourse (cf. also Heinz 2019: 201), thus making the insertion of an additional sign optional for a clear encoding of information. However, with or without additional markers, the placement possibilities for a punctus to signal the division of topic-units stays the same – also without the visual indication by a majuscule. The discourse, following information-structural constraints, opens specific positions for the visual signs that can be filled, but that do not necessarily have to be filled. Next to the existing visual markup of the text (via majuscules, colour, syntactic structures), an additional signal via a punctuation mark does not yet follow a formalized set of rules, and just gradually develops into the conventional usage of these signs. The gradual increasing usage of punctuation signs in manuscripts over time seems to support the analysis of punctuation as being an addition that is neither necessary nor obligatory for manuscripts of the 13th and 14th century. In combination with conjunctives, punctuation marks assisted the syntactic function of these words graphically and their absence is thus not explained through a replacement by conjunctives.[29] The insertion of a punctuation mark helps to easily distinguish different clauses and sense-units from coordinations within one clause. Frequently used conjunctives (strong linguistic markers) that introduce subordinated units are often not accompanied by visual markup. An example for this are given in (1)[30] below (cf. also Heinz 2019: 200f.).

(1) *því at* with and without a punctus

1.a oc vil ec ænn giarnsamlega biðia at yðr leiðez eigi at leysa þæssa spurning firir mer. því at mer virðez at bæraz mætti spa at at þœtti æitt hvært sinn nauðsynlect at vita (KS, 15[r] col.b: 19–23)

"Therefore I would [willingly] ask you again to answer this question, even if it does annoy you, for I think that a time may come when it will seem both needful to know this and instructive to understand it."

---

29 Heinz (2019: 202) concludes that a "scholastic writer would have regarded it as unnecessary to place a *punctus* or any other punctuation mark before the conjunction 'and', even if the source text had a punctus in this position, because the word 'and' itself signifies the link between two separate semantic units and an additional punctus would have been redundant". See also Parkes (1992).

30 KoNoKs-corpus query: SE1clause-st=/sub.*/ & lem=/en/ & text=/<p>/ & #1_o_#2 & #3 . #2

1.b Dæsse sæla kyn er nu hafum þer um rœtt þa ero fiskar kallaðer þvi at þeir fœðaz í sio oc lifa við aðra fiska (KS, 11ʳ col.a: 12–15)

"[This kind of seal] that we have just discussed are called fish because they find their food in the sea and subsist upon other fish."

As the main purpose of punctuation marks is to signal a visual division of the text into comprehensible units of new and given information, comparable to the purpose of initials and majuscules, they may be used in combination with these (true for all manuscripts in the corpus material). However, majuscules are often also used instead of a punctus, nearly always signaling the beginning of a new informational sense-unit within the given discourse. On other occasions, they are employed to highlight some relevant concepts, with or without an additional punctuation mark, as seen in figure 7 and 8 below.

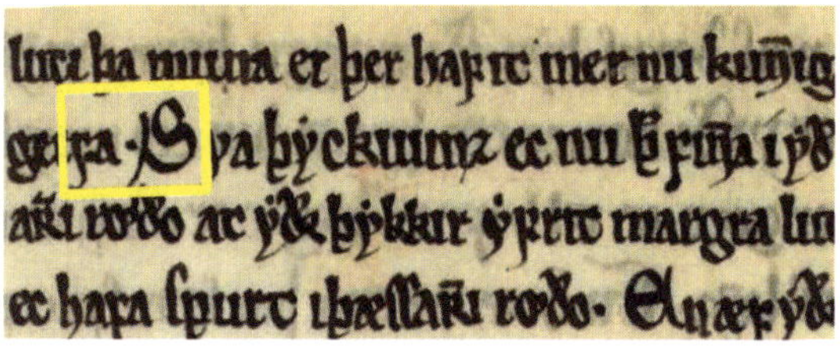

"(Vist þætti mer nu froðleicr i væra æf ec mætti alla) luti þa muna er þer hafit mer nu kunniga gerfa. Sva þyckiumz ec nu þat finna i yðarri reðo at yðr þykkir yfrit margra luta ec hafa spurt i þæssarri reðo. (…)"

Fig. 7. Capital letter with a punctuation mark, *Konungs skuggsjá* AM 243bα fol., 15ʳ.[31]

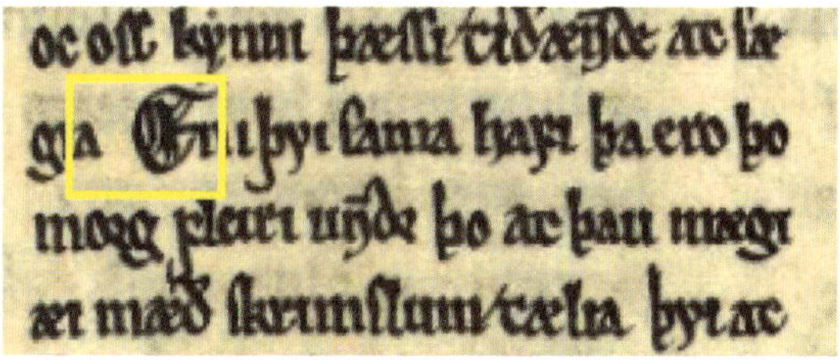

"oc oss kynni þæssi tiðænnde at sægia En i þvi sama hafi þa ero þo morg fleiri unndr þo at þau mægi æi mæð skrimslum tælia þviat"

Fig. 8. Capital letter without a punctuation mark, *Konungs skuggsjá* AM 243bα fol., 10ʳ.[32]

In Heinz' (2019) comparison of the main manuscript with earlier Norwegian fragments of the same text, she attributes the differences in the frequency of the punctuation marks to "at least two different methods or attitudes to punctuating the same

---

31 "I should indeed consider it highly [informative] if I could remember all the things that you have now told me. [So,] I gather from your [talk], that you […] think that I have asked about too many things in these talks."

32 "(…) and are able to give us tidings about it. [And i]n that same ocean there are many [more] marvels, though they cannot be reckoned among the prodigies."

text work" (ibid. 201). She ascribes the differences in punctuation to the varying purposes of the specific manuscripts and their readers/audience, suggesting they may have been "of different levels of fluency or different modes of reading". I argue here that differences like this simply show a variation in the frequency of punctuation marks, but not of the underlying system for their use, nor their positioning. I agree with Heinz' conclusion that an educational text might show a lower frequency of punctuation than other text types and that this can be connected to the text's purpose and audience.[33] The reduced use goes hand in hand with syntactic complexity, which already signals textual and discourse division into informational units and where an additional purely visual marker might have been felt as even more unnecessary than in other texts of this time. Nevertheless, if applied, an inherent information-structural system assigns fixed positions to the punctuation marks within the text. There is no contradiction to the existence of this system, whether these positions are filled with a visual sign or not. All punctuation is therefore systematic and was never set randomly by the scribes on a purely idiosyncratic level. The variation lies in the frequency in which the scribe makes use of this additional(!) markup. All scribes (frequent users or not) followed the logical discourse, structuring the text into comprehensible informational units expressed through different devices available in the language and the physical markup in writing, showing visual reflexes of information structure.

Circling back to the concrete examples of the punctus in AM 243bα fol., the function of signaling the end of a topical unit (and the beginning of a new one) is graphically most prominent in combination with a rubric that introduces a new speaking unit, as in the figures in 9.[34] This marking correlates with the general markup of the manuscript page, showing the punctus at the end of the previous unit, even if the following rubric does not follow the linear text flow in its insertion, as in figure 9b. An extreme example of this, with the rubric inserted after text from the new topic and the old topic unit before it, is taken from *Äldre Västgötalagen* in figure 10.

---

33 Heinz (2019: 203) argues that the relatively sparse usage of punctuation signs in the main manuscript is connected to the structure of the logical discourse, displaying a rich syntax with the use of connectives, rather than punctuation signs. The usage of these marks was simply not necessary to determine the meaning of the text, that makes use of linguistic clues rather than a visual subdivision of the text.

34 I did not give a transcription or translation for these examples, as the general overall markup is highlighted here, and not the structural division of logical units within the text.

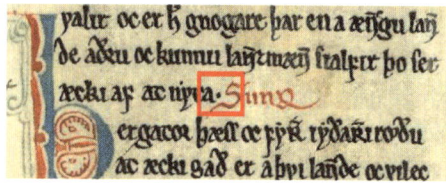 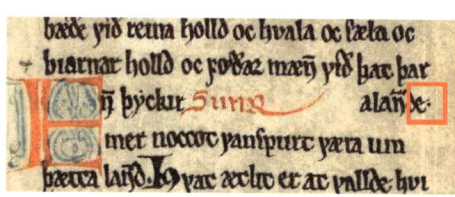

Fig. 9a. The punctus before a rubric, *Konungs skuggsjá*, AM 243bα fol., 12ʳ – linear.

Fig. 9b. The punctus before a rubric, *Konungs skuggsjá*, AM 243bα fol., 12ʳ – not linear.

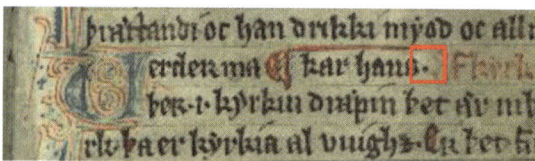

Fig. 10. The punctus before a rubric, *Äldre Västgötalagen*, Holm B59, 2ʳ.

As already stated, the punctus is not a necessity in these cases, and is therefore left out on some occasions, as in figure 11.

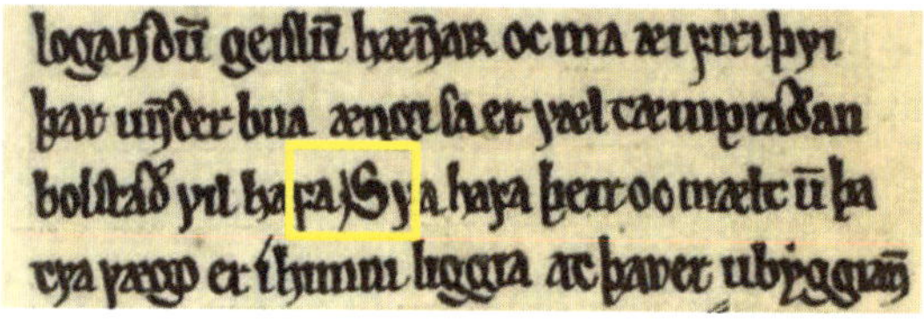

Fig. 11. No punctus before a rubric, *Konungs skuggsjá*, AM 243bα fol., 46ʳ.

Heinz (2019: 204) points out that the punctus also "indicate[d] divisions of direct speech within the dialogic frame", as in figure 12. Together with a majuscule as an even stronger graphical emphasis at the beginning, the punctus often appears after the narrator's comment and thus marks the transition from indirect to direct discourse, and with this marking the logical division within the discourse.[35]

---

35 This rhetorical or discursive function of the punctus stands in close relation to the function of majuscules.

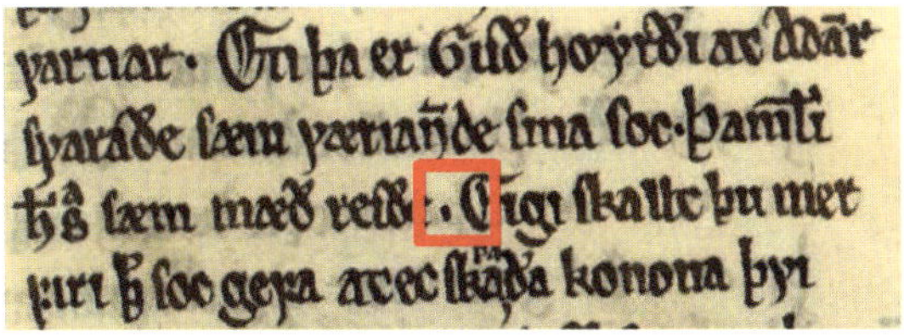

"varnar. En þa er Guð hæyrði at Adamr svaraðe sæm væriannde sina soc. þa mællti hann sva sæm mæd reiðe. Eigi skallt þu mer firi þat soc gefa at ec ska `pa´ ða konona þvi"

Fig. 12. The punctus in direct speech, *Konungs skuggsjá*, AM 243ba fol., 45ʳ.[36]

As a visual sign, a punctuation mark can also place emphasis on particular words by surrounding them, as in figure 13 or separating them in enumerations, as in figure 14 (cf. Heinz 2019: 206f.). Several punctuation signs that follow each other within short distances on the manuscript page concentrate the attention of the reader and mark focus visually rather than structurally.

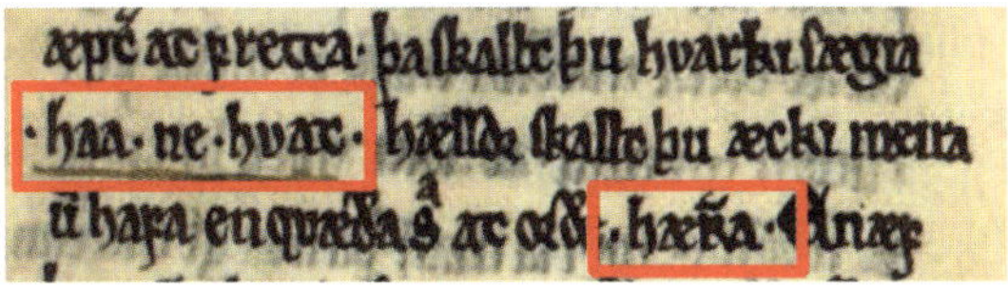

"(…) þa skallt þu hvarki sægia . haa. ne. hvat. hælldr skallt þu æcki meira um hafa en qvæða sva at orðe .hærRra. (…)"

Fig. 13. The punctus around emphasized words, *Konungs skuggsjá*, AM 243ba fol., 22ᵛ.[37]

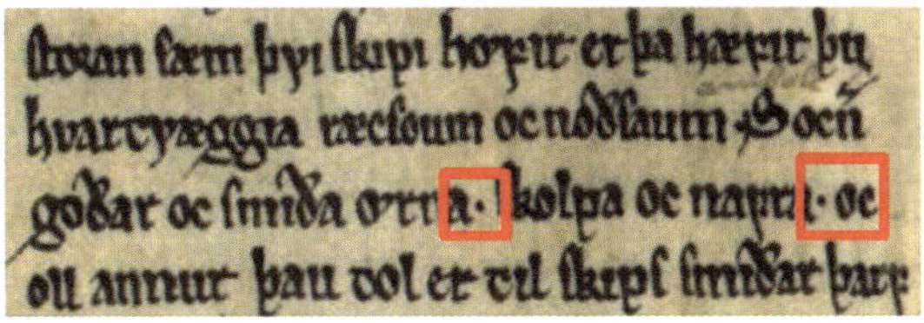

"(…) þa hæfir þu hvartvæggia ræcsoum oc noðsaum Socnir goða ærna. skolpa oc nafra. oc oll annur þau tol (…)"

Fig. 14. The punctus in enumeration, *Konungs skuggsjá*, AM 243ba fol., 3ᵛ.[38]

The punctus is thus a visual emphasizer and divider for these units. Heinz (2019: 207) describes this clearly, stating that "the *punctus* literally breaks the *ductus* in the text on the manuscript page and thus forces the reader to adjust to keep the flow of the reading."

---

36 "(…) But when God heard Adam replying as if excusing himself, He said as if in wrath: "Thou shalt put no blame upon Me for creating the woman …""
37 "(…) do not say [either] "Eh?" [nor] "What?" or make a fuss about it, but use only the word "Sire" (…)"
38 "(…) [as you have, both nails and rivets;] also good boat hooks and broadaxes, gouges and augers, and all [these] other tools (…)"

6.2 The punctus elevatus

In medieval manuscripts, the punctus elevatus (or inverted semicolon) was mainly employed to emphasize on the change in topical units (at the end of a clause within a topical unit), or to "separate words that are opposed in meaning to each other" (Husband & Husband 1905: 131f.). In general, it is a rarely used sign in the older Nordic material of the 13th and 14th century, and if it is used at all, then it is only used for specific purposes, in contrast to the otherwise used punctus (see also Eriksen 2014) or as a special emphasis.[39] In the manuscripts under discussion, this sign is only used in the Old Norwegian material. Nevertheless, by replacing one visual marker with another, the function and position of the mark as a visual intensifier of information structure does not change. Smedick (1979: 411) also notes that "despite variation among the manuscripts both in the placement of points and in their form, there is observable an underlying consistency." In the main manuscript of *Konungs skuggsjá*, there are six instances of punctus elevatus (twice in the Old Norwegian part and 4 times in Latin parts of the text), exemplified in figure 15.

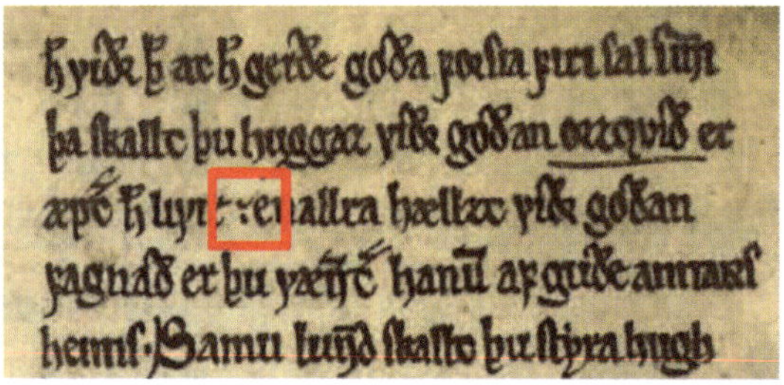

"(En æf hann lifir soma samlegha mæðan hann var i værolldonne oc dæyr) ha*nn* viðr þ*at* ah h*ann* gerðe goða forsia firi sal sin*ni* þa skallt þu huggaz viðr goðan orzqvið er æpt*ir* h*ann* livir ⁊ en allra hællzt viðr goðan fagnað er þu væ*nn*tir hanu*m* af guðe annaʀs heims (…)"

Fig. 15. The punctus elevatus, *Konungs skuggsjá*, AM 243bα fol., 34[r].[40]

Given the content of this clause and the sparsity of this sign in the text, Heinz (2019: 210) writes that "the emphasis by means of such a specific punctuation mark seems appropriate and effective." The switch to another symbol in AM 243bα fol., however, has no influence on the positioning of the punctuation mark. Here the mark adds a visual markup to the syntactic structuring within an information-structural allocated position. This symbol is also found in the *Landslov* in Holm Perg 34 4to with a little higher percentage of frequency. Altogether 52 instances of the punctus elevatus are set in this manuscript, exemplified in figure 16 and 17.

---

39 Heinz (2019: 211) further writes that "[i]n the manuscript evidence from thirteenth-century Norway, the *punctus elevatus* [...] seems to have been used specifically in relation to two different but not necessarily excluding contexts: Latin and verse."

40 "(But if he lived [honorably] while [he was] on earth and [...] died) [in succession of this that he made good provision for his soul], you [should find] comfort in the good [saying (reputation)] that continues to live] after him, [but all the most in the great joy that you expect him (to receive) from] God in the other world."

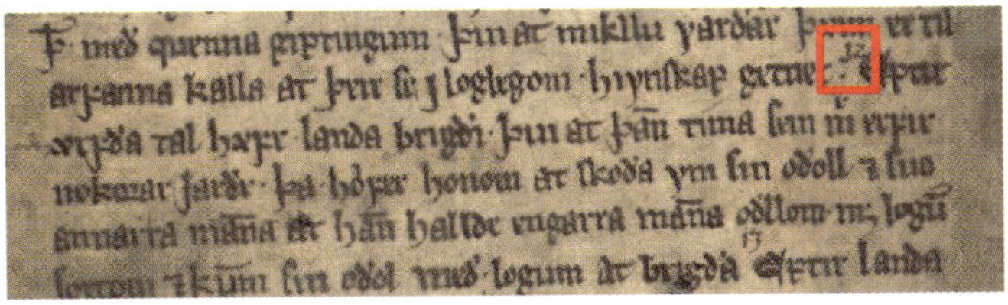

"(...) þat. með quenna giptingum þui at mikllu varðar þæim er til arfanna kalla at þeir se J loglegom . hivnskap getner ꝫ Eptir ærfða tal hæfr landa brigði . þui at þann tíma sem m*aðr* erfir nokorar Jarðr . þa høfer honom at skoða vm sin oðoll *oc* suo annarra man*n*a at han*n* hallde engarra man*n*a oðllom m*eð* logu*m* sottom *oc* kun*n*i sin oðol með logum at brigða Eptir landa (...)"

Fig. 16. The punctus elevatus, *Landslov*, Holm Perg 34 4to, 8[v].[41]

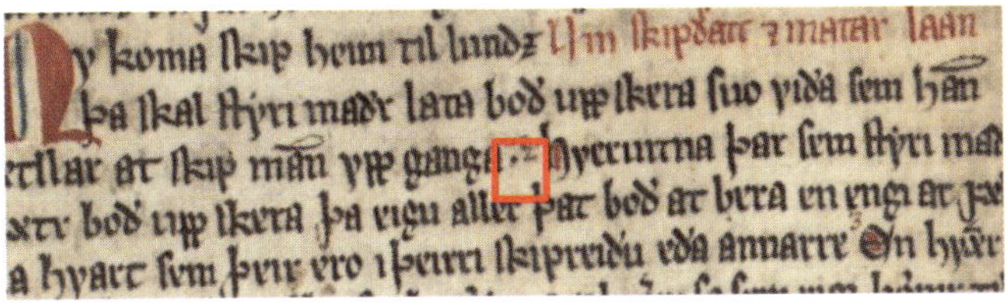

"Nv koma skip heim til lundz Um skipd'r'att oc matar laan þa skal styri maðr lata boð upp skera suo viða sem han*n* ætllar at skip man*n* vpp ganga ꝫ Hveruitna þar sem styri maðr lætr boð upp skera þa eigu aller þat boð at bera en engi at fælla hvart sem þeir ero i þeirri skipreiðu eða annarre En hvær*rr* (...)"[42]

Fig. 17. The punctus elevatus, *Landslov*, Holm Perg 34 4to, 21[v].

Here the punctus elevatus signals the division into new topical units as a stronger graphical symbol than the punctus that is otherwise used within topical units. It is, however, not consistently inserted in these positions.

As shown in table 2 above, only two to three different signs are used in the manuscripts. The main manuscript of *Konungs skuggsjá* uses only the punctus and the punctus elevatus. This sparse usage of various signs underlines the hypothesis that

---

41 The translations for *Landslov* are taken from Leslie-Jacobsen (unpublished translation).
"it begins with the marriage of women because it is of great importance to those who claim inheritance that they be begotten in lawful wedlock. After the reckoning of inheritance begins Land Claims, because at that time when a man inherits some land, then it behoves him to consider his allodial lands and thus of other men's, that he holds no other man's allodial lands to which they have a legal claim and knows [how] to claim his allodial lands in accordance with the law. After Land (...)"

42 "About Ship Launches and the Borrowing of Food Now when ships arrive home to their supports, then the captain shall have a message sent as widely as he thinks necessary to be able to get the ship placed on [the supports]. And wherever the captain has the message sent, then everybody has to carry the message, and none are to drop it, whether they are in that levy-area or another one. And each (...)"

the signs of punctuation convey many different meanings (see also Heinz 2019).[43] In addition, Parkes (1992: 70f.) shows that a more extensive setting of punctuation marks within a text may lead to a more neutral interpretation of the signs. Also, the frequent use of the same symbol for different purposes may lead to ambiguous readings or could at least make the identification of the relation between elements within a textual unit more difficult. However, given that punctuation marks were applied to support the structure of the discourse divided by linguistic markers and syntactic variation, they simply added visual emphasis, and no crucial information concerning the text division.

6.3 The colon

The colon does not appear in AM 243bα fol. – in fact, it only appears in one text of the corpus material, in *Gutalagen* in Holm B64, and only in two instances, shown in figure 18 and 19. This punctuation sign seems generally unusual in medieval Nordic manuscripts. There is also little consensus concerning the concrete function of the colon among scholars (cf. Calle-Martín & Miranda-García 2007: 372). However, it has been argued that it may function as showing medial pauses (Parkes 1992: 302, 304) and final stops as well as it might be used for questions and exclamation marks (Petti 1977: 26).

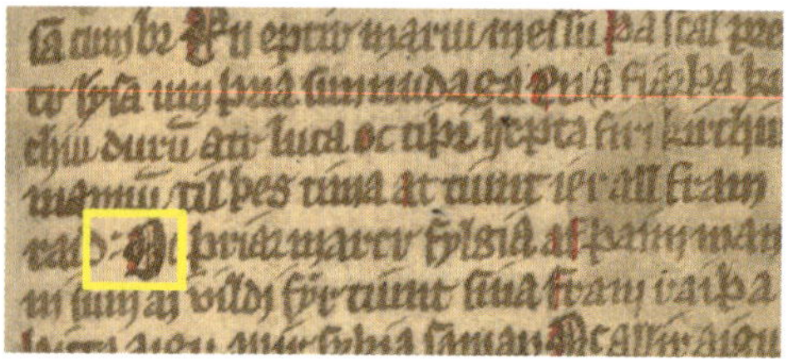

"(...) (mes)sa cumbr En eptir mariu messu þa scal prestr lysa um þria sunndaga En a fiarþa kirchiu durum atr luca oc tiþr hepta firi kirchiu mannum til þes tima at tiunt ier all fram raid: Oc þrias marcr fylgia at þaim mannj sum aj vildj fyr tiunt sina fram raiþa þitta aigu allir sykia saman Oc allir aigu (at hafa.)"

Fig. 18. The colon used to separate topic units, *Gutalagen*, Holm B64, 4ʳ.[44]

---

43 Note that this refers to the meaning(s) of the punctus itself, rather than the verbal meaning conveyed in the text witness, though these are inextricably linked to each other.

44 The translations for *Gutalagen* are taken from Peel (2009). Some minor changes have been made and are indicated with square brackets.
"(…) Annunciation comes. And after Annunciation, the priest is to make a declaration for three Sundays and lock the church door on the fourth Sunday and withhold services from the parishioners until such time as all the tithes are fully paid. And a three-mark fine is incurred by each man who was not willing to pay his tithe previously. All should be obliged to prosecute this, and all should be party to it."

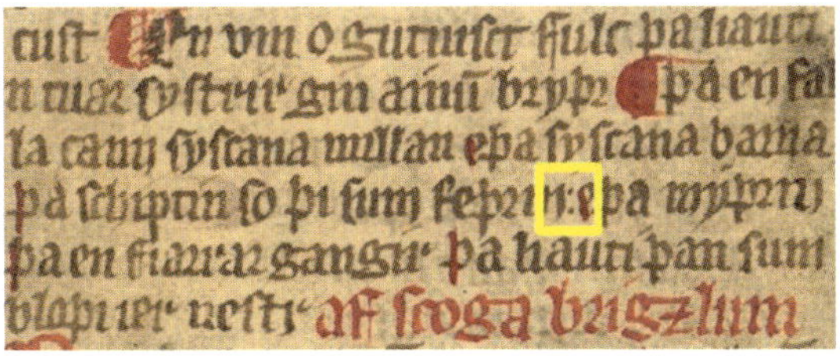

"(…) cust ¶ En vm o gutnisct fulc þa liautin tuar systrir gin ainum bryþr ¶ þa en falla cann syscana millan eþa syscana barna þa schiptin so þi sum feþrnj: eþa myþrnj þa en fiarrar gangir þa liauti þan sum bloþi ier nestr af scoga brigzlum"

Fig. 19. The colon used to mark a continuous phrase, *Gutalagen*, Holm B64, 29ʳ.[45]

In figure 18, the colon delineates different parts within a section and thus marks off the end of topic units with a subsequent capitalization that is used to highlight the beginning of a new logical clause, and in this case, of the next topic unit. The colon then overlaps with the function of a punctus. According to Salles-Bernal (2016: 100f.), "[i]ts function was grammatical as to divide different statements that were semantically related within a major chunk of information [(across manuscript also often employed to coordinate more contrasting information than the punctus elevatus or a punctus)], and notional as to introduce sentential relative clauses." According to Görlach (1991: 58), this mark is normally "an indicator of text coherence expressing logically consecutive or adversative relations". On a sentence level, it thus acts as a connector between major units such as coordinate clauses. In figure 19, the colon is used as an easily recognizable cue for a continuous phrase, setting it apart from contrasting phrases (either – or) or the function to signal other relations within a clause. Both, the position of the mark and the special emphasis due to a stronger sign than the punctus (visually more distinct) serve the connection between two constituent parts and thus makes the understanding of the sense units easier. Due to other visual emphasis, such as colour, an additional punctuation mark was needed to clearly mark the discourse development and cohesiveness of phrases. It evidently pursues the organization of the text according to syntactic rules, but also considers the semantic value of the passages, thus following information-structural constraints.

6.4 The paragraph mark

The paragraph mark, also known as pilcrow, is distinct from the other signs discussed so far due to its complexity in illustration, making it more of an ornamental

---

45 "(…) But concerning non-Gotlanders, then the stipulation is that two sisters should inherit the same as one brother. If the inheritance falls between siblings or the children of siblings, they divide it like their paternal inheritance or their maternal inheritance. If it goes to more distant relatives, then those who are closest in blood inherit."

symbol, often written in a bright red ink.[46] The ink used for this sign indicates that it was inserted after the text was already written, but the scribe left a gap for its insertion (not always filled afterwards). The paragraph sign was a type of rubrication, used in the Middle Ages to mark a new train of thought, as seen in figure 20. This sign became more common in law texts, where it was used to indicate changes in topic and to mark paragraph division. It is thus a macro-structural marker to indicate textual relationships (see Petti 1977: 27) and is found in all three law texts part of the corpus material of this study, although not equally frequent.

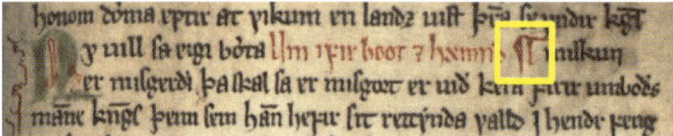

"(…) honom døma eptir at vikum en landz uist þeira se vndir konongs Nv uill sa eigi børa Um ifir boot oc hæmnd ¶ miskum er misgerði þa skal sa er migort er uið kera firir umboðs manne konongs þeim sem hann hefir sit rettynda valld J hendr feng"

Fig. 20. Paragraph sign before a new section, *Landslov*, Holm Perg 34 4to, 30ʳ.[47]

The paragraph mark, due to the additional usage of colour, was an easily recognizable visual marker that helped finding specific passages, which is by logic more useful in law texts than in contemporary court literature such as the *Konungs skuggsjá*. Again, in contrast to the other signs discussed so far, it seems to be a crucial part of the manuscript page and had a more fixed setting in the manuscripts due to this purpose than the other punctuation marks. It seems to be already more formalized. Nevertheless, this sign can also be described consistently within the same system postulated here. Linguistically, the division and information flow of the discourse according to the purpose of a law text is also preserved without this sign. New passages are often marked by the same phrase, introducing a new topic unit as in Holm B64 (*þa en*, as in figure 21; *þa skal* in Holm B59), or by repeated phrases within one section of the law, or even with the same grammatical form as in Holm B59 (*Brender, Falder, Brester, Værþer*). The paragraph mark then was not necessary but is rather an additional aid to the reader to quickly find his/her way through the manuscript page.

---

46 By the 12th century the letter C, for *capitulum* ('little head') was used to mark a new section and to divide texts into *capitula* ('chapters'). This letter, after it became more common, became more elaborate in its graphical form.

47 "(with) him judge according to the circumstances. And the right of residence of those people is at the mercy of the king. About Redress and Revenge. Now if that one who transgressed does not want to pay compensation, then that one who has been transgressed against shall make a charge against him to the agent of the king, to that one whom has received his jurisdiction."

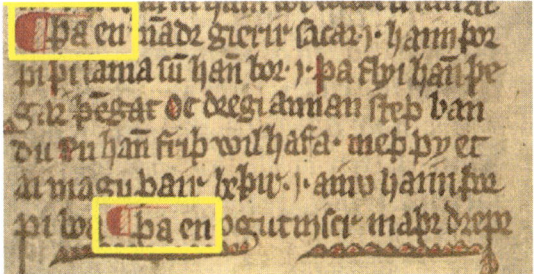
"¶ þa en mandr gierir sacar .j. haim þorþi þi sama sum hann bor .j. þa flyi hann þegar {þengat} oc dregi annan steþ bandu en hann friþ wil hafa. meþ þy et ai magu þair beþir .j. ainv haimþorþi boa ¶ þa en ogutnjscr maþr drepr"

Fig. 21. The paragraph mark with the same phrase repeated, *Gutalagen*, Holm B64, 11ᵛ.[48]

In Holm B59, there are only two instances of the paragraph mark, both inserted in combination with a rubric and to clarify the chapter division where the text does not follow the linear reading flow and with the rubric written in the middle of the line, as shown in figure 22.

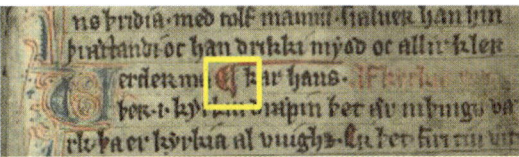
"(...) Uerder ma ¶ kar hans. AF kyrkia (ræt) þer . i . kyrkiu dræpin þet ær niþings væ rk . þa er kyrkia al vuighz . Er þet firi tiu vitr[um]"

Fig. 22. The paragraph mark used to clarify the linear text flow, *Äldre Västgötalagen*, Holm B59, 2ʳ.[49]

Otherwise, we sporadically find the insertion of the letter C from 7ʳ onwards, although added by a later hand (cf. footnote 46). If spectacular initial letters and borders are used in the manuscripts, they mark the beginnings of chapters or larger units. Their conventional usage was systematic, meaning that the more striking the initial, the more significant the textual division (cf. *Konungs skuggsjá* AM 243bα fol., 16ᵛ). They are (as they already signal discourse division) not always accompanied by a punctuation mark. After illuminated borders and initials, the paragraph sign is probably the most striking visual structuring device used, signaling the start of a new section of text (see Parkes 1992: 44, 305). In *Landslov* this sign is purely used to graphically set apart rubrics that appear in the middle of the line (22 instances in the manuscript), as shown in figure 23.

---

48 "If a man commits a crime in the [farm in which he lives,] he [must immediately] flee from [it] and draw [his] circle (of peace) elsewhere, if he wants peace, [... for] they may not both live in the same farm. If a non-Gotland man kills (...)"

49 "About the church's right. If a man (his clerks) is killed in the church, it is a crime. Then the whole church is unholy. It is within ten winters (...)"

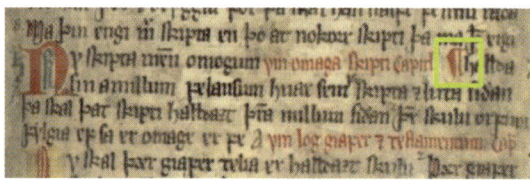

Fig. 23. Paragraph sign before a new section, *Landslov*, Holm Perg 34 4to, 40ʳ.

6.5 Different signs – one overall system

Taking a broader look at the punctuation practice of medieval manuscripts, Heinz (2019) writes that *Elíss saga* and *Pamphilus* show a similar frequency of punctuation as the manuscript of *Konungs skuggsjá* analyzed above. Other manuscripts in the same milieu, such as the legendary *Óláfs saga hins helga* (DG 8 II), switched to a rigid use of majuscules, "making the implementation of a *punctus* as [an additional visual] structuring device somehow obsolete (ibid. 201)". Furthermore, taking the manuscript transmission of *Konungs skuggsjá* into account, Heinz describes differences in frequency within closely related copies of the text with an apparently different "approach to marking both the textual structure and semantic meaning by means of the *punctus*." While there seems to be a close correspondence between connectives and a punctus in some manuscripts, AM 243bα fol. shows many clauses not indicated by a punctus – a difference that Heinz correlates to "readers of different levels of fluency or different modes of reading" (ibid. 201). As described above, in the approach postulated in the theoretical study here, the lack of expected punctuation is traced back to other structural indicators that are given in the manuscript to divide the text into information units, reflecting the logical discourse. However, I argue that this neither reflects nor suggests different strategy used for the positioning of punctuation marks. Furthermore, I do not state here that every scribe used punctuation exactly in the same way, but I do challenge the widely-held view of the system of punctuation setting in the Middle Ages, and I do argue for a universal underlying system by looking at the topic on another level and not going from the immediate impression that a single manuscript might make. Statements such as those by Heinz (2019) and others show, that punctuation in medieval manuscripts is often conceived of as inconsistent based on frequency and on what seems to be a different understanding of punctuation by the scribes. Scholars then imply that the positioning of punctuation marks in the Middle Ages does not have a consistent system, and that scribes interpreted possible positions for these marks individually. However, discussing medieval punctuation within the framework of information structure, and focusing more on the possible positioning connected to the overall function as an additional visual marker (if inserted), results in a describable consistent punctuation system. Different frequency does not equal different placing. If punctuation is applied in a manuscript, it follows information-structural principles that combine prosodic and grammatical strategies, with fixed positions for these marks and the overall goal of strengthening the processing of the information flow within a discourse development (next to purely linguistic markup, such as syntactic variation). This is done by dividing the text visually into comprehensible units of new and given information (focus and topic units, see also section 7.2 below).

7. Historical Punctuation in Old Norse

Having discussed punctuation from a historical, theoretical, and practical point of view, the last section of this paper brings the findings of this study together in light of the overall approach, before my concluding remarks are presented. I will also visualize the findings with a template, illustrating the informational wave within a clause before I turn back to a final revision of Lucas' (1971: 3) scheme presented in figure 1 above.

7.1 Punctuation, prosody, and syntax

The main location for punctuation marks is likely to be with phrasal-level items, whether the marks occur before a particular phrasal item or after it. Punctuation does not seem to occur at levels below the phrasal one, however, according to Jones (1996: 608) "with one exception: punctuation is allowed to occur at any level in the context of coordination" where it has adjunctive and conjunctive functions. Punctuation then serves as a cue and resource to enhance the effectiveness of writing. The assumption made here is that the variation at issue is motivated by information structure in all punctuation systems. If medieval punctuation is prosodic punctuation, it is prosodic in the way that it marks new and focused informational units. If medieval punctuation is grammatical punctuation, it is grammatical in the way that it marks the division and borders of topical units. To capture the interaction of prosody, syntax, and punctuation in a more accessible way, I studied the texts with respect to their usage of punctuation marks in different contexts. Table 3 shows that despite the lack of standardized punctuation practices (that results in variation concerning frequency and the inventory of symbols), the use of punctuation marks is clear and systematic in each manuscript text and for each scribe, with a logical overlap of more concrete functions. The differences in the inventory of marks and their assigned functions do not lead to different systems for the setting of these marks.

Äldre Västgötalagen (ÄV), *Gutalagen* (G), *Landslov* (L), *Konungs skuggsjá* (KS)	Punctus	Punctus elevatus	Colon	Paragraph mark	Majuscule
To seperate sections	ÄV, G, KS				L, KS,
End of chapter/Beginning of new chapter	ÄV, G, KS			L, ÄV	ÄV, L, KS
To mark topic change	ÄV, G, L, KS	L		G	ÄV, G, KS
To show coordination	ÄV, G, KS				G
To associate relationship between phrases and clauses	ÄV, G, L, KS	KS	G		
To associate antecent to the relative clause	ÄV, G, KS	L			
To signal numerals	ÄV, G, L, KS				
To mark lists (enumeration)	ÄV, G, KS	L			ÄV
To emphasize a referent	ÄV, G, L, KS	KS			

Tab. 3. Overview over the punctuation in the corpus material

Concerning the different inventories of punctuation marks, they are arranged in table 3 according to a hierarchy of overall frequency with the punctus in the uppermost position. The punctus is the most usual and versatile mark in the manuscripts under discussion and has a great range of significance. It is used to separate major discourse types or topics on discourse level (assuming a grammatical function according to Lucas' rationale). Other signs are either used to organize the information within each subsection by means of coordination and subordination (notional function), as an additional emphasizer or as larger visual division clues (such as the paragraph mark in *Landslov*). The study of medieval punctuation practices thus offers insights into how scribes understood and interpreted the organization of the text into various information units and its syntactical structures, marking those units that belong together and separating those that represent different topical units. The overall function of punctuation then is to display information structure visually – contributing to the physiological, rhetorical, dramatic, and syntactical division of the text, which leads to a combination of prosodic and grammatical functions. Punctuation units (the stretches of language between two punctuation marks) are in this sense information units that visualize an interplay of these two functions, leading to punctuation being a sense-conveying and sense-creating, non-verbal marking device that adds (not necessarily needed) emphasis to the structuring and understanding of a text.

7.2 Punctuation and information structure

In the last part of this article, I seek to offer a template for the analysis of information structure within the field of historical punctuation in older Nordic manuscripts. As stated above, information structure as a conceptual notion functions to divide the flow of discourse into units, each containing a newsworthy element (in contrast to reference and topic). Within the spoken mode, emphasis (focus) can be placed completely freely by making one element the tonic foot of the utterance (see Halliday & Matthiessen 2014). This allows "the speaker to choose meanings within the unit of information (that may or may not be presented as referentially new to the discourse)" (Moore 2016: 7). Without using unusually marked choices, such as underlining or colouring, this highly variable system of marking emphasis is not transferrable to a written text. Instead, grammatical strategies (that are also available in the spoken mode, although not used as often in their full complexity) are used more frequently in written registers, and Moore (2016: 16) notes thus that "redistributing elements within the clause as a response to the demands of written information structure". It is then most likely to find new information in clause-final position. The older Nordic languages did have the possibility for syntactic variation to a much higher extend than their modern counterparts. According to Moore (2016: 17), "special structures, such as cleft and pseudo-cleft clauses intentionally disrupt the unmarked order of a clause so that elements that would ordinarily be at the start of a written clause, and considered to be the [topic element, can] instead [be] placed in clause-final position where they are informationally more salient" (cf. also Herriman 2004, and Tiemann forthcoming). This allows the reader to choose meanings within the unit of information within written texts. Moore further (2016: 17) writes that "[i]n exceptional circumstances, if a writer is unable to focus attention on newsworthy items at the end of the clause using grammatical strategies, graphological strategies, [or peripheral vision, such as underlining or punctuation] offer the opportunity for visually marking information structure", drawing attention to a position for newsworthy information (see also Rayner et al. 2000; Pynte & Kennedy 2007; Matthiessen 1995; Fries 1992). An additional graphical marker in the structures then fixates the attention of the reader on the position prior the punctuation mark and promotes the following constituent as a focused element (visual focus position; see Rayner et al. 2000), thus dividing the text into visually comprehensible cognitive units of information. This function is already given through the linguistic form of elements and/or the utterance structure, and punctuation makes these structures visible on the manuscript page, as shown in figure 24.[50]

---

50 See also Pynte and Kennedy (2007).

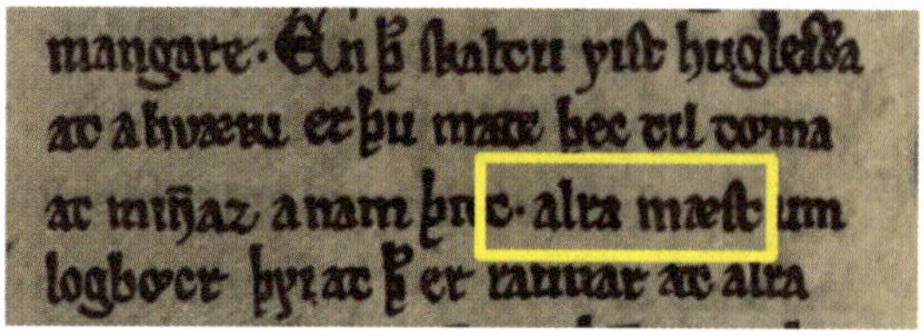

"(…) En *þat* skaltu vist hugleiða at ahværi er þu matt þec til tæma at min*n*az a nam þitt. alra mæst um logbæcr (…)"

Fig. 24. Punctuation in combination with a lexical and syntactic emphasized phrase. *Konungs skuggsjá*, AM 243bα fol., 2ᵛ.[51]

The visibly distinct position prior to a punctuation mark (or to a conjunction) or between punctuation marks "seems to be a natural position to place the prominent, or newsworthy, item in a written information unit" (Moore 2016: 16) and activates the attention of the reader to prepare them for an emphasized unit. Studies on silent reading showed that this position easily saccades the eyes and thus fixates the attention on this specific position in the textual discourse (cf. Rayner 1998). It then seems highly likely that a writer can focus a reader's attention on whatever is placed before a punctuation mark and calls attention to what follows it. This can be illustrated in a wave-like pattern for textual meanings (as proposed by Halliday 1979), where the *topic wave* recedes as the *information wave* ascends (see Moore 2016: 8). Two examples are given in figure 25, with a focused constituent surrounded by punctuation marks and figure 26, with an additional graphical marker (majuscule) following the punctuation mark.

"(…) Brender up kirkya þa skal (pre)ster böta. þrer markær. Prester skal (…)"

Fig. 25. Focusing of elements, *Äldre Västgötalagen*, Holm B59, 2ᵛ.[52]

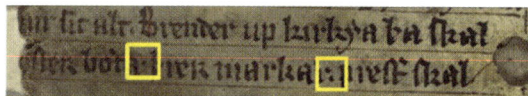

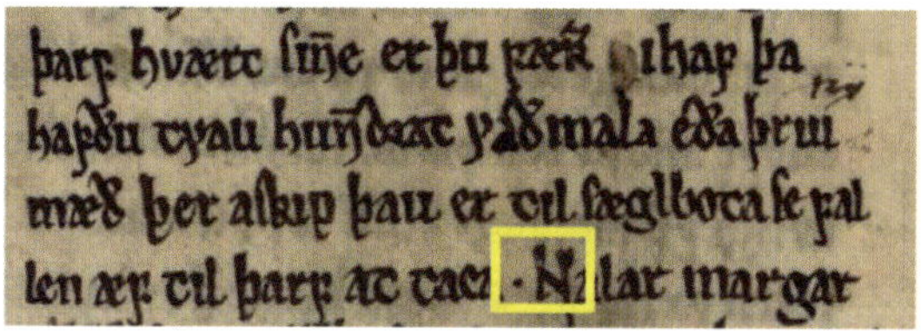

"(…) En*n* ero þeir ismaco er hugleiða þarf hvært sin*n*e er þu fæʀr ihaf þa hafðu tvau hun*n*drat vaðmala eða þriu með þer askip þau er til sæglbota se fallen af til þarf af taca. Nalar margar of þræðr ærna. eða sviptingar (…)"

Fig. 26. Focusing of elements, *Konungs skuggsjá*, AM 243bα fol., 3ᵛ.[53]

---

51 "(…) Finally, remember this, that whenever you have an hour to spare you should give thought to your studies, especially to the law books (…)"
52 "(…) (If) the church burns down, so shall the priests fine three mark. The priests shall (…)"
53 "There remain a few minor matters that ought to be mentioned. Whenever you travel at sea, keep on board two or three hundred ells of wadmal of a sort suitable for mending sails, if that should be necessary, a large number of needles, and a supply of thread or cord."

The wave-like pattern for these two examples, adopted from Moore (2016: 8), is given in the following figure 27.

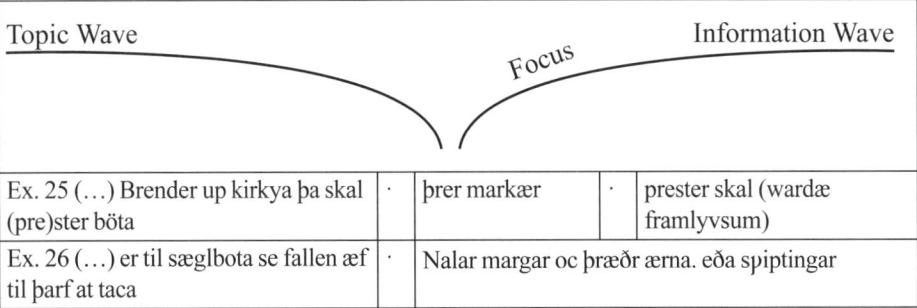

Fig. 27. Scheme for the focusing of elements via punctuation (and other devices).

Moore (2016: 17) notes that "[i]n this way, the function of information structure – focussing the interlocutor's attention on what is newsworthy ([focus position;] Fries, 2000) – is maintained across both modes". Proposing that punctuation functions to realize information structure visually in written language is thus not a new suggestion, this paper, however, offers the first study on older Nordic manuscripts using the framework of information structure to explain and collate the variation of punctuation under one common theoretical approach. With this it systematizes earlier approaches on punctuational practice in the Scandinavian Middle Ages.

8. Concluding remarks: The system of medieval punctuation

The analysis given here presents a theoretically motivated account of medieval punctuation by analyzing punctuation as topic and focus marking devices. From an information-structural point of view, all punctuation serves the goal of structuring a text into units of new and given information as the discourse develops. I thus argued that all medieval (Nordic) punctuation can be described within one common system with varying graphical expressions of the same superior function on the surface and provide positive data for this through a qualitative and quantitative analysis of four older Nordic manuscript text written in the 13th and 14th centuries. Thus, I postulate that the system used for setting punctuation is the same for every scribe. Within this approach, the observed variation is a variation in degree/frequency (not placement!) due to both the genre of the text and the devices otherwise used in the language such as syntactic variation or other visual units such as initials. The use of those structuring devices (especially syntactic variation) can explain a lower frequency of punctuation marks in a manuscript text. During the period analyzed here, punctuation signs were still used as additional markers within the discourse structure, not as signs bearing new structuring information that is not already indicated by other devices. The textual meta-function of punctuation is a visual reflex of information structure on the manuscript page that functions as a combination of structural and interpretative punctuation, contributing largely to organizing the information visually within the text, and helping to avoid misinterpretation of meaning. Punctuation thus was not randomly applied by the scribes, but followed a set of rules, based on their grammatical and semantic roles and resulted in visible marked topic and focus units. If scribes make use of the positions available for punctuation marks or not, does not contradict with the existence of the system itself. Structural and interpretative punctuation are then combined expressing information structure, as shown in figure 28.

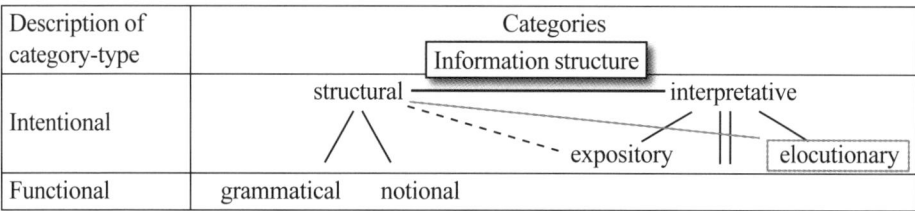

Fig. 28. Information structure in the system of the functions of punctuation (revised; Lucas 1971: 3).

Differences in the manuscripts are of visual expression and of degree as to whether the marking was done by either punctuation plus other visual or structural marks (capitalization, syntactic variation), or by other devices only, where punctuation was just employed for specially focused elements.

Scholarly approaches to medieval punctuation so far mostly state that much of the punctuation-setting seems to have been rather ad-hoc and performance-motivated, and that the underlying function of medieval punctuation is of a prosodic nature. Variation observed in different manuscripts is in Parkes' (1997: 47) terms explained as "a form of hermeneutics", so understood "as a matter of interpretation" (De la Cruz Cabanillas 2016: 18). With this explanation, medieval punctuation cannot be analyzed within one common system or approach. However, an information-structural approach gives a more comprehensive account of scribal practices concerning punctuation, one that also achieves a wider perspective on the relationship between prosody and punctuation. Despite the lack of standardized punctuation practices, the variation found in the manuscripts does not affect the setting of the marks themselves; their overall discourse function stays the same. Nevertheless, more empirical research is required to support this theoretical approach.

REFERENCES

Ahvensalmi, Juulia. 2013. *Reading the Manuscript Page: The Use of Supra-textual Devices in the Middle English Trotula-manuscripts*. PhD thesis, University of Glasgow.

Alonso-Almeida, Francisco and Ivalla Ortega-Barrera. 2014. 'Sixteenth-Century Punctuation in the Booke of soueraigne Medicines', *Onomázein*, 2(30), p. 146–168.

Arakelian, Paul. 1975. 'Punctuation in a Late Middle English Manuscript', *Neuphilologische Mitteilungen*, 76, 614–624. Helsinki: Modern Language Society.

Arn, May-Jo. 1994. 'On Punctuating Medieval Literary Texts', *Text*, 7, p. 161–174. Bloomington: Indiana University Press.

Bartsch, Elmar. 1998. 'Interpunktion', in Ueding, Gert (ed.). *Historisches Wörterbuch der Rhetorik*, Bd. IV, p. 515–526. Tübingen: Max Niemeyer Verlag.

Besch, Werner. 1981. 'Zur Entwicklung der deutschen Interpunktion seit dem späten Mittelalter'. In: Smits, Kathryn, Besch, Werner and Victor Lange (eds.). *Interpretation und Edition deutscher Texte des Mittelalters. Festschrift für John Asher*, p. 187–206. Berlin: E. Schmidt.

Calle-Martin, Javier and Antonio Miranda-Garcia. 2005. 'Editing Middle English Punctuation: The Case of MS Egerton 2622 (ff. 136–152)', *International Journal of English Studies*, 5(2), p. 27–44.

—. 2007. 'The punctuation system of Elizabethan Legal Documents: The Case of G.U.L. MS Hunter 3 (S.1.3)', *Review of English Studies*, 59, p. 356–378.

Carroll, Ruth et al. 2013. 'Pragmatics on the Page. Visual text in Late Medieval English Books', *European Journal of English Studies*, 17(1), p. 54–71.

Chafe, Wallace. 1976. 'Givenness, Constrastiveness, Definiteness, Subjects, Topics and Point of View', in Li, Charles (ed.), *Subject and Topic*, p. 25–55. New York: Academic Press.

—. 1987. 'Punctuation and the Prosody of Written Language', in *Technical report 11* (University of California, Berkeley. Center for the Study of Writing); no. 11., https://pdfs.semanticscholar.org/f130/6bc4c768eb231e6bf74b3036984f96a85b45.pdf?_ga=2.26164605.1586027089.1580660760-733481528.1580660760 (01.06.2021).

—. 1988. 'Punctuation and the Prosody of Written Language'. In: *Written Communication*, 5(4), 395–426. SAGE Publications (United States).

Cohen, Henri, Douaire, Josée and Mayada Elsabbagh. 2001. 'The Role of Prosody in Discourse Processing', *Brain and Cognition*, 46(1–2), p. 73–82.

De la Cruz Cabanillas, Isabel. 2014. 'Punctuation Practice in Manuscript Sainte Geneviève MS 3390', *Nordic Journal of English Studies*, 13, p. 139–159. University of Gothenburg.

—. 2016. 'Is Punctuation Comparable? The Case of London, Westminster School MS 3 and Paris, Bibliotheque Sainte Geneviève MS 3390', *ES Revista de filogía inglesa*, 37, p. 11–31.

Driver, Martha and Michael Orr. 2011. 'Decorating and Illustrating the Page', in Gillespie, Alexandra and Daniel Wakelin eds. *The Production of Books in England 1350–1500*, p. 104–128. Cambridge: Cambridge University Press.

Eriksen, Stefka. 2014. *Writing and Reading in Medieval Manuscript Culture. The Translation and Transmission of the Story of Elye in Old French and Old Norse Literary Contexts*. Turnhout: Brepols Publishers.

Erman, Britt. 2001. 'Pragmatic Markers Revisited with a Focus on You Know in Adult and Adolescent Talk', *Journal of Pragmatics,* 33(9), p. 1337–1359.

Fleischer, Jürg. 2009. 'Paleographic Clues to Prosody? – Accents, Word Separation, and other Phenomena in Old High German Manuscripts', in Hinterhölzl, Roland and Svetlana Petrova (eds.) *Information Structure and Language Change: New Approaches to Word Order Variation in Germanic,* p. 161–190. Berlin: De Gruyter Mouton.

Frederiksen, Britta. 2004. 'Interpunktion i gammeldansk perspektiv. Om interpunktionen i B74'', in På godt dansk. Festskrift til Henrik Galberg Jacobsen, p. 87–99. Århus: Wessel og Huitfeldt.

Fries, Peter. 1992. 'The Structuring of Information in Written text' *Language Sciences,* 14(4), p. 461–488.

—. 2002. 'The Flow of Information in a Written text', in Fries, Peter, Cummings, Michael, Lockwood, David and William Spruiell (eds). *Relations and Functions within and around Language,* p. 117–155. London: Continuum International Publishing.

Görlach, Manfred. 1991. *Introduction to Early Modern English.* Cambridge: Cambridge University Press.

Halliday, Michael. 1967. *Intonation and Grammar in British English.* Berlin: De Gruyter Mouton.

—. 1976. 'Theme and Information in the English Clause', in Kress, Gunther (ed.). *Halliday: System and Function in Language,* p. 174–188. Oxford: Oxford University Press.

—. 1979. 'Modes of Meaning and Modes of Expression: Types of Grammatical Structure, and Their Determination by Different Semantic Functions', in Allerton, D.J., Carney, Edward and David Holcroft (eds.) *Function and Context in Linguistic Analysis,* p. 57–79. Cambridge: Cambridge University Press.

—. 1989. *Spoken and Written Language.* Oxford: Oxford University Press.

Halliday, Michael and Ruqaiya Hasan. 1985. *Language, Context and Text: Aspects of Language in a Social-Semiotic Perspective.* Oxford: Oxford University Press.

Halliday, Michael and Christian Matthiessen. 2014. *An Introduction to Functional Grammar.* 4th ed. London/New York: Routledge.

Herriman, Jennifer. 2004. 'Identifying Relations: The Semantic Functions of Wh-Clefts in English' *Text,* 24(4), p. 447–469.

Heinz, Katharina. 2019. *Kings and Mirrors: A Study of Rhetorical Strategies in the Materiality and Textuality of Konungs skuggsjá.* Doctoral thesis, University of Oslo.

Hill, Robin and Wayne Murray. 2000. 'Commas and Spaces: Effects of Punctuation on Eye Movements and Sentence Parsing', in Kennedy, Alan, Radach, Ralph, Heller, Dieter and Joël Pynte (eds). *Reading as a Perceptual Process,* p. 565–589. Amsterdam: Elsevier.

Horn, Laurence and Gregory Ward. 2004. *Handbook of Pragmatics.* Amsterdam: John Benjamins Publishing.

Husband, Thomas and Margaret Husband. 1905. *Punctuation: Its Principles and Practice.* London: Routledge.

Jacobs, Andreas and Andreas Jucker. 1995. *The Historical Perspectives in Pragmatics.* Amsterdam: John Benjamins Publishing.

Jones, Bernard. 1996. 'Towards a Syntactic Account of Punctuation'. In: *Proceedings of the 16th International Conference on Computational Linguistics (COLING-96)*, Copenhagen, Denmark, p. 604–609.

Krahn, Albert. 2014. *A New Paradigm for Punctuation*. Doctoral thesis, University of Wisconsin-Milwaukee.

Lambrecht, Knut. 1994. *Information Structure and Sentence Form*. Cambridge: Cambridge University Press.

Larson, Laurence. 1917. *The King's Mirror (Speculum Regale – Konungs skuggsjá). Translated from the Old Norwegian*. Cambridge/Mass.: Havard University Press.

Leslie-Jacobsen, Helen F. (transl.). *Landslov* – Translation into English. Unpublished translation. University of Bergen.

Lennard, John. 1995. 'Punctuation: And – 'Pragmatics', in Jucker, Andreas (ed.). *Historical Pragmatics: Pragmatic Developments in the History of English*, p. 65–98. Amsterdam: John Benjamins Publishing.

Lucas, Peter. 1971. 'Sense-Units and the Use of Punctuation-Markers in John Capgrave's Chronile', *Archivum Linguisticum*, 2, p. 1–24.

Machan, Tim. 2011. 'The Visual Pragmatics of Code-Switching in Late Middle English Literature', in Schendl, Herbert and Laura Wright (eds.). *Code-Switching in Early English*, 303–34. Berlin/Boston: De Gruyter Mouton.

Martin, James. 1992. *English Text: System and Structure*. Amsterdam: John Benjamins Publishing.

Matthiessen, Christian. 1995. 'THEME as an Enabling Resource in Ideational 'Knowledge' Construction', in Ghadessy, Mohsen (ed.). *Thematic Development in English Texts*, 20–54. London: Printer.

Michael, Ian. 1970. *English Grammatical Categories and the Tradition to 1800*. Cambridge: Cambridge University Press.

Moore, Colette. 2011. *Quoting Speech in Early English*. Cambridge: Cambridge University Press.

Moore, Natalie. 2016. 'What's the Point? The Role of Punctuation in Realising Information Structure in Written English', in *Functional Linguistics*, 3(6), p. 1–23. Springer Publishing.

Nunberg, Geoffrey. 1990. *The Linguistics of Punctuation*. Stanford: CSLI Publications.

Parkes, Malcome. 1978. 'Punctuation, or Pause and Effect', in Murphy, James (ed.). *Medieval Eloquence: Studies in the Theory and Practice of Medieval Rhetoric*, p. 127–142. Berkeley: University of California Press.

—. 1992. *Pause and Effect. An Introduction to the History of Punctuation in the West*. London: Routledge.

—. 1997. 'Punctuation in Copies of Nicholas Love's Mirror of the Blessed Life of Jesus Christ', in Oguro, Shoichi, Beadle, Richard and Michael Sargent (eds.). *Nicholas Love at Waseda - Proceedings of the International Conference, 20–22 July, 1995*, p. 47–60. Suffolk: Boydell & Brewer.

—. 2012 . 'Medieval Punctuation and the Modern Editor', in Parkes, Malcom, Robinson, P.R. and Rivkah Zim (eds.). *Pages from the Past: Medieval Writing Skills and Manuscript Books*, p. 337–349. London/New York: Routledge. [Originally Published in Filologia Classica e Filologia Romanza: Esperienze Ecdotiche a Confronto, Atti Del Convegno, Roma, 25–27 Maggio 1995, ed. Anna Ferrari (Incontri Di Studio 2). Spoleto: Centro Italiano Di Studi Sull' Alto Medioevo. 1999.]

Partridge, Stephen. 2011. 'Decorating the Page', in Gillespie, Alexandra and Daniel Wakelin (eds.). *The Production of Books in England 1350-1500*, p. 79–103. Cambridge: Cambridge University Press.

Peel, Christine. (ed., transl.). 2009. *Guta lag: The Law of the Gotlanders*. University College London.

Petti, Anthony. 1977. *English Literary Hands from Chaucer to Dryden*. Cambridge/Mass.: Harvard University Press.

Primus, Beatrice. 2007. 'The Typological and Historical Variation of Punctuation Systems', *Written Language & Literacy*, 10(2), p. 103–128. Amsterdam: John Benjamins.

Pynte, Joël and Alan Kennedy. 2007. 'The Influence of Punctuation and Word Class on Distributed Processing in Normal Reading', *Vision Research*, 47, p. 1215–1277.

Rayner, Keith. 1998. 'Eye Movements in Reading and Information Processing: 20 Years of Research', *Psychological Bulletin*, 124(3), p. 372–422.

Rayner, Keith, Kambe, Gretchen and Susan Duffy. 2000. 'The Effects of Clause Wrap-up on Eye Movements during Reading', *The Quarterly Journal of Experimental Psychology*, 53A(4), p. 1061–1080.

Reimer, Stephen. 1998. *Manuscript Studies: Paleography and Punctuation*. http://ualberta. ca/~sreimer/ms-course/course/punc.htm. (01.06.2021).

Rodriguez-Álvarez, Alicia. 1998. 'The Role of Punctuation in 15th Century Vernacular Deeds', *Folia Linguistica Historica*, 19 (1–2), p. 27–51. Berlin: De Gruyter Mouton.

Ronberg, Gert. 1995. 'They Had Their Points Punctuation and Interpretation in English Renaissance Literature', in Jucker, Andreas (ed.). *Historical Pragmatics. Pragmatic Developments in the History of English*, p. 55–64. Amsterdam: John Benjamins Publishing.

Salles-Bernal, Soluna. 2016. 'Punctuation Patterns in a 17th-century Medical Manuscript: A Corpus-Based Study of G.U.L. MS 303, Treatise on the Diseases of Women', *Nordic Journal of English Studies*, 15(4), p. 78–106.

Schneider, Karin. 1999. *Paläographie und Handschriftenkunde für Germanisten: eine Einführung*. Berlin: De Gruyter Mouton.

Schou, Karsten. 2007. 'The Syntactic Status of English Punctuation', *English Studies*, 88(2), p. 195–216..

Simmler, Franz. 2003. 'Geschichte der Interpunktionssysteme im Deutschen', in Besch, Werner, Betten, Anne et. al (eds.). Sprachgeschichte. Ein Handbuch zur Geschichte der deutschen Sprache und ihrer Erforschung, 2., rev. ed., 3. Bd., p. 2472–2504. Berlin: DeGruyter Mouton.

Smedick, Lois. 1979. 'Parallelism and Pointing in Rolle's Rhythmical Style', *Medieval Studies*, 41, p. 404–467.

Smith, Jeremy and Christian Kay. 2011. 'The Pragmatics of Punctuation in Older Scots', in Pahta, Päivi and Andreas Jucker (eds.). *Communicating Early English Manuscripts*, p. 212–225. Cambridge: Cambridge University Press.

Svenbro, Jesper. 1993. *Phrasikleia: An Anthropology of Reading in Ancient Greece*. Ithaca/London: Cornell University Press.

Tiemann, Juliane. (forthcoming). 'The Object Position in Old Norwegian: An Interplay between Syntax, Prosody and Information Structure', in Catasso, Nicholas, Coniglio, Marco and Chiara de Bastiani (eds.). *Language Change at the Interface*. Amsterdam: John Benjamins Publisher. 28 pages.

Traugott, Elizabeth. 2004. 'Historical Pragmatics', in Horn, Laurence and Gregory Ward (eds.). *The Handbook of Pragmatics*, 538–561. Hoboken: Blackwell Publishing.

Wichmann, Anne, Dehé, Nicole and Dagmar Barth-Weingarten. 2009. 'Where Prosody meets Pragmatics: Research at the Interface', in Wichmann, Anne, Dehé, Nicole and Dagmar Barth-Weingarten (eds.). *Where Prosody meets Pragmatics*. (Studies in Pragmatics; 8), p. 1–20. Emerald Publisher.

Wright, Kenneth. 1966. *Punctuation in the Beneventan Script: A Linguistic Study*. Doctoral thesis, University of Pennsylvania.

Zeeman, Elizabeth. 1956. 'Punctuation in an Early Manuscript of Love's Mirror', *Review of English Studies*, 7, p. 1–18.

Manuscripts (facsimiles)

Konungs skuggsjá (AM 243bα fol.):
https://handrit.is/en/manuscript/imaging/da/AM02-0243-b-alpha#page/Acc+Mat+1v+(2+of+145)/mode/2up (28.05.2021).

Landslov (Holm Perg 34 4to):
https://archive.org/details/urn-nbn-se-kb-digark-4916740/page/n41/mode/2up (28.05.2021).

Gutalagen (Holm B64):
https://archive.org/details/urn-nbn-se-kb-digark-4771075/mode/2up (28.05.2021).

Äldre Västgötalagen (Holm B59): Lizens CC BY 4.0 (Pictures: Public Domain)
https://www.manuscripta.se/ms/100298 (28.05.2021).

6. THE MEANINGS OF MIDDLE DANISH *MUGHE* 'CAN, MAY, MUST'

SUNE GREGERSEN
Institut for Nordiske Studier og Sprogvidenskab, Københavns Universitet, Danmark

Contact
Post Institut for Nordiske Studier og Sprogvidenskab, Københavns Universitet, Emil Holms Kanal 2, 2300 København S, Bygning 22, Danmark
E-mail s.gregersen@hum.ku.dk
ORCID 0000-0002-3387-4340

Keywords: dynamic modality, possibility, necessity, semantic change, Middle Danish

Resumé: Middeldansk *mughe* »kunne, måtte« og dets betydninger
Artiklen undersøger modalverbet *mughe*s betydning i fire middeldanske tekster fra begyndelsen af det 16. århundrede. Der argumenteres for at nødvendighedsbetydningen, som stadig findes i moderne dansk *måtte*, er opstået i tvetydige kontekster hvor både mulighed og nødvendighed er mulige læsninger. Desuden foreslås det at *mughe* i yngre middeldansk også er belagt med betydningen »forventning«, og at denne kan have spillet en rolle i nødvendighedsbetydningens udvikling.

1. Background

This paper investigates the meanings of the modal verb *mughe* in late Middle Danish. In early Middle Danish the verb *mughe* expressed possibility and permission ('can, may'), but towards the end of the Middle Danish period it began to be used to express necessity as well ('must, have to'), a meaning which survives in its Present-Day Danish descendant *måtte*. While similar changes have been documented in the modal systems of other languages – including earlier English and German – the precise steps by which such a change may happen are contested. In this paper, I attempt to identify the contexts where the change to necessity meaning happened in late Middle Danish, using a small corpus of texts from the early sixteenth century.[1]

---

[1] This contribution was written in connection with my PhD work (Gregersen 2020b); an earlier paper based on the same corpus analysis appeared as Gregersen (2019). I am most grateful to my supervisor Olga Fischer for her advice and support and to audiences in Cologne (SØF) and Amsterdam (Oudgermanistendag) for their questions and remarks. I also thank the anonymous reviewer for pertinent suggestions. The usual disclaimers apply.

The development from possibility to necessity meaning has been much discussed in the literature on the history of the English and German modal verbs. While it is well known that the Old English (*c.* 800–1050) modal *mot* can usually be translated 'can' or 'may', as in (1), it is debated whether the meaning 'must' is also attested in the extant Old English texts and how exactly the semantics of *mot* should be characterised (see Yanovich 2016 for a recent proposal and further references).[2]

(1) *Of ælcum treowe ðises orcerdes ðu **most** etan.*
    of each.DAT tree.DAT this.GEN garden.GEN you MOT.2SG eat.INF
    'Of every tree in this garden you may eat.' (*c.*1050, Gen 2.16; DOE Corpus)

From early Middle English onwards, however, necessity instances are securely attested, i.e. with *mot* meaning 'must' or 'have to'. An early example cited by the *OED*, from a thirteenth-century chronicle, is given in (2). Here, a necessity reading seems like the only option, as *mot* co-occurs with the adverb *nede* 'necessarily'.

(2) *Ah heo **mot** nede beien/ þe mon þe ibunden bið*
    but he MOT.3SG necessarily yield.INF DEF man REL bound COP.3SG
    'But the man who is bound necessarily has to yield.' (*c.*1275, Laȝamon *Brut* (Calig.) 1051; *OED*, s.v. *mote* v.[1])

A similar meaning change has been observed in the Old High German cognate *muoz*. In both cases, the reasons for the change are contested. Some, such as Goossens (1987) for English and Bech (1951) for German, have suggested a semantic reinterpretation in negated contexts, while Traugott and Dasher (2002: 123–7) suggest a pragmatic motivation for the English development.[3] In the literature on German, yet another theory has been put forward, namely that the necessity meaning developed in affirmative contexts where an open possibility is in fact the only possible course of action (e.g. Paul 1992 [1897]; Fritz 1997: 89–94).

---

2   The following abbreviations are used in the glosses: ACC = accusative; AUX = auxiliary; COP = copula; DAT = dative; DEF = definite; DEM = demonstrative; GEN = genitive; INDF = indefinite; INF = infinitive; PL = plural; POSS = possessive; PRS = present; PST = past; REFL = reflexive; REL = relativizer; SG = singular. Expanded abbreviations in the italicised examples are put in roman type. Textual emendations are indicated with square brackets.

3   Specifically, that the necessity meaning arose in contexts with 'invited inferences of obligation' (Traugott and Dasher 2002: 126) where the possibility modal was used 'euphemistically' where the speaker actually meant 'must'. A similar explanation of the German development was also proposed in a short Festschrift contribution by Bréal (1903).

A contributing factor to the disagreement about the development from possibility to necessity is the scarcity of data. Few vernacular documents survive from the early Middle English and early Middle High German periods when the changes appear to have happened, and hence the proposed explanations remain speculative. In contrast, the parallel development in Middle Danish *mughe* investigated in this paper happened several centuries later, in a period with a better *Quellenlage*, around the beginning of the early modern period. Although one has to grant that the Danish and the English and German modals may have followed different semantic pathways, findings from one language may help shed light on the possible developments in another.[4] In addition to this comparative objective, the paper aims to contribute to the description of Middle Danish. In the following section, I provide a brief sketch of the modal verb *mughe* in early Middle Danish and its later development as reported in the literature. Section 3 introduces my late Middle Danish material along with the search method and semantic classification used. Section 4 presents the findings, and section 5 concludes.

2. The meaning of *mughe* in early Middle Danish

The early Middle Danish modal verb *mughe* (3SG.PRS *ma*) differed from its modern descendant *måtte* in a number of ways, most importantly its meaning. While Present-Day Danish *måtte* is used to express permission and necessity, the necessity meaning is not found in the early Middle Danish sources.[5] In his grammar of the Scanian Law in MS Holm B 74, Bjerrum (1966: 53) finds that *mughe* is used to express possibility (*mulighed*) and permission (*tilladelse*), while necessity and obligation are both expressed by the ancestor of modern *skulle* (see also Hansen and Heltoft 2019: 785–6; Heltoft and Nielsen 2019). This state of affairs seems to hold in the other early Middle Danish text witnesses as well. In (3), from King Eric's Zealandic Law (AM 455 12°), *mughe* is used to express both possibility and permission. (4), from a (fragmentary) verse retelling of the Gospel of Nicodemus, contains an example of the possibility meaning in the past tense.

---

4   Note that while Old English *mot* (the ancestor of *must*) and Old High German *muoz* (the ancestor of Present-Day German *müssen*) are cognates, Middle Danish *mughe* is a different etymon. Its cognates are English *may* and German *mögen*. See Kroonen (2013, s.vv. *mōtan-, *mugan-) for details.

5   It is a contested issue exactly how many separate meanings should be distinguished for Present-Day Danish *måtte* and how these relate to each other conceptually. The precise analysis of the Present-Day Danish situation need not concern us here; I refer instead to the treatments by Jensen (1987), Brandt (1999, 2002), Boye (2001), and Hansen and Heltoft (2019: 765–819).

(3) *oc trøstær han sich til thær ofnæ at han **ma** utæn kunæ wæræ. tha*
    and trusts he   REFL to there upon that he MA without wife be   then

   ***ma** han hennæ ut af   garthæ sc[iu]tæ i særki enæ oc mættæl*
     MA   he her   out of   property expel   in smock only and mantle
   'And if he is confident after this that he can [= 'is able to'] live without a wife, then he may [= 'is allowed to'] expel her from the house in nothing but her smock and mantle' (*c.*1300, ErL 2,2; also quoted by Bjerrum 1967: 35)

(4) *Thre dagha letto the æfter thæn hælghe man. Oc **mato** the ængha*
    three days looked they for DEF holy   man and MA.PST they no

   lund hitta han.
   way find him.ACC
   'For three days they searched for the holy man and were not able to find him in any way' (*c.*1325, ChrOpst. 19–20)

A contemporary Danish paraphrase of (3) would use *måtte* only for the second instance of *mughe*, i.e. for the permission sense. For the possibility meaning, i.e. the first instance in (3) as well as the one in (4), a form of *kunne* 'can' would be used. In contrast, for many speakers of English *can* is possible in all these cases, although the prescriptive tradition favours *may* for the permission sense (see Quirk et al. 1985: 221–3). Present-Day English *can* and early Middle Danish *mughe* thus exhibit a similar polysemy. Table 1, based on the figures in Hansen and Heltoft (2019: 783–4) and Obe (2011, 2013), presents the early Middle Danish situation in schematic form.

Table 1: Modals in early Middle Danish

possibility *mughe*	permission *mughe*
necessity *scule*	obligation *scule*

The Middle Danish modal verbs have most recently been investigated by Obe (2011, 2013), who analyses the use of *kunne*, *mughe*, and *scule* in three fifteenth-century texts.[6] In the one assumed to be the most linguistically conservative, *Lu-*

---

6 Heltoft and Nielsen's (2019) overview of the history of the modal verbs appeared shortly after I finished the first draft of this paper. I have included references to it in the following where relevant.

cidarius (AM 76 8°), *mughe* does not occur with necessity meaning. In the other two, *Sjælens Trøst* (Holm A 109) and *Karl Magnus' Krønike* (Holm Vu 82), this meaning does occur, though only very infrequently in the former. In the latter, on the other hand, 17 out of 77 occurrences of *mughe* are analysed as expressing necessity, as in the example in (5). I take this to represent the same meaning category as in present-day examples like (6).

(5) *wdger worde   seg   ma*n*nelege ok   slogh   xx   i_hæll aff   them   tha   war*
    Ogier defended REFL valiantly   and struck 20 dead   of   them then was

    *ha*n *so   trøtther   at   ha*n **motthæ** *giffue   segh   fangen*
    he   so   tired   that   he   MA.PST   give   REFL   caught
    'Ogier defended himself valiantly and killed twenty of them; then he was so tired that he had to surrender' (1480, KMagnus 50; quoted by Obe 2013: 151)

(6) *Mit   fly   var   aflyst,   så   jeg   **måtte**   vente   til   kl.   18.35.*
    my   flight was cancelled   so   I   MÅ.PST   wait   until   clock   6.35.
    'My flight was cancelled, so I had to wait until 6.35 p.m.' (1998, KorpusDK)

Obe finds a few examples of *mughe* which appear to be ambiguous between a possibility and a necessity reading, and suggests that the necessity meaning may have developed in such contexts (Obe 2013: 111–12, 195–6). This explanation is similar to the one proposed for German by Paul (1992 [1897]) and Fritz (1997), cf. Section 1 above. More recently, Heltoft and Nielsen (2019) have argued the same point.

Table 2: Modals in KMagnus (based on Obe 2013: 178)

possibility	permission
kunne / mughe	*mughe*
necessity	obligation
mughe / scule	*scule*

Table 2 gives a simplified overview of the modal system in *Karl Magnus' Krønike* as analysed by Obe (2013). As the table shows, *mughe* in this text can express both possibility (along with *kunne*), permission, and necessity (along with *scule*). Concerning the choice between *mughe* and *scule*, Obe (2013: 190–2) notes that these two modal verbs are distributed differently across clause types, but that the material is too limited to warrant any definite conclusions.

In this paper, I supplement Obe's findings on fifteenth-century *mughe* with an analysis of the verb as it appears in texts from the early sixteenth century, i.e. from the very end of the Middle Danish period.[7] This material was chosen for two reasons. Firstly, as the necessity meaning of *mughe* is relatively rare in Obe's corpus but eventually became established in Modern Danish, one might expect it to be more frequent in texts from a slightly later date than Obe's corpus, and hence that it will be easier to identify the contexts where the change happened. Secondly, after the introduction of printing to Denmark in the late fifteenth century the amount of available material increases, not just in terms of the number of surviving texts, but also in the variety of text types. Although I have limited myself to only four texts in this study, these texts represent different genres and implied audiences and presumably contain a wider range of different uses of *mughe* than a more homogenous corpus. In addition, they may easily be complemented by other sixteenth-century texts in future investigations.

3. Material and method

The four editions used were all published by Det Danske Sprog- og Litteraturselskab (DSL). Three (JPræst, JesuB., and KvUrteg.) are recent editions from the platform tekstnet.dk; the fourth (HelieKr.) is from an older edition made available online on Arkiv for Dansk Litteratur (ADL). The most important information on the four texts, including the abbreviations used in the following, is given in Table 3. For further bibliographical details, I refer to the list of references.

Table 3: Abbreviations and text information

	Title	Date	Edition	Witness	Words
JPræst	*Jon Præst*	*c.*1500	Nielsen 2015	Thott 585,8°	*c.*1,600
JesuB.	*Jesu Barndoms Bog*	1508	Boeck 2015	LN 21 (eks. 1)	*c.*15,000
KvUrteg.	*Kvinders Urtegård*	*c.*1515	Boeck 2017	Thott 245,8°	*c.*17,000
HelieKr.	*Om kranke og fattige Mennesker*	1528	Kristensen 1933	A.12–2	*c.*10,000

Of the four texts, two (KvUrteg. and JPræst) are from manuscripts, the other two (JesuB. and HelieKr.) from early prints. JPræst, JesuB., and KvUrteg. are based on text witnesses from the collections of the Royal Library in Copenhagen. HelieKr. is

---

7   Or, depending on the definition, the very beginning of the Modern Danish period. The boundary between Middle and Modern Danish has been set variously at 1500, 1515, 1525, and 1530 AD (see Jørgensen 2016).

based on the only surviving print, in The Karen Brahe Library in Roskilde, supplemented with a later transcription of four pages missing from the print (see Kristensen 1933: 289–90 for details). Further details on JesuB. may be found in the older edition by Jacobsen and Paulli (1915). An earlier synoptic edition of JPræst by Karker (1978) presents the text along with three other versions (Danish, Swedish, and Latin).

The texts belong to different genres. KvUrteg. is a handbook on childbirth and midwifery, JPræst is a fantastical description of the wonders of the far east, JesuB. is a chapbook containing apocryphal legends, and HelieKr. is a treatise on the treatment of the poor and destitute in sixteenth-century Copenhagen. One text (KvUrteg.) is a fairly close translation of a German original, two (JPræst and JesuB.) are reworkings of earlier translations (going back to Latin and German originals, respectively), and one (HelieKr.) is a Danish original. The last text, however, while being composed in Danish, is also the most rhetorically ornate and probably further from the spoken language at the time than the other three.

The texts were downloaded from adl.dk and the GitHub repository of DSL (github.com/dsldk; DSL 2018). The files were then searched for possible spellings of *mughe* with AntConc (Anthony 2014) and the concordances exported to a spreadsheet.[8] Irrelevant hits – primarily of the adverb *maa ske* 'perhaps' (present-day spelling *måske*) – were removed manually. Before presenting the results in Section 4, I will briefly discuss the classification of modal meanings used for the semantic analysis.

The most important meaning categories have already been introduced implicitly in Section 2, but will be spelt out in more detail here. The semantic classification broadly follows the one used by Byloo and Nuyts (2011: 13–24) in their investigation of Dutch and the one used in the Danish functional tradition (e.g. Bech 1951; Bjerrum 1966; Hansen and Heltoft 2019). Despite some terminological and conceptual differences, these two frameworks are comparable in many respects. A central distinction is the one between – with Bech's terms – *causal* and *autonomous* modal factor. In the causal modal meanings possibility and necessity, the factor making the situation possible or necessary is some circumstance in the world, such as the laws of nature or the abilities and constitution of the subject referent. In the autonomous meanings permission and obligation, the factor is grounded in someone's ('einem sehr oft persönlichen »agens«', Bech 1951: 7) decisions about what should be allowed or required. Hansen and Heltoft (2019) suggest the term 'intentional' for this

---

8   The concordances with my annotations can be downloaded from the project repository (Gregersen 2020a) at https://doi.org/10.21942/uva.12568559.v1. The four editions used are also all available online (see the list of references for hyperlinks).

type instead, which I have used in Table 4. Another important distinction is between the 'weak' meanings possibility and permission, where a situation *may* (but need not) obtain, and the 'strong' meanings necessity and obligation, where something *must* or needs to happen – either because it is a necessity caused by the circumstances or because someone requires it. The four semantic categories defined by these two oppositions are shown in Table 4 along with an English paraphrase.[9]

Table 4: Modal meaning categories

	causal	intentional
'weak'	possibility 'be able to'	permission 'be allowed/permitted to'
'strong'	necessity 'need, have to'	obligation 'be obliged/required to'

In addition to these four 'core' modal categories, a number of other meanings can be distinguished for *mughe/måtte*. One is the optative meaning, also found in present-day examples like (7), where the modal expresses that a given situation is wished or hoped for. This type is often found after subjective particles like *gid* or in complements of predicates expressing wishes or desires (see Jensen 1987: 96–99).

(7) *Gid   du   **må** falde   overbord   og   blive   spist   af   fiskene.*
    I.hope you MÅ fall   overboard and AUX   eaten by fish.PL.DEF
    'I hope you'll fall overboard and get eaten by the fish.' (KorpusDK)

This optative use is marginal in the four Middle Danish texts and will not be discussed further in the paper. More important is a meaning category which I have labelled 'prediction'. This will be exemplified and discussed in the following section.

4. Findings

The four texts contain 103 examples of *mughe* between them. Of these, 95 examples were analysed as shown in Table 5. The remaining eight examples occur in

---

9   Note that the classification used here differs from the one which is more commonly found in the English literature, where *dynamic*, *deontic*, and *epistemic* modal meanings are distinguished (see e.g. Palmer 2001; Traugott and Dasher 2002). In this tradition, dynamic and deontic meanings are usually grouped together as subtypes of 'root' (Palmer 2001: 'event') modality. In the framework adopted here, dynamic and epistemic would be considered subtypes of causal meaning; the 'intentional' categories permission and obligation correspond to deontic modality. For further details on these different traditions, see Gregersen (2020b: Ch. 3) and references there.

idiomatic expressions or other less frequent meaning categories, such as the optative one mentioned above. These are not included in Table 5.[10]

Table 5: Meanings of late Middle Danish *mughe*

	possibility 40	poss./perm. 5	permission 7
prediction/poss./nec. 19	poss./nec. 19		
	necessity 5		obligation 0

As Table 5 shows, *mughe* is not used to express obligation, but the three categories possibility, permission, and necessity are all represented in the four texts. In light of Obe's findings in *Karl Magnus' Krønike* (see Table 2 above), this is what we would expect.

Note that the apparently high frequency of the possibility category in Table 5 is to some extent an artefact of the choice of texts. JPræst contains almost exclusively possibility instances, and the medical advice given in KvUrteg. often takes the form 'she can also do this' as in (8), expressing what is possible for the pregnant woman to do without adverse health effects. Hence, the type is also very frequent in this text.

(8) Ok tis_ligest **mo** hwn ok vel æde vnge hønsse kød vel sodne.
    and likewise MA she also well eat young hen's meat well cooked
    'And likewise, she can also eat well-cooked chicken.' (KvUrteg. 7)

More important than the frequencies of the individual types, however, is the occurrence of examples which do not fit neatly into only one category. There are five examples which allow both a possibility and a permission reading, and 19 examples where both possibility and necessity readings seem appropriate. In some cases, such as (9), there appears to be genuine ambiguity between two meanings. In (9), the choice between the categories 'possibility' and 'necessity' depends on how the following clause *oss scal inth*eth *skade* is understood. If it is meant to provide support for the previous statement *wi mo wade*, a possibility interpretation seems more likely: 'we can wade, because nothing is going to hurt us'. If it is

---

10 Note that the results in Table 5 are also somewhat simplified in that not all cases of ambiguity are distinguished. For instance, I have collapsed the types 'prediction/possibility, 'prediction/necessity', and 'prediction/possibility/necessity' into a single cell. For further details, also on the differences between the individual texts, I refer to Gregersen (2019).

meant as reassurance, a necessity reading is more appropriate: 'we will have to wade, but surely nothing is going to hurt us'. It is, of course, impossible to know for certain whether a late Middle Danish reader or listener experienced the example as ambiguous, but since both readings are possible, I have decided to classify it as such.

(9) *Tha sagdhe iomfrw maria thijll iosep huor ko*mm*e wij offuer the*nne
    then said   Virgin Mary to   Joseph how come.PL we across this

*beck. iosep swarede wi **mo** wade oss scal in*th*eth skade*
creek J.   replied   we MA wade us shall nothing hurt
'Then said the Virgin Mary to Joseph, "How are we going to get across this creek?" Joseph replied, "We can [or 'have to'] wade; nothing is going to hurt us.' (JesuB. 13)

In a number of other cases, the opposition between possibility and necessity appears to be neutralised. Here, it is not just the case that both readings are possible, but rather that the choice between them does not seem to make a difference. In (10), for instance, it does not significantly alter the meaning whether one paraphrases with 'may' or 'needs to, should'; the point is that a feeble, dry, and thin woman has due cause to worry about giving birth prematurely.

(10) *en   qwy*nn*e, som megit vansmectigh er ok toor ok mager, hwn **mo***
     INDF woman REL very feeble   is and dry and thin   she MA

ok rædis for vtidigt barn
also worry about premature child
'a woman who is very feeble, dry, and thin may [or 'has reason to', or 'needs to'] worry about premature birth as well' (KvUrteg. 10)

Perhaps somewhat surprisingly, a sizable number of examples allow a reading which I have termed 'prediction', alongside possibility or necessity (or both of these). In such cases, the situation is presented as an expectation or prediction about the future rather than an open possibility or an absolute certainty. For instance, (11) was analysed as ambiguous between possibility and prediction, as indicated by the English translation:

(11) *Hoo so*m *drycker aff   then keldæ en   dryck faste*nnæ/ *tha   fangher ha*n
    who REL   drinks   from   DEM spring INDF drink fasting   then catches he

*enghe*n *sot/   Och* **maa** *ha*n *leffuæ soo wngh   so*m *ha*n *wor*e   *men*
no   disease and MA   he   live   as young as   he   were.SBJV only

xxx aar   gamel
30 years old

'Whoever drinks of this spring while fasting will be afflicted with no disease and may [or 'will'] live on without ageing as if he were only 30 years old' (JPræst 3)

In (12), I think all three readings are possible. The speakers addressing the young Jesus in this passage clearly think that he is going to get himself killed by socialising with grown lions, but this prediction could also be understood as a more or less certain possibility ('you may get in great trouble' or 'you are certainly going to get in great trouble', etc.).

(12) *Jhesus sig oss* th*eth hwor* th*eth kommer til at   thu kan*t   *gange i_bla*nt
    J.   say us it   how   it   comes to that you can.2SG walk among

*the willæ løwer thu æst   so lide*n *oc   so vng   thu* **mot**
DEM wild lions you COP.2SG so small and so young you MA.2SG

komme ther medt i   stor møde   oc tage ther aff thin døt
come there with in great trouble og take there of your death

'Jesus, tell us how it is possible that you can walk among the wild lions – you are so small and so young, you may [or 'are going to'] get in great trouble in this way and get yourself killed' (JesuB. 17)

A few of these 'prediction' examples are even more difficult to fit under the 'possibility' or 'necessity' label. The most straightforward case of a prediction meaning is given in (13), from a section in KvUrteg. on how the umbilical cord may be used to predict the number of children a woman will get. Note that the corresponding passage in the German original (14) has a periphrastic future with *werden* rather than a modal verb.

(13) *Er th*et *so, at ther er ingen knwder poo, tha fonger hwn aldri*
   COP it   so that there COP no   knots   on then gets she never

   flere børn,   men er ther fult knuder po, tha **mo** *hwn fonge it*
   more children but COP there full knots on then MA she get   INDF

   barn for hwor knwde
   child for every knot
   'Is it so that there are no knots on it [the umbilical cord], then she will get no more children, but are there knots on it, then she will get a child for every knot.' (KvUrteg. 17)

(14) *Siend   aber   rüntzlin od*er *knŏpff dar   an/ so* **würt** *sie nach*
    COP.3PL however folds   or knots there on then will she after

    *de*mselben *kind so vil   kinder mache*n *so vil   der nabel ru*ntzlen
    the.same child as many children make as many DEF navel folds

    *od*er *knŏpff hat.*
    or knots has
    'But are there folds or knots on it, then she will bear as many children after this one as the navel has folds or knots.' (Rößlin 1910 [1513]: 74)

Note that none of the examples in (9)–(13) is negated. Of the 95 examples analysed in this study, only 14 contain a negation, none of which allows a necessity reading. Examples with a negation all express either (lack of) possibility or permission, as in (15).

(15) *Thet wrag   som haffuer sijn   rette   eijermandt till stede* […]
    DEM wreckage REL has   REFL.POSS proper owner   at place

    maa *inghen mandt i   werdhen   optaghe*
    ma   no   man in world.DEF take.away
    'Any wreckage whose rightful owner is present … no person is allowed to take for himself' (HelieKr. 18–19)

The use of *mughe* in the four texts thus appears to support the suggestion by Obe (2013) and Heltoft and Nielsen (2019) that the necessity meaning of *mughe* developed in affirmative contexts where both a possibility and a necessity reading are possible. Neither the notion of obligation or negation appears to have played a role in this development.

5. Conclusion

This contribution has investigated the meanings of *mughe* in four texts from the very end of the Middle Danish period (early sixteenth century). In addition to the meanings 'possibility' and 'permission', which were also found in early Middle Danish, *mughe* occurs with necessity meaning in the sixteenth-century texts. I have argued that a significant number of instances in affirmative clauses allow both a possibility and a necessity reading, and that this is likely to be the context where the necessity meaning developed.

In addition, I have suggested that late Middle Danish *mughe* also had a use which I have labelled 'prediction'. As discussed in Section 4, there are a number of examples in the corpus where a prediction reading is possible alongside, or even preferable to, a possibility or necessity reading. I leave it open for future investigations what role, if any, this prediction use played in the semantic change. In Table 6, I have indicated the change from possibility to necessity with dashed lines to show that it may either have happened directly in ambiguous contexts or via the prediction meaning. The three meanings current in Present-Day Danish *måtte* are indicated in boldface.

Table 6: Development of necessity *mughe*

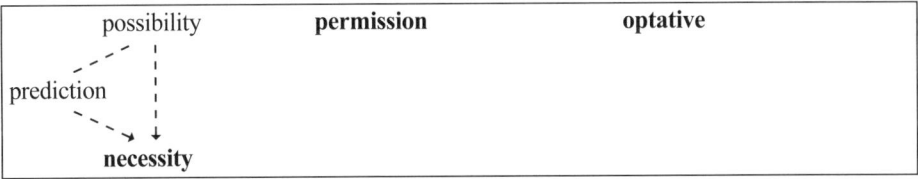

Of the three theories about the development of necessity meaning mentioned in Section 1 – negation (Bech 1951; Goossens 1987), pragmatic inference (Traugott and Dasher 2002), and 'open possibility' (Paul 1992 [1897]; Fritz 1997) – the third would thus appear to be preferable to the other two, at least in the case of Middle Danish *mughe*. It is of course not certain that Old English *mot* and Old High German *muoz* followed exactly the same semantic pathway as *mughe*, but perhaps the late Middle Danish material may help us reconsider earlier assumptions, for instance about the example repeated here as (2'):

(2') *Ah   heo **mot**   nede   beien/   þe   mon þe   ibunden bið*
     but he   MOT.3SG necessarily yield.INF DEF man REL bound   COP.3SG
     'But the man who is bound necessarily has to yield'
     or: 'But the man who is bound is necessarily going to yield' (?)

This was quoted in Section 1 as an apparently straightforward instance of early Middle English *mot* expressing necessity, rendered as 'has to' in the translation. In (2') I have suggested that another interpretation may be possible as well, with *mot* expressing prediction rather than necessity. Whether a prediction interpretation is appropriate for this and other early Middle English examples will have to remain a topic for future investigations.

Finally, I note that while this contribution has focused exclusively on earlier Danish material, it would certainly be worthwhile to consider the development of *mughe* in light of the other Scandinavian languages. In particular, the history and functions of the 'acquisitive' (van der Auwera et al. 2009) modal verb *få* in Norwegian and Swedish would be interesting to compare with *mughe*, for this verb is also found with both prediction, permission, and necessity uses (see Teleman et al. 1999, IV: 294–7; Askedal 2012: 1307–9). I intend to look into this in future work.

REFERENCES

Text editions

ChrOpst. = Johannes Brøndum-Nielsen (ed.). 1955. *Et gammeldansk Digt om Christi Genopstandelse efter Fragment Stockh. *A 115*. Det Kongelige Danske Videnskabernes Selskab, Historisk-filologiske Meddelelser, 35, 1 (Copenhagen: Munksgaard).

ErL = *Eriks Lov (AM 455, 12mo)* (Copenhagen: Det Danske Sprog- og Litteraturselskab). https://tekstnet.dk/eriks-lov/1 (27.05.2021).

HelieKr. = Poul Helgesen [Helie]. 1933 [1528]. 'Om kranke og fattige Mennesker', in Marius Kristensen (ed.). *Skrifter af Paulus Helie* (Copenhagen: Det Danske Sprog- og Litteraturselskab), III, p. 1–37. http://adl.dk/solr_documents/helgesen03 (27.05.2021).

Jacobsen, Jacob Peter and Richard Paulli (eds.). 1915. *Danske Folkebøger fra 16. og 17. Århundrede*, I: *Apokryfe Bibelhistorier* (Copenhagen: Gyldendal).

JPræst = Marita Akhøj Nielsen (ed.). 2015. *Jon Præst* (Copenhagen: Det Danske Sprog- og Litteraturselskab). https://tekstnet.dk/jon-praest-thott/1 (27.05.2021).

JesuB. = Simon Skovgaard Boeck (ed.). 2015. *Jesu Barndoms Bog* (Copenhagen: Det Danske Sprog- og Litteraturselskab). https://tekstnet.dk/jesu-barndomsbog/1 (27.05.2021).

Karker, Allan (ed.). 1978. *Jon Præst: Presbyter Johannes' brev til Emanuel Komnenos, synoptisk udgivet på latin, dansk og svensk* (Copenhagen: Det Danske Sprog- og Litteraturselskab).

KMagnus = Poul Lindegård Hjorth (ed.). 1960. *Karl Magnus' Krønike* (Copenhagen: Schultz).

KvUrteg. = Frederik Hasager, Simon Skovgaard Boeck and Caroline H.V. Boolsen (eds.). 2017. *Kvinders Urtegård* (Copenhagen: Det Danske Sprog- og Litteraturselskab). https://tekstnet.dk/kvinders-urtegaard/1 (27.05.2021).

Rößlin, Eucharius. 1513 [1910]. *Der Swangern frawen vnd hebamme[n] roszgarte[n]* (Strasbourg). Facsimile published by Carl Kuhn, Munich.

Secondary literature

Askedal, John Ole. 2012. 'Norwegian *få* "get": A Survey of Its Uses in Present-day Riksmål/Bokmål', *Linguistics*, 50 (6), p. 1289–1331. https://doi.org/10.1515/ling-2012-0041 (01.06.2021).

Bech, Gunnar. 1951. *Grundzüge der semantischen Entwicklungsgeschichte der hochdeutschen Modalverba*. Det Kongelige Danske Videnskabernes Selskab, Historisk-filologiske Meddelelser, 32 (6) (Copenhagen: Munksgaard).

Bjerrum, Anders. 1966. *Grammatik over Skånske Lov efter B74* (Copenhagen: Gyldendal).

—. 1967. *Grammatik over De sjællandske Love efter AM 455 12°* (Copenhagen: Gyldendal).

Boye, Kasper. 2001. 'The Force-dynamic Core Meaning of Danish Modal Verbs', *Acta Linguistica Hafniensia*, 33 (1), p. 19–66. https://doi.org/10.1080/03740463.2001.10412194 (27.05.2021).

Brandt, Søren. 1999. *Modal Verbs in Danish*. Travaux du Cercle linguistique de Copenhague, 30 (Copenhagen: Reitzel).

—. 2002. 'Modal Verb Meanings in Danish', *Acta Linguistica Hafniensia*, 34 (1), p. 165–181. (Copenhagen: Reitzel).

Bréal, M. 1903. 'Un changement de signification: le verbe allemand *müssen*', in *Album – Kern: Opstellen geschreven ter eere van Dr. H. Kern* (Leiden: Brill), p. 27–28.

Byloo, Pieter and Jan Nuyts. 2011. 'The Diachrony of Dutch *mogen*', *Antwerp Papers in Linguistics*, 113.

Fritz, Gerd. 1997. 'Historische Semantik der Modalverben: Problemskizze – exemplarische Analysen – Forschungsüberblick', in Gerd Fritz and Thomas Gloning (eds.). *Untersuchungen zur semantischen Entwicklungsgeschichte der Modalverben im Deutschen*. Reihe Germanistische Linguistik, 187 (Tübingen: Niemeyer), p. 1–158.

Goossens, Louis. 1987. 'Modal Tracks: The Case of *magan* and *motan*', in Anne-Marie Simon-Vandenbergen (ed.). *Studies in Honour of René Derolez* (Gent: Vitgeuer), p. 216–236.

Gregersen, Sune. 2019. 'From "may" to "must" in Late Medieval Danish', *Linguistics in Amsterdam*, 12 (1), p. 1–28. http://linguisticsinamsterdam.nl/home?issue=121 (27.05.2021).

—. 2020a. *Corpus Data for Early English Modals* (Dataset, University of Amsterdam). https://doi.org/10.21942/uva.12568559.v1 (27.05.2021).

—. 2020b. *Early English Modals: Form, Function, and Analogy* (PhD Dissertation, University of Amsterdam). https://pure.uva.nl/ws/files/51201251/Thesis.pdf (27.05.2021).

Hansen, Erik and Lars Heltoft. 2019 [2011]. *Grammatik over det Danske Sprog*, 2nd ed. 3 vols. (Copenhagen: Det Danske Sprog- og Litteraturselskab).

Heltoft, Lars and Marita Akhøj Nielsen. 2019. 'Modalverbernes udvikling', online appendix to Ebba Hjorth et al. (eds.). *Dansk Sproghistorie 3: Bøjning og bygning* (Aarhus: Aarhus Universitetsforlag). https://www.danksproghistorie.dk/74/ (27.05.2021).

Jensen, Helle Østkjær. 1987. *Eine kontrastive Analyse der dänischen Modalverben* BEHØVE *und* MÅTTE *und ihrer deutschen Äquivalente* BRAUCHEN, DÜRFEN, MÖGEN *und* MÜSSEN. Odense University Studies in Linguistics, 6 (Odense: Odense University Press).

Jørgensen, Bent. 2016. 'Sproghistoriske perioder', in Ebba Hjorth et al. (eds.). *Dansk Sproghistorie 1: Dansk tager form* (Aarhus: Aarhus Universitetsforlag), p. 79–83.

Kroonen, Guus. 2013. *Etymological Dictionary of Proto-Germanic*. Leiden Indo-European Etymological Dictionary Series, 2 (Leiden: Brill).

Obe, Rie. 2011. 'Modalverbernes semantiske system i gammeldansk', *Ny forskning i grammatik*, 18, p. 249–266. https://doi.org/10.7146/nfg.v19i18 (27.05.2021).

—. 2013. *Modalverbernes semantiske system i gammeldansk* (PhD Dissertation, Roskilde University).

Palmer, Frank R. 2001. *Mood and Modality*, 2nd ed. Cambridge Textbooks in Linguistics (Cambridge: Cambridge University Press).

Paul, Herman. 1992 [1897]. *Deutsches Wörterbuch*, 9th ed. (Tübingen: Niemeyer).

Quirk, Randolph, Sidney Greenbaum, Geoffrey Leech and Jan Svartvik. 1985. *A Comprehensive Grammar of the English Language* (Harlow: Longman).

Teleman, Ulf, Staffan Hellberg and Erik Andersson. 1999. *Svenska Akademiens grammatik*. 4 vols. (Stockholm: Svenska Akademien). https://svenska.se/SAG.pdf (27.05.2021).

Traugott, Elizabeth Closs and Richard B. Dasher. 2002. *Regularity in Semantic Change*. Cambridge Studies in Linguistics, 97 (Cambridge: Cambridge University Press).

van der Auwera, Johan, Petar Kehayov and Alice Vittrant. 2009. 'Acquisitive Modals', in Lotte Hogeweg, Helen de Hoop and Andrej Malchukov (eds.). *Cross-linguistic Semantics of Tense, Aspect and Modality*. Linguistik Aktuell/Linguistics Today, 148 (Amsterdam: John Benjamins), p. 271–302.

Yanovich, Igor. 2016. 'Old English **motan*, Variable-force Modality, and the Presupposition of Inevitable Actualization', *Language*, 92 (3), p. 489–521. https://doi.org/10.1353/lan.2016.0045 (27.05.2021).

Digital resources

Anthony, Laurence. 2014. AntConc 3.4.3m (Faculty of Science and Engineering, Waseda University). https://www.laurenceanthony.net/software/antconc/ (27.05.2021).

DDO = *Den Danske Ordbog* (Copenhagen: Det Danske Sprog- og Litteraturselskab). https://ordnet.dk/ddo/ (27.05.2021).

DOE Corpus = Antonette di Paolo Healey, John Price Wilkin and Xin Xiang (comp.). 2009. *Dictionary of Old English Web Corpus* (Toronto: Dictionary of Old English Project). https://tapor.library.utoronto.ca/doecorpus/ (27.05.2021).

DSL. 2018. GitHub repository of the Society for Danish Language and Literature. https://github.com/dsldk (07.11.2018).

Gammeldansk Ordbog (Copenhagen: Det Danske Sprog- og Litteraturselskab). https://gammeldanskordbog.dk/ (27.05.2021).

KorpusDK (Copenhagen: Det Danske Sprog- og Litteraturselskab). https://ordnet.dk/korpusdk/ (27.05.2021).

OED = *Oxford English Dictionary*, online ed. (Oxford: Oxford University Press). http://www.oed.com/ (27.05.2021).

7. AN INTRODUCTION TO THE SCRIBES AND SCRIPT OF CODEX RUNICUS, AM 28 8VO

PATRICK AARON FARRUGIA
Department of Linguistic, Literary, and Aesthetic Studies, University of Bergen, Norway

Contact

Post   University of Bergen, Department of Linguistic, Literary, and Aesthetic Studies, HF-bygget, Sydnesplassen 7, Postboks 7805, 5020 Bergen, Norway

E-mail   Patrick.Farrugia@uib.no

Keywords

runology, manuscript studies, paleography, scribal identification

Resumé

Håndskriftet AM 28 8vo, kjent som *Codex Runicus*, har fått særlig lite oppmerksomhet i forskningslitteraturen selv om boken er ett av de veldig få håndskriftene vi har som ble skrevet med runer. Denne situasjonen har forandret seg over de siste årene, da forskere begynte å se på denne boken — som like godt kunne ha blitt skrevet med latinske bokstaver istedenfor runer. Denne artikkelen gir en kort oversikt over runeformene og skriverne i håndskriftet og tar utgangspunkt i premissen at disse skriverne vanligvis ikke brukte runer for å skrive bøker. Det utforskes også hvordan noen få skrivere i 1200- eller 1300-tallets Skåne håndterte å skrive en bok med et annet alfabet (eller futhark) enn det de ellers var vant til.

General Remarks about the Manuscript

Codex Runicus, AM 28 8vo, is an East Norse manuscript written in the Scanian dialect, and what makes this codex most noteworthy is the fact that aside from some small sections of notes and marginalia, the entire manuscript has been written in runes. The manuscript contains the *Skånske Lov* as well as lists of kings, and other fragmentary works. Notably among the minor works found in this manuscript is the ballad excerpt, *drømte mig en drøm*, on 100[r], which has not only become a radio jingle, but also represents one of the earliest appearances of musical 'square' notation (a form of medieval notation developed on the continent) in the Nordic world.

With regard to both the runic and linguistic forms that appear in the manuscript, it seems that the manuscript was produced between 1275–1325 by the same

Scanian milieu that produced one of the other rare runic manuscripts, namely SKB A 120, containing the *mariaklage* (Brøndum-Nielsen 1929). The prevailing consensus on *Codex Runicus* is that the text was converted into runes via a Latin-alphabet original, and that at least three scribes were involved in the production of the manuscript, though the vast majority of it is in one hand. According to the description available on handrit.is, the first hand copied 1^r–82^v and 84^r–91^v, the second hand is attributed with 92^r–100^r, while the third hand only wrote leaf 83, the brief *botløst mal* text. The work of the 'third' hand is bookended by work from the 'first' scribe, as the work of the third scribe may have been added to the codex only after the first and second scribes had completed the bulk of the manuscript.[1]

The Scope of this Essay

This essay is not intended as an attempt to reinvent the wheel concerning the uses of runes in manuscripts, but rather as a brief overview of how some scribes of medieval Scania may have handled producing a runic manuscript. I was granted access to the manuscript at the Arnamagnæan Institute in Copenhagen in 2015, and examined various leaves from what appeared to be the various scribal hands; of these tentatively labelled scribes, I examined nine leaves from scribe one, five leaves from scribe two, and the one and only leaf attributed to scribe three.[2] I have deliberately surveyed portions of the manuscript that are proportionate to the size of the section of the manuscript that seems to have been the work of each respective scribe. However, this study does not seek to make any conclusive arguments regarding the number of scribes that may or not have been involved with the production of this manuscript. Rather, during the discussion, some variations in orthography and script will be referenced in order to support a tentative conception of the manuscript as having had three scribes work on the main text. Thus, the references to scribes 'one', 'two' and 'three' are tentative at best.

Given the early state of research on the manuscript,[3] this paper will attempt to provide an introductory overview to the runes and their execution in *Codex Runi-*

---

[1] "Bl. 83r-v (Botløst mal), som sandsynligvis er en senere tilføjelse, er skrevet med en tredje hånd." https://handrit.is/en/manuscript/view/da/AM08-028#side_

[2] Ibid.

[3] Considering some of the novel aspects of *Codex Runicus*, there is a relative lack of scholarship concerning it, though this situation seems to be remedying itself since my original examination of the manuscript in 2015. Recent studies concerning the uses of runes in manuscripts and in the later Middle Ages include: Alessandro Palumbo's *Skriftsystem i förändring – en grafematisk studie av de svenske medeltida runinskrifterna* and Paola Peratello's *Codex Runicus (AM 28 8vo): A Pilot Project for Encoding a Runic Manuscript* (both published in 2020).

cus. Some attention will be paid to the variations in the execution of the characters, or the 'graph types' that appear in the manuscript, and in some cases, some suggestions will be made regarding the potential cause for such variation. The premise of this paper is simply that the scribes of *Codex Runicus* were most likely professional scribes that were not necessarily accustomed to writing runes; at the very least, they would have been more accustomed to scribing texts in Latin letters than in runes. Thus, the primary aim of this paper then, was and is to shed some light on how some medieval Scanian scribes handled writing in runes, when it seems in all likelihood that such a task would have been outside the usual duties of a scribe working at this time and place.

A Need for a Conversion Chart - How Literate in Runes were these Scribes?

Before the first proper leaves of the codex, there is the flyleaf 1a, that displays a correspondence between Latin letters and runes. This chart shows the correspondence between the Latin letters and the runes, as they often appear in the text, though none of the three scribes seem to have followed this chart precisely. From the rune forms that appear in the main text, one can infer that the scribes had some kind of working knowledge of medieval runes, but not necessarily that they used this chart. Judging by the younger appearance of the hand responsible for this chart, its notable state of untidiness, as well as the fact that this is a flyleaf, it seems that it was written by someone that did not work on the main body of the manuscript. One can also note that the runes of the correspondence chart are written out essentially in the order of the Latin alphabet, with the runes transliterated as *a* and *b*, ᛆ and ᛒ, rather than in the order of a futhark, with ᚠ and ᚢ coming first.

The rune forms contained in this manuscript generally correspond to those of the medieval futhark, with many of the forms also being in use since the Viking Age. However, there are also ties to the roughly contemporaneous 'King Valdemar's futhark', in that the runes in this manuscript essentially belong to a basic medieval sixteen rune row with some room for expansion and variation (Axelsdóttir 2020, 232). The futhark of King Valdemar II (1202–1241) was outlined in the Third Grammatical Treatise and was claimed by author Óláfr Þórðarson to have been in use in the court of King Valdemar II of Denmark during Óláf's stay there during 1240–41. While it is not clear how widespread or even legitimate King Valdemar's futhark was, its existence does set a kind of precedent for medieval Danish/Scanian scribes having some knowledge of runes, and it may have influenced or even led to some of the odd rune forms on display in the inaccurate correspondence chart on 1a of *Codex Runicus*.

The correspondence chart on folio 1a of AM 28 8vo, pictured below. Note that none of the three scribes seems to follow this chart precisely; it is possible that this chart was added later to aid in reading the manuscript, and it did not necessarily serve any purpose in the original production of the codex.

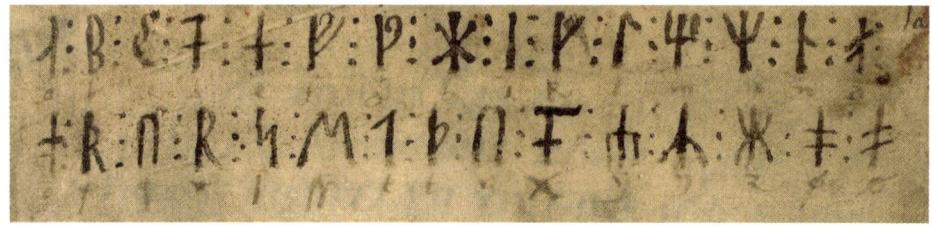

Reformatting Runic Writing for Use in a Manuscript

There are features in each of the three hands that indicate that the manuscript, despite its script, is a product of medieval scribes that would have been accustomed to making manuscripts. Some features would seem out of place in epigraphic runic material. Among these features are: simply decorated and coloured initials at the beginning of new sections of text (perhaps one could call them 'runic lombards'), triangular serifs at the tops and/or bottoms of ascenders, connected feet between adjacent minims/ascenders, and rubrication, which can at times be extensive.

It is open to debate how much the medium itself of these runes, in this case parchment rather than, for example, wood or stone, influenced their style and execution compared to the body of epigraphic material. Erik Moltke has suggested that the letter forms of a particular alphabet are intimately influenced by the material on which they are written or cut (1985: 32). However, it would be somewhat precarious and problematic to extrapolate on this to the point of saying that all of the potential differences between written and carved runes are down to the media on which they appear. Not *all* idiosyncrasies found in the rune forms of *Codex Runicus* can be explained by the fact that they are on parchment rather than stone, as even some runes in the epigraphic material features decorative 'serifs' on the ascenders, despite the apparent impracticality of carving these, and the somewhat superfluous nature of such a feature.

Both the first and third scribe executed the ascenders and descenders with triangular serifs in a minority of cases, and it likely occurred owing to habit or simply the manner in which the pen may have typically fallen on the page. Given the minimal proliferation of this feature in their work, it is possible that the scribes deliberately tried to avoid including this feature in their rune forms, and that it made its way into their work through habits formed while setting the pen to paper when writing in the Roman alphabet. They were possibly aware that this feature was nonnative to the runic script, and avoided including this feature on the ascenders and descenders when they could catch themselves, hence the feature being absent from the majority of rune forms.

Triangular serifs on the ascenders and descenders of 'kunung' on 92ʳ (scribe two):

Additionally, the feet of the second scribe's descenders are often connected, allowing the reader of the manuscript to see how the scribe followed through with their pen strokes. This feature is also reminiscent of scripts of the Latin alphabet, and one would be hard-pressed to find a runic vertical shaft quite like this within the corpus of chiseled or cut runic inscriptions. This feature is especially prominent on 96ʳ and 97ʳ:

96ʳ 'drotning'   97ʳ 'þa var'

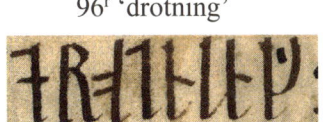   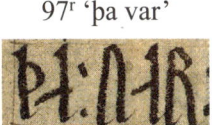

Rubrication is to be found in the work of all three scribes. There is nothing noteworthy *per se* about this feature in the context of a medieval manuscript, though it is still somewhat striking given that the wider runic corpus, that which was carved into stone, bone, and wood, is devoid of rubrication. This feature can be seen in each of the three hands, though a particularly lengthy rubric in the second hand is illustrated below:

97ʳ 'nu nomdis af sveriki'

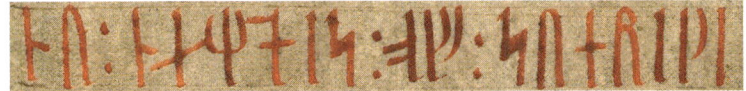

Large, simply decorated initials are to be found throughout the manuscript, generally at the beginning of a new section of some importance. These initials could most accurately be categorised as Lombards or Decorated Initials, despite the working definition of these terms not including runes necessarily. These initials are written in red, blue, black, or green, and feature triangular serifs, simple flourishing, and decorative lines, though not necessarily all of these traits are displayed in every initial. As with the rubrication, there is nothing particularly striking about it *per se*, other than the fact that it is written in runes rather than Latin script.

1ᵛ a lombard **f** ᛕ   91ᵛ a decorated **s** ᚼ initial

On the ᛔ, and ᛕ, runes (denoting /p/)

Both of these rune forms, ᛔ, and ᛕ, are employed by the first and second, but not third,[4] scribe of the manuscript. If the manuscript does indeed date to the beginning of the fourteenth century, this scribal practice is fitting with Terje Spurkland's assertion that these two rune forms were in competition with each other, beginning in the thirteenth century (Spurkland 2005: 151). In the hands of both the first and second scribes, these two rune-forms are used apparently interchangeably. Such a practice in the wider runic corpus has led Terje Spurkland to suggest that it is possible that these two rune forms were allographs of the same grapheme (Spurkland 1994); that is to say that they are two visual representations of a sound that could ultimately be represented by one symbol rather than two in random distribution. He goes on to suggest that modifying a rune form with dots usually implied the voiced variant of a consonant, as was the case with the dotted k-rune generally representing a /g/ sound, and the dotted t-rune generally representing a /d/ sound. This may have led to confusion regarding ᛔ, as the undotted rune already represented a voiced consonant, /b/; this contradiction may have demanded simplification, thus creating the necessary environment for ᛕ.

Scribe one employs both allographs in a seemingly arbitrary distribution, though ᛕ is more common:

      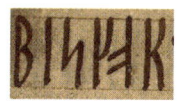
3ʳ   56ʳ   84ʳ

---

4 This may be due to the fact that our sample size for the third scribe is so small; he is responsible for only one leaf in the entire manuscript.

while the third scribe uses ᛒ consistently:
'dræpæ' (83ʳ):

as does the second scribe:
'drap' (94ʳ):

This variation is difficult to explain, not least because it reveals that not only were the scribes using variant rune-forms to spell different words, they were also spelling words differently. As displayed above, the scribes deviate in their spelling of forms of the verb 'drepa', as we find, for example, the variant spellings, 'dreper' and 'dræpæ'. Of course, the possible explanations include that the exemplar itself contained this variation in the Latin alphabet, the scribes themselves were inconsistent in rendering certain Roman characters into the runic alphabet, or the scribes simply varied in their spellings of words in the same way that would have been common when writing in the Latin alphabet.

On the H-rune, ᚼ

While the scribes all consistently use the same Viking Age/medieval form of the h-rune, ᚼ, there is a notable amount of minor variation in their execution of it. The first scribe has an inconsistent point of intersection between the diagonal crossbars of the character, with the vertical shaft. In certain instances in the first scribe's hand, the two diagonal crossbars and the vertical shaft all intersect at the same point, with the vertical shaft essentially bisecting the diagonal crossbars of the character. For example on 1ᵛ:

In other instances, the first scribe's ᛭ has the vertical shaft meeting the diagonal crossbars to the left of their respective point of intersection, or rather toward the left side of the crossbars, as is the case in the word 'hun' on 84ʳ:

This latter form of the character, with the vertical shaft meeting the crossbars to the left of the point at which the crossbars bisect each other, occurs in a minority of cases in the first scribe's hand. It is likely the case that this variation is simply a result of minute differences in execution on the part of the scribe rather than being deliberate or emblematic of something more significant.

The ᛭ characters of the third scribe are somewhat difficult to comment on, insofar as there is such a small sample of their work to analyse. The form of their ᛭ seems to vary in a similar fashion to the first scribe's, as the diagonal cross-beams meet with the vertical shaft at a variable height, and the diagonal cross-beams themselves vary considerably in length. Additionally, in the forms of ᛭ found on both the seventh and ninth line of 83ʳ, the diagonal cross-bars appear to be slightly forked on the respective left-most ends. However, in the thirteenth line, the diagonal crossbar leaning down to the right appears to be almost forked on both ends. The crossbar that leans up to the right is not forked at all.

Two forms of the h-rune from 83ʳ:

On the m-rune, ᛘ
As with the forms of the h-runes, each scribe employs the Viking Age/medieval form of the m-rune, ᛘ, with some notable variations. The first scribe's ᛘ is for the most part quite standard; it seems to be executed with consistency, with each of the vertical curved strokes meeting at about half way down the vertical shaft. The

curved strokes display a crescent-like trajectory, with a consistent tapering toward the vertical shaft, here pictured on 8ʳ:

The third scribe's m-runes display peculiarities that are either less frequent or absent in the work of the other two scribes. Many of their m-runes more closely resemble the trident-like Greek letter Psi (ψ), in that the curved strokes that meet the vertical shaft display both horizontally and vertically curving portions, respectively. More succinctly, these Psi-like ᛘ characters may have been executed with five rather than three strokes in certain cases. Despite the nomenclature, I would not argue that the forms of the m-rune in these instances were directly influenced by the letter Psi, as it is unlikely that Scanian scribes of this period were so familiar with the Greek alphabet that it would have exerted influence over their execution of another script or character set.

See 83ʳ for examples of both rune forms:

The second scribe consistently uses the Psi-like form of the m-rune, similar in both form and execution to the one used inconsistently by the second scribe. While it cannot be directly substantiated, the predilection for closed loops and lobes in the Gothic script, of which the scribe would have almost doubtlessly been familiar with, could very well have seeped into this particular scribe's execution of the runic characters.

An Introduction to the Scribes and Script of Codex Runicus, AM 28 8vo · 135

Two of the second scribe's psi-like m-runes, both with nearly closed lobes, on 94ʳ and 96ʳ, respectively:

Bind-runes/Ligatures

In somewhat of a contrast with the wider and earlier tradition of runic writing, particularly the epigraphic material, the scribes of *Codex Runicus* employ surprisingly few ligatures or 'bind-runes'. In this regard, the third scribe seems to be the most liberal; in my survey, I found only one instance of the first scribe employing a ligature, while the third scribe did not use them at all. This single instance of the first scribe employing a ligature may have in fact been an attempt to cover a mistake, as the word in which it appears does not seem to make complete sense. The word 'þriþiugs' appears at the end of section of text on 91ʳ, with the final two runes bound together. Note that the scribe has chosen to bind a g-rune, ᚵ and an s-rune ᚼ, rather than the alternative of binding ᛚ and ᚵ.

'þriþiung' 91ʳ

In the practice of using ligatures, the second scribe seems to be the most progressive. In the section of the manuscript that they were responsible for, less than a third in size of the section handled by the first scribe, they use several abbreviations many times. They use a bind-rune for the conjunction 'ok', notably several times on 99ᵛ alone. This bind-rune has a single shaft, and has the necessary twigs for both ᚭ and ᚵ, fanning out to the left and right, respectively. The 'ok' bind rune on 99ᵛ:

The second scribe also employs a somewhat odd sequence of bind-runes in their rendering of 'kunung' on 94ᵛ. They use two ligatures of the u-rune, ᚢ, and the n-rune, ᚼ, in immediate succession, each of which is formed by the twig of ᚼ being placed on the descending curved portion of ᚢ.

On the Denotation of Geminate Consonants

All three scribes consistently write out geminate consonants in full. To this end, one could speculate that the traditional shortcuts in runic writing were intrinsically linked to the difficulty of carving into a solid surface, and thus not necessary for a professional scribe writing runes on parchment.

Complementing the conservative use of ligatures, geminate consonants are always written out in full. By extension, it could be said that 'all scribes' of this manuscript generally abide by this practice, regardless of how many scribal hands one might identify. Both of these respective features stand in somewhat of a contrast with some of the more traditional practices and trends found within the corpus of epigraphic runic writing. It is also possible that the scribes were accustomed to writing out geminate consonants in full when using the Latin alphabet, and thus simply transferred this practice over into the production of a runic manuscript. The first scribe writes out geminates in full:

'ællær' (56ʳ) 'annærs' (56ʳ)

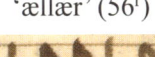
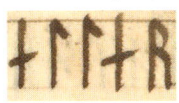 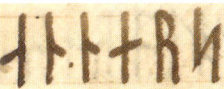

as does the second scribe, in the words 'annars' and 'þiggi', both on 83ʳ

as does the third scribe:

'uffa' (92ʳ) 'skallaþe' (94ᵛ)

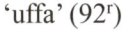

Concluding Remarks

In this paper, I have provided an introductory overview of the script of *Codex Runicus*, AM 28 8vo, and how it seems to have varied based on a tentative and preliminary identification of multiple scribal hands. As stated initially, the basic premise of this investigation is simply that the scribes of this manuscript would have, in all likelihood, been more familiar with Latin script than runes, and to some extent, this would have effected their execution of the script. Reflecting the proliferation of manuscripts containing the Scanian Law, it is highly likely that *Codex Runicus* was adapted from a manuscript written in the Latin alphabet, perhaps even a manuscript that a scribe of *Codex Runicus* also worked on. Thus, as I have demonstrated, the runes of *Codex Runicus*, while mostly adhering to the medieval futhark and having commonalities with epigraphic material, were nonetheless partially shaped by some more general practices of producing codices in the Latin alphabet.

While I have tried to avoid overly adventurous claims regarding this codex, its scribes, and their level of familiarity and comfort with runes, it will undoubtedly be the case that further work on this manuscript will provide a more nuanced and thorough look at this intriguing oddity within the Arnamagnæan collection – seemingly the only manuscript in the collection that may be met with more enthusiasm from tattoo artists than scholars.

REFERENCES

Manuscript
AM 28 8vo

Editions
Brøndum-Nielsen, Johannes and Aage Rohmann. 1929. *Mariaklagen: efter et Runeskrivet Haandskrift-Fragment i Stockholms Kgl. Bibliotek* (Copenhagen: J.H Schultz Forlag).

Secondary Literature
Katrín Axelsdóttir. 2020 'All the King's Runes', *Futhark: International Journal of Runic Studies*, 9–10, p. 231–260.

Moltke, Erik. 1985. *Runes and their Origin: Denmark and Elsewhere*. trans. by Peter G. Foote. (Copenhagen: National Museum of Denmark).

Palumbo, Alessandro. 2020. *Skriftsystem i förändring: en grafematisk och paleografisk studie av de svenska medeltida runinskrifterna* (Uppsala: Institutionen för nordiska språk, Uppsala universitet).

Peratello, Paola. 2020. 'Codex Runicus (AM 28 8vo): A Pilot Project for Encoding a Runic Manuscript', *Umanistica Digitale*, 9, p. 15–169.

Spurkland, Terje. 2005. *Norwegian Runes and Runic Inscriptions*. trans. by Betsy van der Hock (Woodbridge: The Boydell Press).

—. 1994. 'One Grapheme or Two?', *Proceedings of the Third International Symposium on Runes and Runic Inscriptions, Grindaheim, Norway*, ed. by James E. Knirk (Uppsala: Institut för Nordiska Språk, Uppsala Universitet), p. 8–12.

Online Resources
https://handrit.is/en/manuscript/view/AM08-028 (26.05.2021).

II.
PALEOGRAPHY
AND
CODICOLOGY

8. VÄSTERGÖTLANDS SKRIFTKULTUR I ET KOMPARATIVT PERSPEKTIV

ANNA CATHARINA HORN
Department of Linguistics and Scandinavian Studies, University of Oslo

Contact
Post   Institutt for lingvistiske og nordiske studier, Postboks 1102, Blindern
              0317 Oslo, Norge
E-mail   a.c.horn@iln.uio.no
ORCID   https://orcid.org/0000-0002-8439-5358

Keywords
Äldre Västgötalagen, Yngre Västgötalagen, Middle Ages, middelalder, manuscript culture, Skara, Borgarting, provincial laws, landskapslover, Magnus Lagabøtes landslov, paleography, codicology, manuscripts

Abstract:
The aim of the article is to discuss the development of a manuscript culture in the eastern parts of Norway and the western parts of Sweden in the 13th and 14th century. So far manuscripts from these areas have been studied separately, and a possible cultural connection between them has not been investigated. By comparing codicological and paleographic features in the fragments B 193 and NRA norrøne fragmenter 1A, and the manuscripts B 59 (*Äldre Västgötalagen*), B 58 (*Yngre Västgötalagen*), and AM 302 fol., it is clear that the manuscripts share several common features, which suggests a close cultural connection between the two areas.

I denne artikkelen vil jeg diskutere de to manuskriptene B 58 og B 59 i relasjon til middelalderens skriftkultur i Västergötland og det østlige Norge. Disse manuskriptene inneholder de eldste lovtekstene skrevet på eldre fornsvensk, *Äldre Västgötalagen* (B 59) og *Yngre Västgötalagen* (B 58), og i tidligere studier har innholdet i lovene og tilknytningen til historiske begivenheter og historiske personer i Västergötland og Skara bispedømme vært vektlagt, særlig hva gjelder B 59 (Wessén 1950; Wiktorsson 2011; Nilsson 2011; 2012). Det er lagt mindre vekt på å sette de to bevarte manuskriptene inn i en kulturhistorisk ramme, særlig hva gjelder skriftkulturen i Västergötland på 1200- og 1300-tallet. Jeg ønsker derfor å undersøke de to manuskriptene som representanter for skriftkulturen knyttet til folkespråket i Västergötland i denne perioden og i lys av den norrøne skriftkulturen generelt slik vi kjenner den fra norsk skriftkultur.

Et naturlig spørsmål blir derfor: Hva kan manuskriptene B 58 og B 59 fortelle oss om skriftkulturen i Västergötland i perioden 1280–1350? Jeg tenker da spesielt på svenskspråklig skriftkultur, men beliggenheten med grense mot det norske Borgarting lagdømme med Oslo som et sterkt skriftsentrum, samt felles kystlinje langs Skagerrak, gjør det naturlig å åpne for å undersøke samtidig materiale fra disse områdene fra et komparativt perspektiv.

Mens det er sparsomt med bevart materiale på eldre fornsvensk å relatere til for datering og proveniens, er situasjonen noe bedre i Norge. Det er bevart fragmenter fra slutten av 1100-tallet skrevet på norrønt av blant annet oversatte helgenlegender og lover. Det eldste diplomet er fra begynnelsen av 1200-tallet, og fra 1200-tallet har vi bevart en stor mengde manuskripter og fragmenter av lover, sagaer, lærdomslitteratur og ikke minst diplomer. Disse er datert, og er viktige hjelpemidler ved datering av manuskriptene.

I Sverige har latinen stått sterkere, og det eldste bevarte diplomet skrevet på fornsvensk er fra 1330, over 100 år etter det eldste norske diplomet. Det er bevart et fragment av *Äldre Västgötalagen* fra ca. 1240–50, og et manuskript av samme lov fra 1280-tallet (B 59). Det er bevart noen få diplomer fra 1200-tallet, men disse er skrevet på latin. Det er dermed ikke samme mulighet til datering og til å studere utviklingen av en skriftkultur i Sverige når det gjelder 1200-tallet som i Norge. Det antas med dette at den folkespråklige skriftkulturen i Norge begynte ca. 100 år tidligere enn i Sverige.

I en slik kontekst kan det synes uhensiktsmessig å sammenligne norsk og svensk skriftkultur, siden utgangspunktet og premissene er så ulike. Jeg ønsker imidlertid å problematisere den sterke distinksjonen mellom norsk og svensk skriftkultur. Den bygger på en tydelig nasjonal avgrensning mellom Norge og Sverige som det ikke nødvendigvis er belegg for har eksistert på 1200-tallet, da Skagerrak snarere bandt landområdene sammen fremfor å skille dem. Området må siden tidlig 1100-tall, da erkebispesetet i Lund ble opprettet, regnes som del av den samme kulturkretsen, selv om den østnorske skriftkulturen har vært påvirket av skriftkulturen i resten av Norge, og skriftkulturen i Västergötland har vært påvirket av områdene lenger sør og øst. Den nære tilknytningen mellom Västergötland og den østlige delen av Norge, nærmere bestemt Borgarting lagdømme, åpner for å studere de vestgøtske lovene i lys av norsk skriftkultur i Borgarting lagdømme i den samme perioden.

Begrepet skriftkultur er særdeles omfattende og innbefatter en rekke aspekter knyttet til produksjon og bruk av skrift som det ikke er rom for å gå inn på her. I denne omgangen har jeg trukket ut ett konkret aspekt, nemlig paleografien, der vi fra et makropaleografisk perspektiv kan studere bruk av ulike graftyper og utformingen av de enkelte graftypene. Paleografien kan brukes til både datering og til dels også for proveniens der man har referanser å relatere til. Utviklingen i utformingen av skrifttegn og valg av varianter av skrifttegn er viktige markører i så måte. Selv om manuskriptene sjelden er datert, kan sammenligning med diplomer gi en pekepinn om tidsperioden. Samtidig må man regne med overlapping. Eldre skrivere kan sitte side om side med yngre skrivere som har tatt i bruk nye former som den eldre ikke benytter, han bruker de skrifttegnene han lærte da han var ung. Som flere har påpekt, må man regne med opptil 50 år med overlapping fra et nytt tegn tas i bruk til det fullt ut har erstattet det eldre. Det må derfor understrekes at datering ikke er det sentrale i denne studien, men heller å plassere de to bevarte manuskriptene av *Äldre* og *Yngre Västgötalagen* i en skriftkulturell sammenheng.

Materiale og metode

Det er antatt at *Västgötalagen* første gang ble skrevet ned av lagmannen Eskil Magnusson.[1] Det er ikke bevart noe fra dette eldste lovarbeidet, og de eldste fragmentene av *Västgötalagen*, er to blad i oktavoformat, datert ca. 1240–50 (B 193). Disse kan være fra en avskrift av Eskils lov. I sin beskrivelse av skriften i dette fragmentet, sammenligner Sam Jansson med brev skrevet på latin, det ene utstedt av kong Sverker i Uppsala ca. 1200, det andre i Gudhems kloster i 1241 (Jansson 1954: 99). Han sammenligner for øvrig ikke med norsk skriftmateriale fra 1200-tallet.

B 59 er et komplekst manuskript, bestående av to hoveddeler, der den første inneholder *Äldre Västgötalagen*, skrevet av hånd A. Samme hånd har også laget en avskrift av *Biskop Brynjolfs stadga* fra 1281, og manuskriptet er datert til tiden like etter dette, i løpet av 1280-tallet (Wessén 1950: XIV), eller på 1290-tallet (Wiktorsson 2011: 17). En hånd B har gjort notater i margen på fem av sidene her. Denne hånden vil ikke bli tatt med i den videre diskusjonen. Den andre delen er skrevet av hånd C og D, som begge er datert til begynnelsen av 1300-tallet, før 1325 (Wessén 1950: XVII; Wiktorsson 2011: 21, 26). Hånd C er av Wessén benevnt Vidhems-presten, mens hånd D kaller seg selv Lydekinus, Wiktorsson benevner imidlertid Lydekinus som hånd C, og mener Vidhems-presten er hånd A, mens hånd D etter hans syn er Tyrgils Kristinesson, hertugene Eriks og Valdemars sekretær, på grunnlag av en datering av håndstilene (Wiktorsson 2011: 28). I den videre diskusjonen forholder jeg meg imidlertid etter tradisjonen med å benevne skriverhender etter kronologi i manuskriptet.

Hånd C har først skrevet en rekke bestemmelser (43^v–58^v) før hånd D har overtatt (59^r–66^r). Han avslutter midt på blad 66^r med følgende *Explicit liber laurencij quem scripsit Lydekinus*, før hånd C tar over igjen og skriver på resten av siden, på svensk, mens i resten av manuskriptet (66^v–76^v), skriver han statutter på latin. Hånd C har også skrevet notater i den første delen. Det er antatt at *Äldre Västgötalagen* er skrevet av etter lovboken i Skara, ved bispesetet der.

---

[1] Eskil Magnusson er nevnt i et diplom fra ca. 1222 (SDHK-nr. 412).

B 58 inneholder *Yngre Västgötalagen* og *Bjärköarätten*, skrevet av én og samme hånd. Adolf Schück daterer manuskriptet til 1345–50 (Schück 1946: XI), noe som baserer seg på at det inneholder en bestemmelse utstedt av Magnus Eriksson i 1345. Manuskriptet må følgelig være skrevet etter dette tidspunktet. Rundt 1350 kom *Magnus Erikssons landslag*, som dermed blir regnet som *terminus ante quem* for B 58.

Det er bevart relativt mye av det norske lovmaterialet. De eldste bevarte fragmentene av *Gulatingsloven* er fra ca. 1200–50 (NRA norr. fragm. 1B), og det eneste komplette manuskriptet av *Gulatingsloven* (DonVar 137 4to) er datert til ca. 1250. Det er også bevart fragmenter av *Frostatingsloven* (NRA norr. fragm. 1C) fra ca. 1250. Et komplett manuskript av *Frostatingsloven* gikk tapt i bybrannen i København 1728, men det er bevart avskrifter av dette manuskriptet. Fra de østnorske lovene har vi imidlertid bare bevart to fragmenter, NRA norr. fragm. 1A, som stammer fra samme blad i et tapt manuskript, datert til ca. 1250. Materialsituasjonen er med andre ord relativt lik i Borgarting-området i det østlige Norge og Västergötland på midten av 1200-tallet, det er bevart respektive fragmenter fra én lovbok.

Det er bevart flere manuskripter med *Magnus Lagabøtes landslov* (1274) som kan knyttes til Borgarting lagdømme. Ett av disse, AM 302 fol., er datert ca. 1300, og det vil også bli trukket inn i diskusjonen nedenfor.

I det følgende vil jeg i den komparative, paleografiske studien sammenligne et avgrenset utvalg skrifttegn som har vært viktige markører i utviklingen av norsk skrift, med det vestgøtske materialet. Flere av skrifttegnene i norske manuskripter viser innflytelse fra engelsk skrift (Seip 1954: 2). For eksempel benyttes runetegn sammen med latinsk skrift, og i eldre norske manuskripter fra 1100- og 1200-tallet brukes for eksempel ᛘ-runen for *maðr* (mann). Fra slutten av 1200-tallet ble dette ikke lenger brukt.

Også tegnene for ustemt og stemt dental frikativ, þ og ð, brukes etter engelsk mønster, der þ står i fremlyd og ð i innlyd og utlyd. Utover på 1300-tallet ble disse tegnene gradvis erstattet av enten *th* eller vanlig rak *d*.

Også andre særegne tegn fra insulær skrift gjenfinnes i norsk skrift, slik som insulær minuskel *f* og *v* der hovedstaven går ned under linjen. Mens insulær *f* ble værende og utviklet seg med løkker på sidestavene, ble den insulære *v*, med få unntak, erstattet av karolingisk minuskel *v* allerede rundt 1300 (Seip 1954: 120). Siden insulær *v* var nærmest identisk med *y*, ble *y* utstyrt med en prikk over for å skille de to.

Åpen hals på minuskel *a* var vanlig på 1200-tallet i norske manuskripter, men ble gradvis erstattet med en lukket, toroms minuskel *a* mot slutten av århundret. På 1300-tallet dukket den opp igjen i diplomskrift, men ikke i formell skrift.

W er et sjeldent brukt skrifttegn i de eldste norske manuskriptene. Det finnes nærmest ingen på 1200-tallet, men bruken øker utover på 1300-tallet.

Utviklingen av disse skrifttegnene er med andre ord viktige for forståelsen av norsk skriftkultur. På grunn av den nære beliggenheten med Västergötland, er det derfor interessant å se om det finnes relevante paralleller i svensk skrift.

I den følgende undersøkelsen blir materialet undersøkt utfra en relativ kronologi. Det betyr at det eldste materialet, B 193 og NRA norr. fragm. 1A, kommer først, deretter B 59, AM 302 fol. og til slutt B 58.

Analyse av det eldste lovmaterialet, ca. 1250

Skriften i B 193 er en liten, rund skrift med relativ lav x-høyde med lange over- og underlengder (illustrasjon 1). Følgende særtrekk kan nevnes:

- M-runen for *maðr* ($2^r.6$).
- Bruk av *þ* i fremlyd og *ð* i innlyd og utlyd, sistnevnte er skilt fra *d* med et siksak-tegn øverst til høyre. Men *ð* markeres også der det ikke skal, for eksempel *stvlð* ($2^r.9$).
- Det benyttes insulær *f* med underlengde ($2^r.2$, $2^r.12$), men karolingisk minuskel *v* uten underlengde ($2^v.10$).
- Høy *s* og *k* er formet som en ligatur – *skal* ($2^v.9$).
- Det benyttes minuskel *a* med åpen hals.
- For *ok* skrives *og* ($2^r.7$).
- Bruk av rødt blekk for å fremheve initial, rubrikk og majuskler.

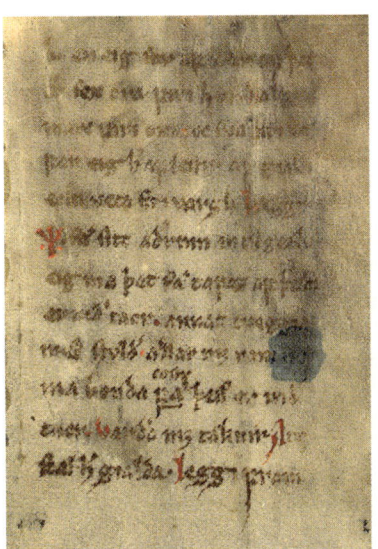 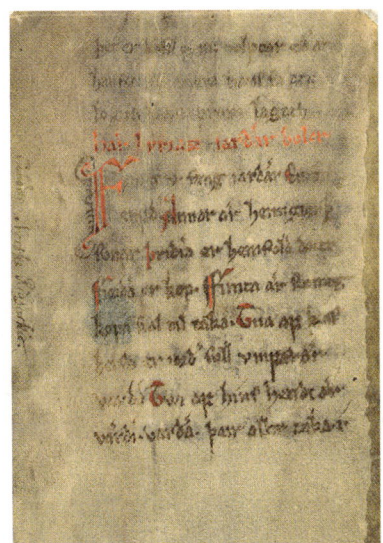

Illustrasjon 1: B 193, 2^r–2^v, fragment av Västgötalagen, datert ca. 1240–50. Foto: Kungliga biblioteket, Stockholm.

Undersøkelsen viser at det er benyttet en rekke insulære skrifttegn i B 193. Ligaturen høy *s* og *k* er vanlig i islandske og norske manuskripter og er av Seip betegnet som et særegent vestnordisk utviklingstrekk (Seip 1954: 79).

Skriften i fragmentene av den østnorske lovboken (NRA norr. fragm. 1A) ser ved første øyekast svært ulik ut. Det er et tydeligere gotisk preg, med langstrakte skrifttegn og mindre kontrast mellom x-høyden og over- og underlengdene (illustrasjon 2). Av særtrekk kan nevnes:

- ᛘ-runen for *maðr* (linje 14).
- Bruk av *þ* i fremlyd og *ð* i innlyd og utlyd etter engelsk mønster.
- Det er benyttet insulære tegn, slik som langstavet *v* (linje 1 og 2) og insulær *f* med hovedstav under linjen (linje 3). Sidestavene på *f* er her nærmest utført som prikker.
- Ligaturen *oe* er formet som *o* med en lukket løkke øverst på høyre side under x-høyden (linje 4, *sœkia*).
- Det benyttes en minuskel *a* med åpen hals.
- Minuskel *c* benyttes ofte for *k*, som i *scal* (linje 9).
- Bruk av tironisk note med tverrstrek for *oc* (linje 5), men ordet skrives også fullt ut en gang (linje 13).
- Initialen (delvis bortskåret) er blå med rød dekor, ellers ingen farger.

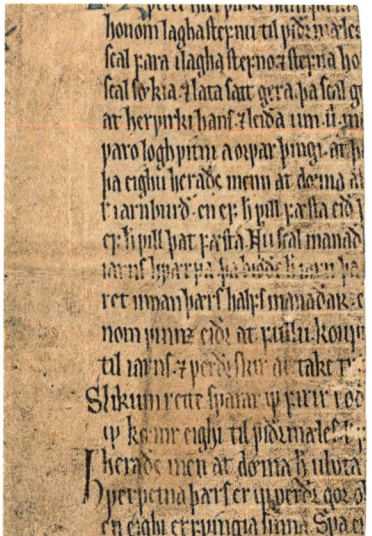

Illustrasjon 2: NRA norrøne fragmenter 1A, et fragment fra en østnorsk lovbok, datert ca. 1250. Foto: Arkivverket, Oslo.

Det synes klart at de østnorske og vestgøtske fragmentene har mange felles særtrekk. Det er en tydelig insulær innflytelse på skrifttegnene, med bruk av runetegn, samt *f* med underlengde. Insulær *f* gikk for øvrig ut av engelsk skrift ca. 1200, så fortsatt bruk av dette tegnet regnes ofte som et særlig vestnordisk trekk (Seip 1954: 9–10). Det er imidlertid også forskjeller. I B 193 benyttes den karolingiske minuskel *v*, og det brukes ikke tironisk note. Bruk av tironisk note eller utskriving av *ok* er imidlertid et aspekt som varierer også i annet samtidig materiale. De mange fellestrekkene mellom NRA norr. fragm. 1A og B 193 antyder at de to befinner seg innenfor samme kulturkrets og har blitt produsert i en region som overlapper de nasjonsgrensene vi ofte ellers opererer med. Påvirkning fra insulær skrift er tydelig i begge fragmentene, men skriften i NRA norr. fragm. 1A er mer strukket og rektangulær etter mønster av gotisk skrift, mens skriften i B 193 er rundere etter mønster av insulær skrift.

Äldre Västgötalagen, B 59

Skriften til hånd A i B 59 er relativt rundet, men likevel klart mer rektangulær enn B 193 og kontrasten mellom x-høyde og over- og underlengder er ikke så stor (illustrasjon 3). Følgende særtrekk kan nevnes:
- ᛘ-runen for *maðr*.
- Ligaturen *æ* er formet av en *a* med rak hovedstav og en åpen løkke øverst til høyre, over x-høyden, *à*.
- Det benyttes *ð* og *þ*. Bruk av førstnevnte er ikke alltid gjennomført, noen ganger skrives bare *d* (linje 8, 5, *adru*). Hos *þ* strekker hovedstaven seg ikke alltid så langt ned under linjen, og bollen er ofte mindre og er på størrelse med bollen til en *e*. Den står også av og til i innlyd og utlyd (henholdsvis linje 5: *àrþàv*, og 8: *døþom*).
- Karolingisk *f* og *v* benyttes, men vi kan merke oss at *y* har en prikk, slik det ble innført i vestnorsk skrift for å skille mellom insulær *v* og *y*.
- Minuskel *a* er oftest lukket toroms, men har av og til åpen hals.
- Minuskel *r* rotunda benyttes etter både rundede og urundede tegn, som etter *a* og ligaturen *æ*.
- Tironisk note brukes ikke, det skrives *ok*. Det er enkelte forekomster av *oc* andre steder i manuskriptet.
- Minuskel *w* forekommer i manuskriptet, men sjelden.
- Tegnet *ø* er formet som en sirkel med en skråstrek fra over x-høyden fra høyre ned mot venstre.
- Røde rubrikker og blå initial med rød og blå dekor etter mønster av manuskripter fra Paris.[2]

---

2 Se Richard and Mary Rouse 2000 for utviklingen av profesjonell bokproduksjon i Paris på 1200-tallet.

Det er flere alderdommelige særtrekk hos hånd A i B 59, slik som bruk av ᛘ-runen og av og til åpen hals på minuskel *a*. Det er imidlertid andre trekk som antyder en yngre datering, som bruken av minuskel *w*, og *r* rotunda etter urundet tegn. Sammenlignet med B 193 er det signifikante forskjeller, slik som bruk av karolingisk minuskel *f*, og en generelt tydeligere gotisk, rektangulær form på skriften i B 59.

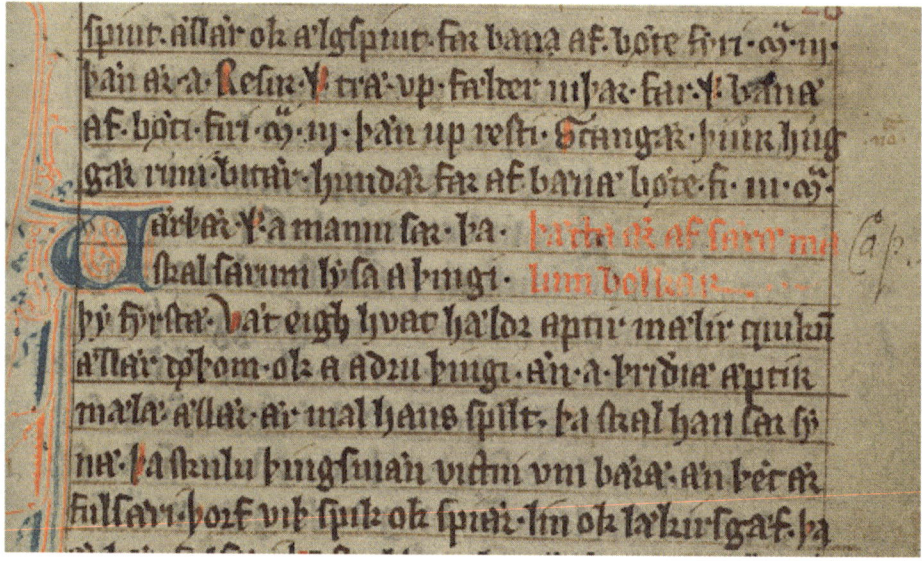

Illustrasjon 3: B 59, Äldre Västgötalagen (ca. 1285), blad 10^r. Foto: Kungliga biblioteket, Stockholm.

De to hendene C (43^v–58^v, 66^r–76^v) og D (59^r–66^r) behandles her under ett, henholdsvis illustrasjon 4 og illustrasjon 5. Det er flere felles særtrekk ved de to hendene:

- ᛘ-runen benyttes av begge, men av hånd C først på blad 56.
- Insulært tegn *þ* benyttes av begge, hovedstaven har tydelig over- og underlengde, og bollen er like stor som hos øvrige tegn som *p* og *b*. Tegnet *ð* benyttes bare unntaksvis, det er *þ* som oftest benyttes i alle posisjoner.
- Minuskel *a*: Begge skrivere benytter regelmessig høy, lukket *a*. Hos hånd C ofte åpen *a*.
- Begge skriver *oc*.
- Begge bruker *w* hyppig.

- Ligaturen æ er hos hånd C formet med en skrå hovedstav og liten løkke øverst til høyre (illustrasjon 4, linje 7). Hånd D former æ med rett hovedstav og en åpen løkke øverst til høyre over x-høyden (illustrasjon 5, linje 2 og 3).
- Tegnet ø er av hånd C formet som en o med skråstrek gjennom, fra høyre ned mot venstre, mens hånd D former det som en sirkel med åpen løkke over o, nesten tilsvarende som brukes ved ligaturen æ.
- Ingen bruk av farger.

Illustrasjon 4: B 59, hånd C, blad 45ᵛ. Foto: Kungliga biblioteket, Stockholm.

Illustrasjon 5: B 59, hånd D (Lydekinus), blad 61ᵛ. Foto: Kungliga biblioteket, Stockholm.

Det er flere likheter mellom de tre hendene i B 59, men også ulikheter. For det første er hånd A mer formell med regelmessige, nøye utformede skrifttegn. Hånd C og D synes å være skrevet raskere, skriften er mindre formell og mer uregelmessig. Både hånd A og C former *æ* og *ø* på tilnærmet lik måte, mens hånd D skiller seg ut med en mer skrå hovedstav på *æ*, slik den var formet i B 193 og NRA norr. fragm. 1A. Ulikhetene kan skyldes ulik alder på skriverne, men det kan også skyldes opplæring i ulike skriftmiljøer. Forskjellene er likevel ikke større enn hva man kan forvente av individuelle forskjeller.

Det insulære *ð* benyttes nesten ikke, det er *þ* som benyttes i alle posisjoner i både hånd C og D. I dette skiller disse hendene seg fra hånd A. Det er heller ikke så ofte bruk av *w* i hånd A som i C og D. Tegnet *w* er ikke i bruk i norske manuskripter før på 1300-tallet, og indikerer her en svært tidlig bruk i det svenske materialet.

Det er flere eldre tegn hos hånd C og D, for eksempel bruk av ᛖ-runen. Wiktorsson argumenterer for at bruken av ᛖ-runen i hånd D (Wiktorsson kaller denne for hånd C) skyldes påvirkning fra hånd A (Wiktorsson 2011: 21), noe som i så fall forutsetter at hånd D har hatt første del av lovboken, skrevet av hånd A, foran seg. Det kan imidlertid også skyldes at det forelegget som skriveren har brukt, har vært et eldre manuskript der dette tegnet er benyttet. Påvirkning fra forelegg kan også gjelde for hånd C. I de første 13 bladene (blad 43–55) brukes ikke ᛖ-runen i det hele tatt, men fra blad 56, der en stadga utstedt av kong Magnus Ladulås (d. 1290) er skrevet inn, brukes den regelmessig. Man kan tenke seg at hånd C her har byttet til et eldre forelegg der ᛖ-runen ble benyttet.

Magnus Lagabøtes landslov (Landsloven), AM 302 fol.

De fleste bevarte manuskriptene av *Landsloven* er skrevet på 1300-tallet, først og fremst mellom 1300 og 1350. AM 302 fol. (illustrasjon 6) er hørende til Borgarting lagdømme, det vil si i samme område som NRA norr. fragm. 1A, men skrevet ca. 50 år senere. Skriften er rektangulær gotisk, og av særtrekk kan nevnes:

- Ingen bruk av ᛖ-runen.
- *ð* og *þ* brukes systematisk i sedvanlige posisjoner. Bollen på *þ* er like stor som n-høyden på de øvrige og hovedstaven har både over- og underlengde.
- Langstavet insulær minuskel *f,* men ikke insulær *v*.
- Ingen bruk av tironisk note, det skrives fullt ut *oc*.
- Lukket toroms *a*.
- Ligaturen *æ* har en tydelig skrå hovedstav (linje 1, *læggi*).
- Ligaturen for *o* og *e; ø,* er formet som en *o* med en liten løkke øverst på høyre side (linje 3, *bøte*).
- Røde rubrikker og fargede initialer med dekor.

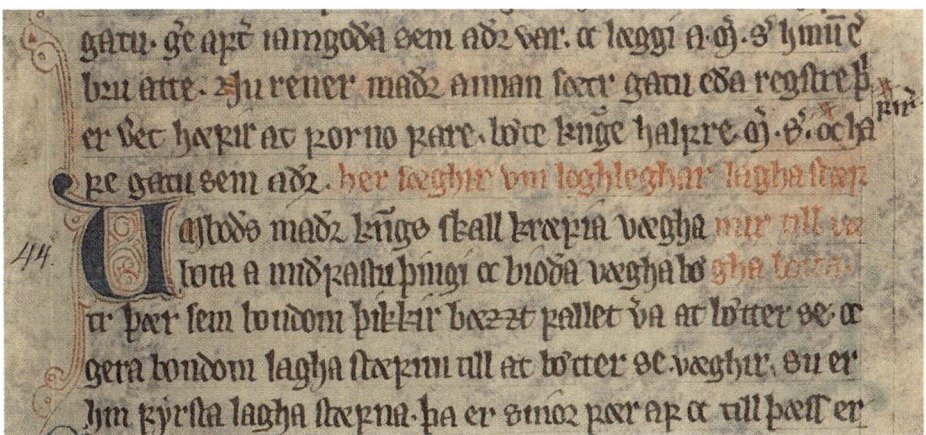

Illustrasjon 6: Magnus Lagabøtes landslov. Den Arnamagnæanske Samling, Københavns Universitet, AM 302 fol., f. 64ʳ, handrit.org.

Det er flere endringer i de enkelte skrifttegnene, sammenlignet med NRA norr. fragm. 1A. Det benyttes ikke lenger insulær *v*, men fortsatt insulær *f*, der øverste sidestav er formet som en løkke. Tegnet *ø* har nå en åpen løkke, mot lukket i NRA norr. fragm. 1A. De insulære tegnene *þ* og *ð* benyttes begge gjennomført systematisk. Men på tross av disse endringene, har skriften i hovedsak endret seg lite i løpet av de ca. 50 årene som ligger mellom NRA norr. fragm. 1A og AM 302 fol.

Yngre Västgötalagen, B 58

Skriften i B 58 er av rektangulær gotisk type, og det er liten differanse mellom x-høyden og overlengdene. B 58 er datert til 1345–50, det vil si drøyt 50 år etter B 59 (illustrasjon 7). Av skrifttegnene kan nevnes:
- ᛘ-runen for *maðr* brukes ikke.
- Hovedstaven til *þ* trekker ikke lenger så langt ned under linjen, og bollen er halvert omtrent til samme størrelsen som bollen til minuskel *e* (linje 5).
- Forekomster av *ð*, men mest som pynt, som *hælðr* (linje 6).
- Karolingisk *f* og *v*, men *y* har en prikk etter insulært mønster (linje 2).
- Minuskel *a* er toroms.
- Bruker *ok*, men *oc* tas i bruk mot slutten av manuskriptet.
- Minuskel *w* brukes hyppig i Tingbalken og Kungabalken, ellers sjelden.
- Røde rubrikker, fargede initialer med dekor.

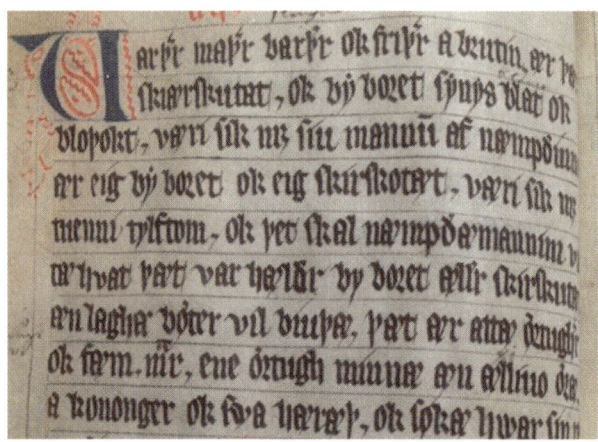

Illustrasjon 7: B 58, Yngre Västgötalagen (ca. 1345–50), blad 18ᵛ. Foto: Anna C. Horn.

Sammenlignet med hånd A i B 59, er det få utviklingstrekk som skiller seg ut. Bruk av ᛘ-runen har falt bort og bruken av ð har minsket, mens þ brukes i alle posisjoner.

Sammenfatning og diskusjon

Jeg har ovenfor stilt spørsmål ved hva skriften i lovmanuskriptene B 59 og B 58 kan fortelle oss om skriftkulturen i Västergötland i perioden 1280–1350. Nærheten til Skagerrak og de østnorske regionene åpner for en felles påvirkning av både norsk og vestgøtsk skriftkultur, både gjensidig, men også utenfra, fra for eksempel anglosaksisk område. Undersøkelsen av de eldste bevarte lovfragmentene NRA norr. fragm. 1A og B 193 bekrefter dette. Selv om det er forskjeller i de to skriftene, er det ikke uriktig å hevde at de tilhører samme kulturkrets fra midten av 1200-tallet.

Til å være manuskripter fra hver sin generasjon, er det mye felles i utforming av skriften og bruk av visse skrifttegn i B 58 og B 59 (hånd A). Det er mer felles mellom disse to manuskriptene enn mellom hvert av disse og fragmentet B 193. Det kan bety at de har blitt produsert i samme skriftkultur, kanskje også samme skrivermiljø. Her er det naturlig å tenke på det største skriftsenteret i Västergötland, domkirken i Skara, som opprinnelsessted. Visse forskjeller i skriften, slik som bortfall av ð i B 58, bekrefter at B 58 er yngre enn B 59. Disse endringene følger i hovedsak de norske dateringskriteriene. Isolert fra en eventuell språklig analyse og fra de historiske begivenhetene som særlig Wiktorsson (2011) knytter til B 59, kunne de to manuskriptene gjerne vært skrevet nærmere hverandre i tid, det vil si, at hånd A i B 59 synes å være yngre enn 1280–90. Den tidlige bruken av *w* underbygger dette. Med unntak av de distinkte insulære trekkene i AM 302 fol., kunne skriverne av B 59 og B 58 også gjerne kunne knyttes til samme skriftkultur som skriveren av AM 302 fol.

Hånd C og D er samtidige med hverandre, men paleografiske forskjeller mellom dem indikerer aldersforskjell eller at de er utdannet i ulike miljøer.

Forskjellen mellom B 58 og B 59 viser at det også i den vestgøtske skriftkulturen finnes ulike domener. Ett domene kan knyttes til et skrivermiljø med høy status, kanskje kirkelig, der sentrale tekster skrives med en gotisk formell skrift av profesjonelle skrivere som skriver på oppdrag for andre. Hånd A i B 59 og B 58 er eksempler på dette. Et annet domene, kanskje mer sekulært, står utenfor et slikt miljø, men med utdannede skrivere som kommenterer, legger til og redigerer allerede eksisterende tekster, trolig til eget bruk. Hendene C og D er eksempler på dette.

Denne studien er ikke utfyllende, og flere aspekter ved skriftkulturen, både materielle og tekstlige, gjenstår å undersøke. Så langt er det imidlertid grunnlag for å løfte frem de felles dragene mellom den østnorske og vestgøtske skriftkulturen som klare tegn på utstrakt kontakt mellom skriftkyndige i disse områdene, uavhengig av landegrensene.

BIBLIOGRAFI

Primærkilder

B 58, Kungliga Biblioteket, Stockholm (ikke digitalisert).

B 59, Kungliga Biblioteket, Stockholm: https://www.manuscripta.se/ms/100298 (27.05.2021).

B 193, Kungliga Biblioteket, Stockholm: https://www.manuscripta.se/ms/100332 (27.05.2021).

NRA norrøne fragmenter 1A, Arkivverket, Oslo: https://media.digitalarkivet.no/view/58514/1 (27.05.2021).

NRA norrøne fragmenter 1B, Arkivverket, Oslo: https://media.digitalarkivet.no/en/view/58514/5 (27.05.2021).

NRA norrøne fragmenter 1C, Arkivverket, Oslo: https://media.digitalarkivet.no/en/db/contents/58514 (27.05.2021).

AM 302 fol., Den Arnamagnæanske Samling, Københavns Universitet, handrit.org.

DonVAR 137 4to, Det Kongelige Bibliotek, København.

SDHK-nr. 412, Riksarkivet, Stockholm.

Sekundærlitteratur

Jansson, Sam. 1954. *Nordisk kultur. Paleografi* A. (Stockholm/Oslo/København: Albert Bonniers Förlag).

Nilsson, Göran B. 2011. 'Handskriften B 59 och Yngre Västgötalagen', i Per-Axel Wiktorsson (red.). *Äldre Västgötalagen och dess bilagor.* Utgitt av Skara stiftshistoriska sällskaps skriftserie nr 60 (Skara: Föreningen för Västgötalitteratur). S. 45–59.

—. 2012. *Nytt Ljus Över Yngre Västgötalagen. Den bestickande teorin om en medeltida lagstiftningsprocess.* (Stockholm: Institutet för rättshistorisk forskning).

Rouse, Richard H. and Mary A. 2000. *Manuscripts and their Makers: Commercial Book Producers in Medieval Paris 1200–1500.* Vol. 1–2. (Turnhout: Harvey Miller).

Schück, Adolf. 1946. 'Inledning', i Adolf Schück (red.). *Lex Vestro-Gothica Recentior ("Yngre Västgötalagen").* (København: Einar Munksgaard). S. XI–XXVII.

Seip, Didrik Arup. 1954. *Nordisk kultur. Paleografi* B. (Stockholm/Oslo/København: Albert Bonniers Förlag).

Wessén, Elias. 1950. 'Inledning', i Elias Wessén (red.). *Lex Vestro-Gothica Vetustior (Äldre Västgötalagen).* (København: Einar Munksgård). S. XI–XXVI.

Wiktorsson, Per-Axel. 2011. 'Inledning', i Per-Axel Wiktorsson (red.). *Äldre Västgötalagen och dess bilagor.* Utgitt av Skara stiftshistoriska sällskaps skriftserie nr 60 (Skara: Föreningen för Västgötalitteratur). S. 11–44.

9. MIRACLES AND MORE. THE COMPOSITE MANUSCRIPT COD HOLM A 110

KARL G. JOHANSSON
Department of Linguistics and Scandinavian Studies, University of Oslo, Norway

Contact
Post   Institutt for lingvistiske og nordiske studier, Postboks 1102, Blindern
           0317 Oslo, Norge
E-mail   k.g.a.johansson@iln.uio.no
ORCID   0000-0002-4572-8789

Keywords
compilations, text collections, composite manuscripts, monastic reading

Abstract
Syftet med följande studie är att presentera en stringent modell för kodikologisk beskrivning och analys av ett komposit manuskript. Som exempel har valts handskriften Cod Holm A 110 som innehåller en större samling texter producerade av flera skrivare och eventuellt över en något utsträckt tidsperiod. Utgångspunkten är ett behov för fler och grundligare studier av samlingshandskrifter, en vanlig form för att sammanställa viktiga texter under senmedeltiden. Den kodikologiska undersökningen är relevant för förståelsen av den enskilda handskriften, men ska därefter läggas till grund för en närmare analys av handskriften som bärare av lärdom och läsmaterial för både individer och grupper av läsare i t.ex. kloster och vid katedralskolor.

In our quest to understand the use and functions of manuscripts in the literate culture of the Middle Ages, composite manuscripts can often provide new and relevant information. Cod Holm A 110 is a good example of this kind of manuscript. The codex as it is extant today contains nine texts:

Sermo angelicus
Järteckensbok (*Miracles*)
Apostlagärningarna (*Acts*)
Birgittas uppenbarelser (*Revelationes* of St. Birgitta)
Helga manna leverne (*Vitae Patrum*)
Heliga Birgittas leverne (*Vita abbreviata Birgittae*)
Three legends: St. Barbara, St. Juliana, St. Sylvester
Three legends: St. Clara, St. Franciscus, St. Blasius
Nikodemusevangeliet (*Gospel of Nicodemus*)

My contention is that the composition of these texts, miracles, saints' lives, revelations of Birgitta and other texts relevant for monastic reading and bound together at the Vadstena monastery in the first decades of the fifteenth century deserve more attention. Firstly, we need to establish with some degree of certainty how the book was formed over time. In the following, I present a codicological investigation demonstrating how various parts of the book may have been produced at different times and how they were at some point joined in the present book.

Already in earlier research, it has been argued that the composition of the manuscript has taken place in stages. The first three texts are considered to be the work of one scribe and form one unit, while *Helga manna leverne* and *Heliga Birgittas leverne* (*Vita abbreviata Birgittae*) seem to form another. The remaining texts seem to form more than one unit. It is interesting, however, that the layout of the pages and the text on the page as well as the palaeography indicate that the scribes involved are relatively closely related in time and space. It is relevant, therefore, to take a closer look at the composition of the manuscript as a whole, its choice of texts related to the *production units* and the combination of texts to form the extant manuscript, or *usage unit* as will be demonstrated in the following.

Compilations, collections and composite manuscripts

Medieval manuscript culture is a culture of compilations and collections. The distinction between a compilation and a collection is not always obvious, and it often appears as if we rather should expect hybrid forms between the two. The first category, the compilation, could be defined as a "new coherent unit formed from earlier texts forged together by new passages of text". This compilation may in the transmission be re-produced as a part of a new collection of texts. The collection is here considered as "containing different texts gathered with a purpose by a creative agent" (unfortunately often referred to as "compiler"). Both categories, compilations and collections, could appear in single manuscripts, in their original form or re-written in well-formed manuscripts, but neither the compilation nor the collection is necessarily to be found in a single text manuscript. We therefore need to distinguish a third category, the composite manuscript, which may contain texts originally compiled or collected separately, perhaps as booklets (see e.g. Hanna 1996) and only later gathered in a bound form, by the compiler or collector or independent of their original production. This category has perhaps not received as much attention as the compilations and more clearcut collections. In order to better understand medieval manuscript culture and to reach a further knowledge about the function of the individual manuscript, however, also this category needs to be taken into account.

Medieval composite manuscripts from the Scandinavian realm have received more attention in recent studies.[1] As an example from the Swedish material Maria Arvidsson's (2017) comprehensive study of Cod Holm A 49, the so-called *Nådendals klosterbok* should be mentioned. The Icelandic-Norwegian codex *Hauksbók* provides a good example of a composite manuscript that has received much attention in the last decade; a number of investigations have furthered our knowledge of the codicological composition of the manuscript as well as the roles played by individual texts as parts of the composition.[2]

In 1999 J. Peter Gumbert (1999, see also 2004) introduced a terminology for the description of composite manuscripts with the term *codicological unit* as a central component. Gumbert's terminology has since become widely accepted, and it is part of the toolbox used in the following preliminary study of Cod Holm A 110. Gumbert's terminology served as a starting point for Erik Kwakkel as he a few years later made an important contribution to a more stringent description and analysis of the various kinds of composite manuscripts (2002). Kwakkel distinguished between *production units* referring "to groups of quires that formed a material unity at the time of production" and the *usage unit* defined as "an abstract notion that refers to the manner in which a production unit was used: separately or bound together with other production units (ibid.: 13–14).

Kwakkel suggested that the texts of the individual manuscript could be analysed in terms of what he called *production units*. The individual production units of an extant codex could often be only distantly (or not at all) related in time and place of production. Where one production unit for example may originally have formed a unit also for its users, it could have been joined with one or more production units into a bound codex at a later stage. In the first stage, this production would have functioned as what Kwakkel refers to as a *usage unit* in its own right. When it was bound with other texts produced separately, and at least in many cases independently, it became part of a new and enlarged *usage unit*. We could perhaps add a terminology that differs between an *original usage unit* and an *extended usage unit*, that is, a unit consisting of a number of earlier usage units.

---

1   The project "The Dynamics of the Medieval Manuscript: Text Collections from a European Perspective" (https://dynamicsofthemedievalmanuscript.eu) provides a good example of the interest in manuscripts as text collections in the European Middle Ages. See the volume produced as a result of the final project conference arranged in Utrecht 2013 for an impression of the range of research questions approached by the project (Pratt et al. 2017).

2   See e.g. Sverrir Jakobsson (2007), Elizabeth Ashman Rowe (2008; 2009), Gunnar Harðarson (2016) and Karl G. Johansson (2017; 2018). In a recent article I treat aspects of composition of the Icelandic manuscript AM 657 a–b 4to and how the composition of the manuscript has implications for our understanding of the texts gathered in the final usage unit (2021). This manuscript has many features in common with Cod Holm A 110 and I hope in the near future to be able to present a comparative reading of the two.

Cod Holm A 110 – a composite manuscript

The manuscript Cod Holm A 110 is one of the earliest manuscripts that we know from the Vadstena monastery library. Its oldest part dates itself to the year 1385. The book as it is preserved today, however, consists of a number of what seem to have been originally separate parts. In earlier scholarship, there seems to be consensus that none of the parts is considerably younger than the first part; the youngest could perhaps be dated to the early years of the fifteenth century.[3]

G. E. Klemming states:

> Boken är en smal qvart eller högre oktav, bestående av 300 pergamentblad, inbundna i träpermar, öfverklädda med brunt läder. Hon är dock icke egentligen en enda bok, utan ett samlingsband, bildadt af sex tidigt hopförda handskrifter eller delar af sådana. N. 1–3 i nedanstående förteckning bilda för sig en hel bok af 300 sidor, den största och äldsta, ifrån år 1385. N. 5 och 6 höra äfven ursprungligen tillsammans, utgörande den andra större och föga, om ens något, yngre boken, nu icke fullständig, men dock uppnående 172 sidor. De öfriga n. 4, 7, 8 och 9 äro mindre stycken, som endast tillfälligheten synes hafva hopfogat inom samma permar.[4]
>
> (Klemming 1877–1878: 436)

As can be seen from the quotation, Klemming comes to the conclusion that the manuscript could be divided into six main parts. In his division the three first texts, *Sermo angelicus*, *Järteckensbok* (*Miracles*) and *Apostlagärningarna* (*Acts*) form the first part, this one dated to the year 1385. A second part in Klemming's analysis is the text from the *Revelationes* of Birgitta. In Klemming's opinion the next two texts, *Helga manna lefverne* (*Vitae Patrum*) and *Heliga Birgittas leverne* (*Vita abbreviata Birgittae*), form one original unit. The remaining three parts, two collections of legends, St. Barbara, St. Juliana and St. Sylvester and St. Clara, St. Franciscus and St. Blasius respectively, and finally *Nikodemusevangeliet* (*Gospel of Nicodemus*) are considered to have originally been formed separately. After a discussion about the composition of the manuscript, Klemming concludes:

---

3   The new catalogue Manuscripta – A Digital Catalogue of Manuscripts in Sweden has published a preliminary description of the manuscript (https://www.manuscripta.se/ms/100240). Manuscripta also provides facsimiles of the whole manuscript. Jonas Carlquist presents the manuscript and discusses the role of individual texts as well as the book as a whole (2002: 59–63).

4   The book is in a slim quarto format or a higher octave, consisting of 300 parchment leaves bound within wooden plates covered with brown leather. It is however not really a single book, but rather a composite binding composed from six earlier gathered manuscripts or parts of manuscripts. Number 1–3 in the below list form a separate book of 300 pages, the largest and oldest part, dated to 1385. Number 5 and 6 have also originally been joined together, forming the second larger and little or possibly not at all younger book, in the present stage not complete, but still consisting of 172 pages. The remaining number 4, 7, 8 and 9 are smaller pieces that only by chance seem to have been gathered between the same covers (my translation).

> Om detta innehåll är ej här mycket att säga. Härstammande från vidt skilda tider och författare, hafva dock alla dessa skrifter det inre sambandet, att de tillhöra den andliga uppbyggelselitteraturen, med ett ord, att vara passande *klosterläsning*.[5]
> (Klemming 1877–1878: 439)

It is relevant for my reasoning here that Klemming considers the texts numbered 4, 7, 8 and 9 to be randomly bound into the composite manuscript. In the following, I will more or less confirm Klemming's view of the composite manuscript with some changes concerning the units. However, I will put this in a new theoretical perspective that may possibly open up new lines of investigation. This will lead me to question Klemming's statement that his parts 4, 7, 8 and 9 have just happened to be conjoined with the rest of the extant codex.

Where Klemming was satisfied with stating that all texts in the codex belonged to the literature of spiritual edification, we would perhaps be interested in the process of composition and the intended use of the individual texts as well as the book as it finally was formed. A first step in this pursuit is to take a closer look at the codicological aspects of this process.

If Erik Kwakkel's terminology and model for analysing medieval manuscripts is applied on Cod Holm A 110 we could immediately state that the codex as it is extant today presents itself as what I choose to refer to as an *extended usage unit* and perhaps even consisting of a number of earlier *usage units* with separate provenance. In the following, I present the codicological aspects of this composite manuscript. I will accept the earlier attributions to hands without further discussion and not go into the traits of the individual hands. It is interesting to note, however, the comment made already by Klemming concerning the scribes at work as it may tell us more about the milieu in which at least some of them worked.

> På tre ställen förekomma här mindre stycken med andra handstilar [...] Dessa fremmande händer medföra ibland egendomligheter i stafningen och visa att klosterbröderne roade sig med att bitvis fortsätta skrifvarens tillfälligtvis nedlagda arbete.[6]
> (Klemming 1877–1878: 436)

---

5   There is not much to say about this content here. Even if they stem from widely different time and authors all these texts have the inner connection of belonging to the literature of spiritual edification, with one word, to be suitable monastic reading [klosterläsning] (my translation).

6   In three places there appear shorter passages in other hands [...] These extraneous hands sometimes bring peculiarities in spelling and demonstrate how the brothers enjoyed themselves with sporadically carry on the work of the scribe when he had a pause in his work (my translation).

Already on the first folio of the book, we find interesting information about the book and its composition (see Ill. 1). Apart from a later note of interest to the history of the book itself, fol. 1ᵛ provides shelfmark information, *Decimus in ordine*, as well as an indication about the intended readers of the first text, *Sermo angelicus*. The note states that *hær børias legenda som systrana hawa om alla vikona* 'here begins the legend that the sisters are to read during the week'.

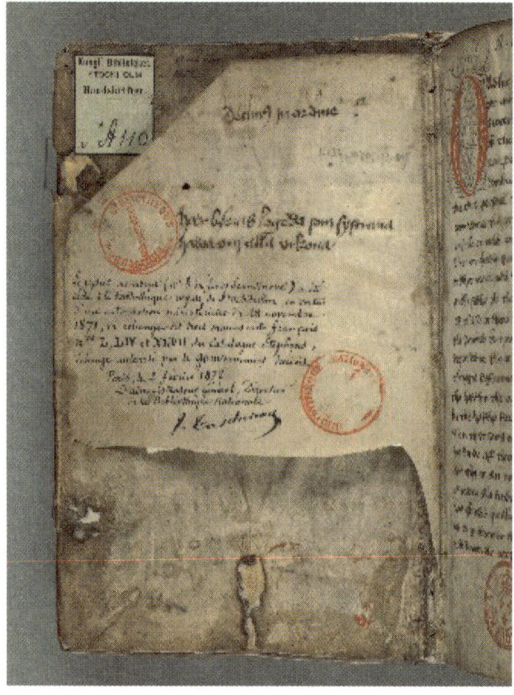

Ill. 1. Fol. 1ᵛ. *Decimus in ordine/ hær børias legenda som systrana hawa om alla vikona.*

On the following page, fol. 2ʳ, the Swedish version of *Sermo angelicus* commences (see Ill. 2). The text is written in the same hand throughout (fol. 2ʳ–45ʳ) and is at the end provided with a colophon referring back to the statement for the sisters (see Ill. 3). The text states:

> Hær lyktas legenda som systrena hafwa vm alla wikuna ok waro dictadh vm ængillen deo gracias orate pro skriptore qui me skribebat jordanus nomen habebat.[7]

---

[7] Here ends the legend that the sisters are to read during the week and it was related of the angel; pray to the Lord for the scribe that wrote me who is named Jordanus (my translation).

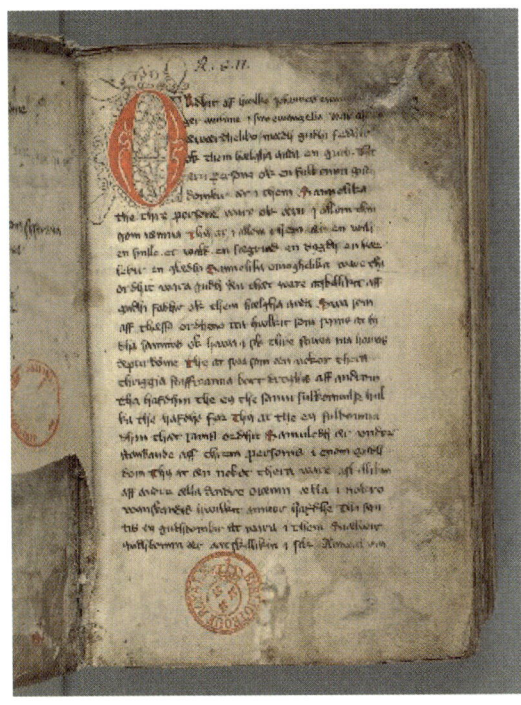

Ill. 2. Fol. 2ʳ. The beginning of *Sermo angelicus*.

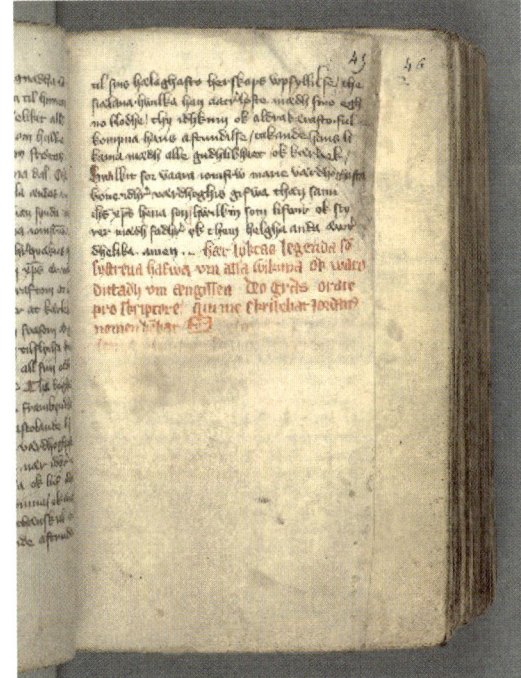

Ill. 3. Fol. 45ʳ. The end of *Sermo angelicus*.

The fact that this text ends mid-page on fol. 45ʳ could indicate that it was originally produced as a separate production unit. It is important to note, however, that a new text, *Järteckensbok*, commences on the verso page in what appears to be the same hand (see Ill. 4). It is tempting, still, to suggest that the scribe originally planned to produce only *Sermo angelicus* and only after finishing this work decided to continue with *Järteckensbok* on the verso page and the two remaining leaves of the quire.

It is interesting to note that the initial at the very beginning of *Järteckensbok* is rather small, only over two lines, to compare with the initial for *Sermo angelicus*, which stretches over six lines. *Järteckensbok* is finished mid-page on fol. 122ᵛ and directly followed by *Apostlagärningarna* with a similar two-line initial (see Ill. 5). This would indicate that the two last texts could have been planned as production units independently from the first text, but obviously, it could also be suggested that the first text was given special status by supplying the larger initial in a production unit consisting of the three texts. It is more certain that the three texts have been produced to form a *usage unit*, at least from the point when *Järteckensbok* was placed on fol. 45ᵛ, as they are written in the same hand and overlapping both pages and quires (see Table 1). Finally, *Apostlagärningarna* ends on fol. 151ᵛ at the end of a quire. This strengthens the impression that the three texts originally have formed a separate *usage unit*.

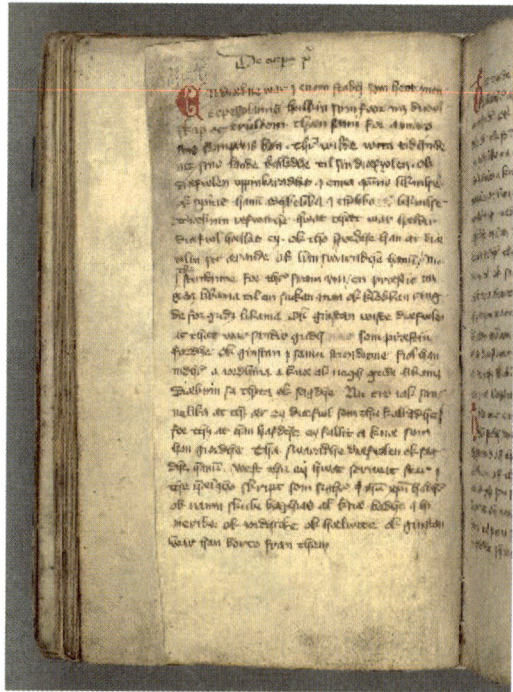

Ill. 4. Fol. 45ᵛ. The beginning of *Järteckensbok*.

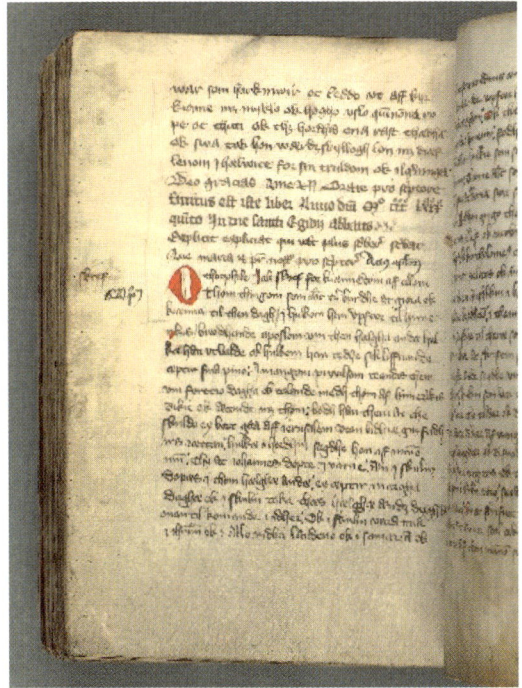

Ill. 5. Fol. 122ᵛ. The end of *Järteckensbok* and the beginning of *Apostlagärningarna*.

The collection of texts from Birgittas's *Revelationes* is introduced on fol. 152ʳ on what is clearly a new quire and in a hand that is different than the one found in the first three texts (see Ill. 6). It is interesting to note that the initials on this page are both over two lines, but that they are produced in a more expansive way than the earlier ones. Throughout the production unit, the initials have the same appearance. The *Revelationes* (Nr. 4 in Klemming's list, see above) are contained within one quire, fol. 152–163, and do not overlap with neither the preceding nor the subsequent text. It would therefore seem to be a separate production unit and possibly, it has also functioned as a separate usage unit. It is important here to stress again that there are obvious relations in the content of all the texts bound in the extant book, which indicate the later intentions of the person responsible for the final collection and binding in Cod Holm A 110. This may, in turn, very well have been done relative soon after the production units were formed.

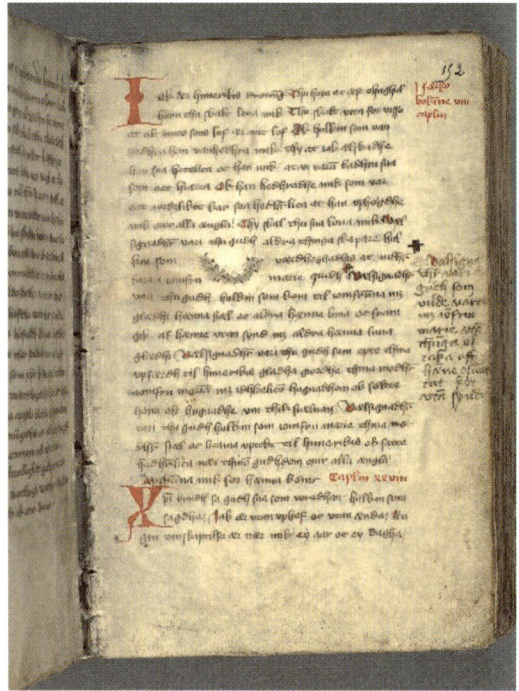

Ill. 6. Fol. 152ʳ. The beginning of a collection from Birgitta's *Revelationes*.

The character of the following text, the *Vitae patrum*, which is introduced on the first recto page in a new quire (fol. 164ʳ), points in a similar direction and would support the suggestion that the texts of the present codex were all gathered with the similar purpose mentioned already by Klemming; for monastic reading. It is important to note here that the text seems to form a separate production unit together with the following text, *Heliga Birgittas leverne* (*Vita abbreviata Birgittae*). The latter text commences on fol. 235ʳ directly after the end of *Vitae patrum* (see Ill. 7). My suggestion therefore would be that the two texts were originally produced as one unit, which was at a later stage bound into the composite manuscript Cod Holm A 110. This suggestion is further supported by the fact that *Heliga Birgittas leverne* (*Vita abbreviata Birgittae*) is ended mid-page on a verso page (fol. 249ᵛ) of a folio ending a quire (see Table 2).

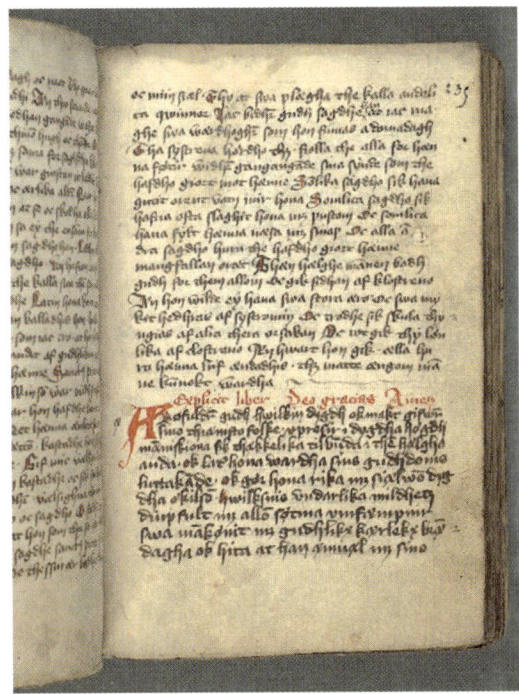

Ill. 7. Fol. 235ʳ. The end of *Vitae patrum* and the beginning of *Heliga Birgittas leverne* (*Vita abbreviata Birgittae*).

Following these first three production units, we find six legends. It seems as if these should be divided into two separate production units, each containing three legends. The first three, the lives of St. Barbara, St. Juliana and St. Sylvester, form a unit of one quire where the last text ends mid-page on fol. 257ᵛ (see Table 3). This first collection of lives is followed by a second collection consisting of three lives of saints, St. Clara, St. Franciscus and St. Blasius, contained in two separate quires (see Table 3). It is interesting to note that the hand of these two quires seems to have planned the layout of the page differently than the preceding parts of the extant codex, which would indicate that this unit forms a separate production unit. It is also relevant for our understanding of how the codex was composed from different production units that the initial is formed in a different way from the earlier texts of the manuscript and that it is only outlined and not coloured (see Ill. 8). Most likely, the initials should have been further enhanced with red colour, but this work was never accomplished.

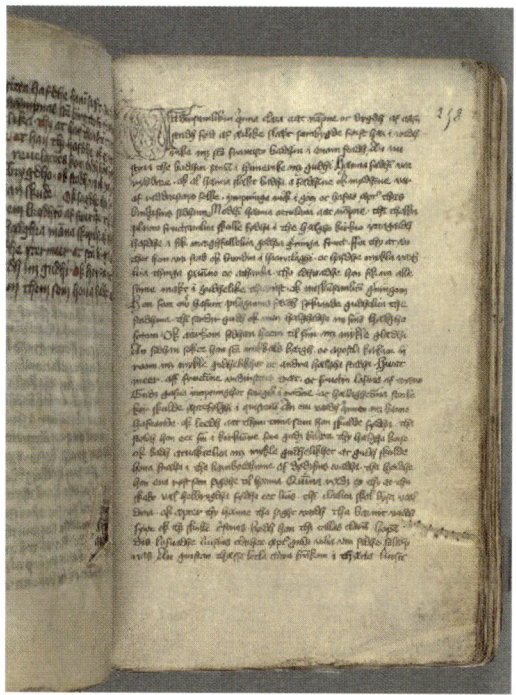

Ill. 8. Fol. 258ʳ. The beginning of the second collection of saints' lives (St. Clara, St. Franciscus and St. Blasius).

Finally, on fol. 280ʳ, the last text of the extant manuscript, *Nikodemusevangeliet* (*Gospel of Nicodemus*), is written in two separate quires (see Table 3). The layout of these folios is similar to the one found in the preceding text. It is important to note, that where the preceding texts had initials that were not coloured, this new text has space for initials that were never added. This could indicate that the two last production units were originally planned as a joint usage unit, but that the work has never been finished (see Ill. 9). At this point, however, this suggestion cannot be further sustained.

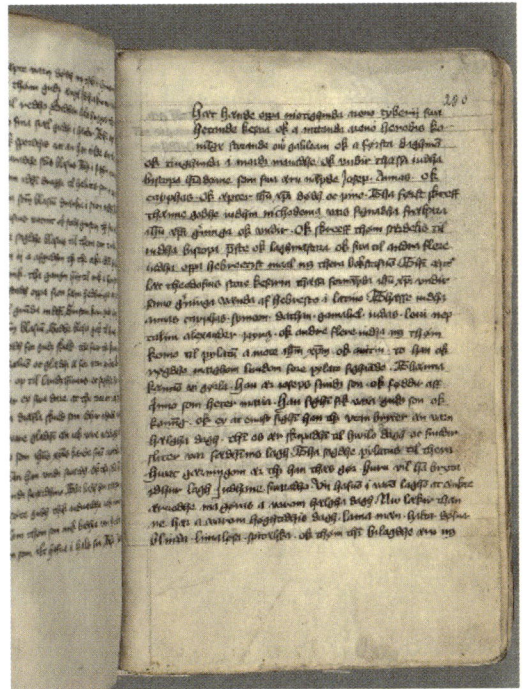

Ill. 9. Fol. 280ʳ. The beginning of *Nikodemusevangeliet* (*Gospel of Nikodemus*).

Conclusion

From my preliminary investigation of the composition of Cod Holm A 110, it is now possible to form a hopefully clearer image of the production of the extant codex. The first step was to establish with greater certainty the number of *production units* that can be delimited in the manuscript. From the investigation of texts and quires, the manuscript may with relatively great certainty be divided into six units, this in accordance with the conclusions presented already by Klemming as described above. A first hypothesis about the composition of the *production units* into one *usage unit* could be presented as in Diagram 1.[8]

One problem that remains, if we accept Klemming's division, concerns the relation between production units II (Klemming's text nr. 4, *Revelationes*), IV, V (Legends) and VI (*Gospel of Nicodemus*). Should these be considered as only haphazardly added to the extant book or could they possibly form an intended role in the codex? This problem cannot be definitely solved from the present codicological analysis. It is obvious, however, that production unit VI (*Gospel of Nicodemus*) has

---

8 I = Sermo angelicus, Järteckensbok, Apostlagärningarna; II = Revelationes; III = Vitae patrum, Heliga Birgittas levnad; IV = Legends; V = Legends; VI = Gospel of Nicodemus.

originally been formed as a single *production unit* and only later been combined with the rest of the texts, most likely when it was bound in the extant book. It is possible to argue, however, that the treatments of initials mentioned above could indicate that production units V and VI were planned to form one usage unit. From the present codicological study, this cannot be sustained as far as I can see. As for the two production units IV and V containing legends of saints the situation is even more unclear. They are produced by different scribes, but still very close in time, and it could be suggested that they were originally planned to be joined in a *usage unit*. It is relevant here, however, to note that the first collection ends mid-page on the last folio in a separate quire, obviously a strong indication that the two collections were gathered separately. Their relation to the preceding production units must however still be considered to be uncertain.

Diagram 1. Production units I–VI and Cod Holm A 110 as a single usage unit.

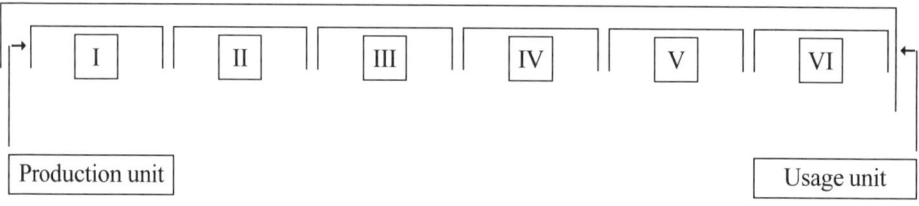

There are reasons, however, to come to some further preliminary results from the above. The three first texts (production unit I) do seem to be originally forming a separate usage unit. The three texts in this unit are written in one go and would have formed a substantial codex by themselves. The codicological investigation, therefore, supports the unity of these text suggested by Klemming; it also supports the idea of this first production unit originally forming a separate usage unit.

The production units II and III could possibly form an initially separate second usage unit, but this is more uncertain. The first unit here is written on what seems to be an oversized quire and not overlapping with the following text. This would indicate that it was not only a separate production unit, but rather originally was not planned as part of a usage unit together with the following texts. It remains to study this connection closer in order to come to a more conclusive answer.

From this reasoning, it seems most plausible to suggest that the extant codex has originally formed five usage units (with some reservations for usage unit B) as indicated in Diagram 2. These units have at a later stage been forged into the present usage unit extant in the composite manuscript Cod Holm A 110.

Diagram 2. Production units and original usage units in Cod Holm A 110.

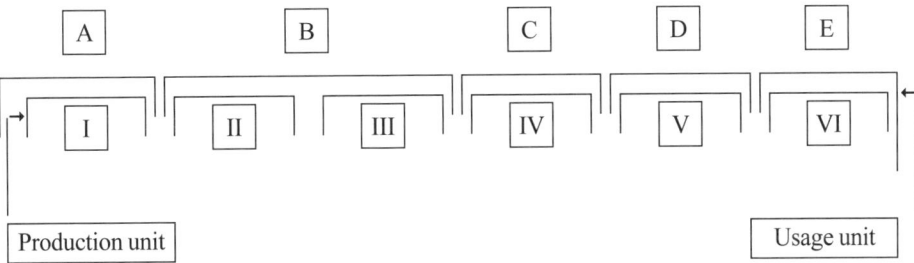

This study makes no claim to reach conclusive results. My aim has been to show a stringent model for a codicological description and analysis of a composite manuscript. My contention is that there is a need for further studies of composite manuscripts as a typical form of gathering texts in the later Middle Ages. The codicological investigation should not be the end of this study, however. It should rather provide a more stable ground for our analysis of the composite manuscripts themselves as carriers of learning and as modes of providing reading material to individuals as well as reading communities in monasteries and church schools. Still there are many question marks, so there is need for further studies of the individual units distinguished above. From the codicological investigation, it would be necessary to further study the individual texts and their function in the composite manuscript. A close reading would reveal more about the individual production unit as well as about the usage units formed as the texts were gathered and bound into the volume of Cod Holm A 110.

TABLES

Table 1. Production unit 1

Quire	Fol.	Text
1a	1^v	Scribal note
1b	2–7	*Sermo Angelicus*
2	8–15	
3	16–23	
4	24–31	
5	32–39	
6a	40–45^r	
6b	45^r	Scribal note
6c	45^v–47	*Järteckensbok* (Miracles)
7	48–55	
8	56–63	
9	64–71	
10	72–79	
11	80–87	
12	88–95	
13	96–103	
14	104–111	
15	112–119	
16a	120–122^{v6}	
16b	122^{v7-10}	Scribal note
16c	122^{v11}–127	*Apostlagärningarna* (*Acts*)
17	128–135	
18	136–143	
19	144–151	

Table 2. Production units 2 and 3

Quire	Fol.	Text
20	152–163	*Revelationes* of St. Birgitta
21	164–171	*Vitae Patrum*
		Lacuna
22	172–179	*Vitae Patrum*, continued
23	180–187	
24	188–195	
25	196–203	
26	204–211	
27	212–219	
28	220–227	
29a	228–235^{r18}	
29b	235^{r20}–235^v	*Vita abbreviata Birgittae*
30	236–244	
31	245–249	

Table 3. Production units 4–6

Quire	Fol.	Text
32a	250–254^{r13}	St. Barbara
32b	254^{r14}–^{r21}	St. Juliana
32c	254^{r22}–257^{v12}	St. Sylvester
33	258–267	St. Clara
34a	268–276^{v18}	
34b	276$^{v19–25}$	Antiphona
34c	276^{v26}–277^{r25}	St. Franciscus
34d	277^{r26}–277^v	St. Blasius
35	278–279	
36	280–289	*Gospel of Nicodemus*
37	290–299^r	

LITERATURE

Arvidsson, Maria. 2017. *En handskrifts tillkomst- och brukshistoria. En närstudie av Cod. Holm. A 49 (Nådendals klosterbok)*. Samlingar utgivna av Svenska fornskriftsällskapet. Serie 1. Svenska skrifter 101 (Uppsala: SSFS).

Carlquist, Jonas. 2002. *Handskriften som historiskt vittne. Fornsvenska samlingshandskrifter – miljö och funktion*. Opuscula 6 (Stockholm: Runica et Mediævalia).

Gumbert, Johan Peter. 1999. 'One Book and Many Texts: the Latin Tradition', in Ria Jansen-Sieben and Hans van Dijk (eds.). *Codices Miscellanearum*. Archives et bibliothèques de Belgique, 60 (Bruxelles: Van Hulthem Colloquium), p. 27–36.

Gumbert, Johan Peter. 2004. 'Codicological Units. Towards a Terminology for the Stratigraphy of the Non-Homogeneous Codex', *Segno e testo*, 2, p. 17–42.

Gunnar Harðarson. 2016. 'Hauksbók og alfræðirit miðalda', *Gripla*, 27, p. 127–155.

Hanna III, Ralph. 1996. 'Booklets in Medieval Manuscripts. Further Considerations', in Ralph Hanna III (ed.). *Pursuing History. Middle English Manuscripts and Their Texts* (Stanford: Stanford University Press), p. 21–34.

Johansson, Karl G. 2017. 'The *Hauksbók*. An Example of Medieval Modes of Collecting and Compilation', in Karen Pratt, Bart Besamusca, Matthias Meyer and Ad Putter (eds.) with the assistance of Hannah Morcos. *The Dynamics of the Medieval Manuscript. Text Collections from a European Perspective* (Utrecht: V&R Unipress), p. 131–145.

—. 2018. 'Compilations, Collections and Composite Manuscripts. Some Notes on the Manuscript Hauksbók', in Kate Heslop and Jürg Glauser (eds.). *RE:writing. Medial Perspectives on Textual Culture in the Icelandic Middle Ages.* (Medienwandel – Medienwechsel – Medienwissen, 29) (Zürich: Chronos Verlag), p. 121–141.

—. 2021. 'AM 657 a–b 4° and the *Mouvance* of Medieval Works. Roles and Functions in the Transmisson of Texts in a Manuscript Culture', in Gunnar Harðarson and Karl G. Johansson (eds.). *Dominican Resonances in 14th Century Iceland. The Legacy of Bishop Jón Halldórsson of Skálholt*. Northern World, 91 (Leiden: Brill Academic Publisher), p. 151–179.

Klemming G. E. (ed.). 1877–1878. *Klosterläsning. Järteckensbok, Apostla gerningar, Helga manna lefverne, Legender, Nichodemi evangelium*. SFSS, 22 (Stockholm: Norstedt & söner).

Kwakkel, Erik. 2002. 'Towards a Terminology for the Analysis of Composite Manuscripts', *Gazette du Livre Médiéval*, 41, p. 12–19.

Pratt, Karen, Bart Besamusca, Matthias Meyer and Ad Putter (eds.) with the assistance of Hannah Morcos. 2017. *The Dynamics of the Medieval Manuscript. Text Collections from a European Perspective* (Utrecht: V&R Unipress).

Rowe, Elizabeth Ashman. 2008. 'Literary, Codicological, and Political Perspectives on Hauksbók', *Gripla,* 19, p. 51–76.

—. 2009. '*Ragnars saga loðbrókar, Ragnarssona þáttr*, and the Political World of Haukr Erlendsson', in Agneta Ney, Ármann Jakobsson and Annette Lassen (eds.) *Fornaldarsagaerne. Myter og Virkelighed* (København: Museum Tusculanum), p. 347–360.

Sverrir Jakobsson. 2007. 'Hauksbók and the Construction of an Icelandic World View', in *Saga-Book of the Viking Society for Northern Research*, 31, p. 22–38.

Online resources

https://dynamicsofthemedievalmanuscript.eu (28.05.2021).

https://www.manuscripta.se/ms/100240 (28.05.2021).

10. SPOTLIGHT ON THE PERIPHERY – ANNOTATIONS IN AM 899 4TO

ANJA UTE BLODE
Department of Scandinavian and Finnish Studies, Faculty of Arts and Humanities, University of Cologne, Germany

Contact
Post   Institut für Skandinavistik/Fennistik, Philosophische Fakultät der
                Universität zu Köln, Albertus-Magnus-Platz, D-50923 Köln,
                Deutschland
E-Mail   anja.blode@uni-koeln.de
ORCID   0000-0001-8065-4714

Keywords
annotations, marginalia, Swedish chronicles, rhymed chronicles, historiography

Resumé
Dette bidrag undersøger et tidligt moderne manuskript, AM 899 4to, fra Sverige, som har bevaret den Stora Rimkrönikan (*Erikskrönikan*, *Karlskrönikan* og *Sturekrönikan*) fra den svenske middelalder. AM 899 4to er udførligt kommenteret. Det viser, at de middelalderlige tekster blev læst og modtaget i moderne tid. De forskellige annotationer er her for første gang analyseret og kategoriseret. Dermed opnås en dybere forståelse af brugen af dette håndskrift og læsernes interesse for disse historiografiske tekster.[1]

1. The manuscript

The manuscript AM 899 4to (Arnamagnæan Institute, Copenhagen) contains only historiographical texts on 478 leaves of paper.[2]

---

1   I am most grateful to Tamara Bedic, Dr. Emma Bentz, Iben Berg-Breuer, Kathrin Dreymüller and Dr. Regina Jucknies for discussing various aspects of this article.
2   A short description of the manuscript can be found in Katalog over den Arnamagnæanske håndskriftsamling, Volume 2, edited by Kålund (1894: 250–251, no. 2029). Unfortunately, this catalogue entry is incorrect: *Prosaiska Krönikan* is not mentioned, instead, according to the catalogue, the manuscript immediately begins with *Erikskrönikan*, which is supposed to cover only the first 22 leaves. See also a short description in Klemming 1868–1869: 264–265, which refers to *Prosaiska Krönikan* as part of AM 899 4to.

ff. 1ʳ–22ʳ *Prosaiska Krönikan with addition*³
ff. 25ʳ–27ʳ *Förbindelsedikten*
ff. 27ʳ–148ᵛ *Erikskrönikan* (text up to 132ᵛ, continuation up to 148ᵛ line 2)
ff. 148ᵛ, line 3–382ᵛ *Karlskrönikan* (3ʳᵈ redaction)⁴
ff. 383ʳ–478ᵛ *Sturekrönikan* (ends with rhyme 4198 in the year 1496, only parts 1–3 after Klemming in this manuscript)

All of these texts are written in Swedish. While the opening *Prosaiska Krönikan* is written in prose, all other texts are in *knittel*. *Erikskrönikan, Karlskrönikan* and *Sturekrönikan* (ff. 27ʳ–478ᵛ) form the Great Rhymed Chronicle (*Stora Rimkrönikan*), which is one of the most important texts in medieval Swedish historiography. *Erikskrönikan* is the oldest of these chronicles, compiled in the 1320s. Yet, our oldest extant copy is about 100 years younger. The chronicle describes in detail the power struggle between King Birger and his two brothers, the dukes Erik and Valdemar. *Karlskrönikan* was written around 1452, dedicated to the events surrounding King Karl Knutsson Bonde. It was also at this time that the so-called *Förbindelsedikten* was composed, which intended to fuse *Erikskrönikan* and *Karlskrönikan* and emphasize Karl Knutsson's noble ancestry. *Sturekrönikan* whose earliest version was probably written around 1500 describes the Swedish political leader and temporary regent Sten Sture the Elder. These texts cover about 200 years of Swedish literature and history and often appear together in manuscripts. Although these texts were written during the Middle Ages, they were copied, revised, passed down to modern times, albeit adopted to contemporary literary fashion and *realpolitik*.

Palaeographic analyses dates AM 899 4to to the end of the 16ᵗʰ century. The manuscript, bound in parchment, was written by at least three different scribes who alternated several times within the texts. AM 899 4to is closely related to D 5 (Royal Library Stockholm) which is dated to around 1500. Both manuscripts contain *Pro-*

---

3 A complete discussion of *Prosaiska Krönikan* in AM 899 4to, together with the annotations found on these leaves, appears in a forthcoming essay by the author. *Prosaiska Krönikan* will therefore not be discussed here. It should also be noted that leaf 22ᵛ is blank except for one and a half lines and leaves 23–24 are completely blank.
4 https://project2.sol.lu.se/fornsvenska/02_Texter/B.V1-KarlSture.html.

saiska Krönikan (D 5: 2ʳ–15ʳ) and *Stora Rimkrönikan* (D 5: 15ᵛ–272ʳ, 2ⁿᵈ edition)⁵ and D 5 was probably the model for AM 899 4to.⁶

Although AM 899 4to is simple and unadorned, multiple people have read and analysed it over time. The mere fact that it was written around the end of the 16ᵗʰ century but contains texts from late medieval Sweden, is of interest for the reception and significance of these texts in later times. Although it is a young manuscript, at least in comparison with other variants of these texts, it should be placed on equal footing with other manuscripts containing these texts and examined in terms of *material philology*. Of particular interest are the annotations that appear throughout the entire length of the manuscript, and testify to a lively use of these texts and a strong interest in medieval texts. In the following, these annotations are examined for the first time and the article hopes to provide insights into the work of scribes as well as readers and researchers interested in medieval texts.

2. Annotations

Nowadays, annotations in books are considered unsightly and bothersome. Nevertheless, in older books, and manuscripts, these annotations reveal how texts and manuscripts were used and regarded. The majority of users, however, left no trace; often one does not even know whether or why a reader chose a specific book (Rautenbach 2017: 50). Nevertheless, every underline or marginalia adds information to the history of the manuscript. At the moment of entry the thought, insight or historical addition seemed so important that a reader actually wrote marginalia in a manuscript or book. In this way, we learn something about reading culture and the use of these manuscripts. As for doodles, it cannot be denied that some users did not appreciate the book in front of them.

Annotations appear in a variety of forms. For example, an annotation can explain terms and contents of texts, translate terms into other languages or expand the text content, adding information for later readers. In addition, working steps of people can also be found. This may involve correcting real or perceived mistakes, excerpting or highlighting. Likewise, texts can be structured, classified, separated, contents visualized or summarized by annotations (Teuwen 2018: 151 and Carmassi/Heitzmann 2019: 8–10). Annotations can be found in different places of a manuscript or

---

5 http://manuscripta.se/ms/100351#.
6 In addition, the layout seems to match. In both D 5 and AM 899 4to, the rhymed chronicles also form a unit in terms of layout. Cf. Hagnell 1941: 27f. However, in both manuscripts, the last part of the *Sturekrönikan*, beginning in 1488 and up to 1496, is visually separated from the rest of the text. Thus in AM 899 4to 495ʳ is only half written, while 459ᵛ is completely free. The text starts again at 460, cf. Klemming 1867–1868: 263f.

book as marginalia at the outer margins of a page or as paratext in the middle of or between the lines of the main text. Therefore, the term "annotations" will not refer solely to 'classical marginal' comments, but include other additions into the analysis.

The annotations in AM 899 4to were first compiled in a table and then structured and systematized.[7] However, no attempt was made to create a new typology of marginal notes or annotations, as there is still no uniform system for them.[8]

Annotations in AM 899 4to, 28^r–478^v [9]

No.	Leaf/lines/ rhymes	Annotations	Context	Scribe
		Erikskrönikan		
1	28^r, line 4, rhyme 78	så lenge[10]	1236: refers to Erik XI Eriksson's (1222/1229–1250) sister Ingeborg († 1254).	1
2	29^v, lines 8–9, rhymes 149–151	taueste hus först nybijghet aff birgir jarle aff bielbo	1249–1250: Swedish crusade to Finland to Christianise the pagans	1
3	30^r, lines 16–17, rhymes 173–174	[*illegible*] birger jerles/ son valdes til kon/unger aff ivar Blå	1250: Joar Blå[11], one of the leading Swedish nobles, has Valdemar (1250–1275), Birger Jarls son, crowned king.	1
4	30^v, line 18, rhyme 196	u*n*der	1250: Birger Jarl (1210–1266) discusses the succession with Joar Blå.	1

---

7   Marginalia were not examined if they belong to the main text and only ended up in the marginalia because the actual length of the line was not sufficient. Furthermore, e.g. 79^r, line 1 was not included in the analysis. This line was originally omitted, but during correction, it was inserted directly above the text block, so that it is outside the actual text frame, but at the correct position in the text. The reclamants recorded on almost every recto- and verso page (exceptions 64^r, 172^r, 257^r) are not further examined. Furthermore, the pagination was disregarded. Each leaf was numbered in ink at the top of the outer margin, while only the recto pages were numbered in pencil. The pagination was continued on the blank leaves 23 and 24, only the fly leaves at the end of the manuscript remained unmarked. However, a number was first written on the first fly leaf (479^r), but was later made unrecognizable.
8   For a typology of marginalia, see e.g. Mouline 2019.
9   The line numbers refer to the respective leaf in the manuscript, the rhyme numbers refer to the edition. The annotations are given as they appear in the manuscript, including the number of words per line. Abbreviations have been deciphered. The exact line separation is important for the table. In cases where it was not possible to keep the original line separation, a / was inserted to indicate the different lines. This concerns nos 9, 26, 42, 43, 44, 50, 53, 55, and 61. All other numbers show the line division as it is found in the manuscript.
10 Translations of the quotations are provided at the end of the essay. Unless otherwise stated, translations are by the author.
11 Cf. footnote 21.

No.	Leaf/lines/ rhymes	Annotations	Context	Scribe
		Erikskrönikan		
5	36ʳ, lines 11–13, rhyme 456	birger jarl gaff en lagh at systeren skul le erffua triddung sten medh broderen	1266: Birger Jarl issues new laws.[12]	1
6	37ᵛ, lines 9–12, rhymes 522–525	birger jarla bleff dödh i jelboo lundh och bleff begraffuen i var nem klooster	1266: Birger Jarl dies and is buried in Varnhem.	1
7	38ᵛ, lines 9–13, rhymes 569–570	konnungh Erick affdannemarck blefffördrengher igenom sitt bro ders rådh som het hertigh abels	1250: King Erik IV (1241–1250) of Denmark is killed by order of his brother Duke Abel (1250–1252).	1
8	39ʳ, line 17, rhyme 600	sine	1270: Jutta of Denmark (1246–1284) wants to visit her sister Sophia († 1286) in Sweden.	1
9	39ᵛ, lines 16–19, rhyme 622	jungfru jotta/ drottninghs sopias/ syster wart kr/ enekt uth aff ko*n*nugh/ woldemar	1270: Jutta of Denmark has an affair with King Valdemar (1243–1302), her sister's husband. Jutta is banned by the Pope and returns to Denmark.[13]	1
10	42ʳ, lines 17–20, rhymes 740–746	konnung valdemar bleff fongen utaff sin broder hertigh magnus	1275: King Valdemar loses the Battle of Hova, flees the country, returns and is captured by his brother Magnus I Ladulås (1275–1290).	1
11	45ᵛ, lines 4–5, rhyme 889	# och monger dhör nybrutten[14]	1277: Battle of Ettak, where an army from Uppland surprises the Danes.	1
12	51ᵛ, lines 14–15, rhymes 1158–1161	hertig albrickt aff brunsvick riddare	1289: Prince Birger (1280–1321) knights Duke Albrecht II of Braunschweig-Lüneburg-Wolfenbüttel (1268–1318).	1

---

12 Cf. Strauch 2016: 68–70. The new law is not only contained in *Östgötalagen* (Ärvdabalken 1) but also in *Upplandslagen* (Ärvdabalken 11 and in the *younger Västgötala*g (Ärvdabalken 1). Cf. Pipping 1926: 247–253 and Holmbäck/Wessén 1646: 268.

13 Cf. Pipping 1926: 293–294.

14 Cf. chapter 3.4 (also number 18)

No.	Leaf/lines/rhymes	Annotations	Context	Scribe
		Erikskrönikan		
13	52ʳ, lines 8–10, rhymes 1170–1177	·S· claracloster nybigdhaff kong måns och sidan giffuin hans dottar	1289: King Magnus I Ladulås founds Santa Klara Monastery in Stockholm and gives it to his daughter Rikissa (†1348), who later becomes abbess there.	1
14	52ʳ, lines 20–21, rhymes 1188–1189	gråmuncka closter i stockholm nybyghes	1288: Magnus I Ladulås gives Skeppsholmen to the Franciscans, who build a monastery there.	1
15	56ʳ, line 4, rhyme 1347	med	1293: Russians occupy Kexholm.	1
16	57ʳ, line 1, rhyme 1386	konge birgers br[yllop]	1298: Birger Magnusson marries Princess Märta of Denmark (1277–1341).	1
17	61ᵛ, line 17, rhyme 1617	# the haffue ey os the vesta sent	1299/1300: Tyrgils Knutssons († 1306) wars against the Russians. Mats Ketilmundsson (1280–1326), captain and drots, challenges the Russians to a duel.	2
18	61ᵛ, between lines 17–18, rhyme 1618	jagh huxare	compare number 16[15]	1
19	62ʳ, line 15, rhyme 1640	300	1300: The Swedes retreat, but leave 300 men behind – 200 as fighters and 100 to take care of everyday tasks.	1
20	62ʳ, line 17, rhyme 1642	200	compare number 19	1
21	62ʳ, line 20, rhyme 1645	200	compare number 19	1
22	65ʳ, between lines 5–6, rhyme 1775	# gret eij marskens iärtha saa	1301: The Russians defeat the Swedes at Landskrona.	2
23	66ʳ, lines 2–3, rhyme 1820	konung birge krönth in ij Sor kopingh	1301: Birger Magnusson is crowned king in Söderköping.	1
24	78ʳ, line 16, rhyme 2361	20000	1304/1305: King Birger draws 20,000 men together at Agna bro.	1
25	78ʳ, line 16, rhyme 2361	tusund	compare number 24	5

---

15 Cf. Pipping 1926: 487.

No.	Leaf/lines/ rhymes	Annotations	Context	Scribe
	Erikskrönikan			
26	80ʳ, lines 12–13, rhymes 2450–2452	her torkils knutsen/ bleff fongen aff hertig/ erick in for kongen	1305: Tyrgils Knutsson, the former regent, is captured at the behest of King Birger.	1
27	80ᵛ, lines 3–4, rhyme 2460	eller tyrgils/ her torkils knutt/ son på hesten bundin	compare number 26	1
28	81ʳ, line 5, rhyme 2484	ther	1306: Tyrgils Knutsson should prepare himself for his death	
29	81ʳ, lines 13–14, rhyme 2494	he turlkil eller her tijris knuth son hals hungen	1306: Tyrgils Knutsson is beheaded in Stockholm.	1
30	93ᵛ, line 1, rhyme 3024	koma	1309: Norwegian scouts are defeated.	1
31	97ʳ, line 16, rhyme 3173	örs	1309: King Erik Erik VI Menved raises an army, which also includes Germans and Danes.	1
32	98ʳ, line 11, rhyme 3214	till	1309: Duke Erik (1282–1318) comes to Värnamo.	1
33	113ᵛ, lines 2–3, rhymes 3819–3820	her knut vill icke hielpa kong birger utan straffer hans före tagande	1317: Sir Knut (Johansson) refuses to take the dukes Erik and Valdemar (1285–1318) prisoner at Nyköpings Gästabud.	1
34	114ʳ, lines 5–6, rhyme 3838	om vennernes råd försmås aff ko nungen	1317: Two more men refuse to obey the king's order at Nyköpings Gästabud.	1
35	114ᵛ, lines 18–19, rhymes 3871–3872	om valram skytta setter boijor inpå her tigerne	1317: a German named Walram Skytte becomes the duke's jailer and had them chained.[16]	1
36	114ᵛ, lines 18–19, rhyme 3871	walram	compare number 35	1
37	119ᵛ, lines 3–4, rhyme 4054	nycklane i vatnet kastade til turnd som hertigerne inne vore	1318: King Birger throws the keys of the dukes' cell into the water.	1

---

16 Cf. Pipping 1926: 677 and Paulsson 1974: 284, Annales 266–1430 for the year 1318, when the execution of a Valram is reported.

No.	Leaf/lines/ rhymes	Annotations	Context	Scribe
		Erikskrönikan		
38	119ᵛ, lines 10–11, rhymes 4060–4064	hertigh erick och her tig woldemar i tur nad i hiel suelte	1318: the dukes Erik and Valdemar die in prison; Erik allegedly after nine days, Valdemar after 11 days.	1
39	120ʳ, lines 3–4, rhymes 4071a–4071b[17]	1317 årner ǀ dh*et* skedde	compare number 38	1
40	125ᵛ, lines 1–3, rhymes 4266–4266	hertogarnas lich tagas ifrån nijk öpingh	1318: the retainers of the dukes take Nyköping and discover the bodies of the dukes. They are buried in Stockholm.	1
41	126ʳ, line 2, rhymes 4284–4297	nijkoping upgiffuidh och nider brutidh	1318: The fortress of Nyköping is abandoned and razed after the conquest.	1
42	126ᵛ, lines 11–12, rhymes 4316–4325	stecka borg upgiffuid/ oc · j · magnus han/ skulle fongen bliffua	1318: King, Queen and Magnus (1300–1320) flee to Stegeberg slott, which is later abandoned. Magnus is captured.	1
43	127ʳ, line 2, rhyme 4328	junkar magnus i tornd/ i stockholm insatter	1318: Magnus is brought to Stockholm and imprisoned.	1
44	128ᵛ, lines 4–5, rhyme 4400	hertug magnus birger/ son utledes utaff tornd/ til af retas	1320: Magnus is led to execution.	1
45	129ʳ, lines 6–9, rhymes 4424–4425	här ledde te hertigh magnus å helgans holman til af rettes och bredde et tepeth under honom	1320: Magnus is beheaded.[18]	1
46	135ʳ, line 11, rhyme 89 of the continuation	Euphemia	1321/1336: wedding of Eufemia Eriksdotter (1317–1370), sister of King Magnus Eriksson (1316–1374).	7

---

17   These lines do not correspond to the main text in the editions and were therefore marked with letters.
18   On the mat that is spread out under the prince, see Pippin 1926: 712–713.

No.	Leaf/lines/ rhymes	Annotations	Context	Scribe
Karlskrönikan					
47	151ᵛ, line 11, rhyme 150	kvnink	1396: Queen Margrete (1353–1412) seeks a wife for Erik of Pomerania (1396–1439).	2
48	179ᵛ, line 18, rhyme 1404	tijl wardberg	1434: Engelbrekt Engelbrektsson (1390's–1436) goes to Varberg.	2
49	193ᵛ, line 12, rhyme 1943	åå	1434: Engelbrekt raises an army.	1
50	195ᵛ, lines 4–5, rhyme 2012	Engelbrickt giffuer the/ suenske herer rådh	1436: Engelbrekt persuades Karl Knutsson Bonde (1408/1409–1470) to go to Stockholm to prevent Erik of Pomerania from giving the kingdom to Duke Bogislaw IX of Pomerania (1410–1446).	1
51	195ᵛ, lines 13–15, rhymes 2020–2025	engelbrickt bedar marskin fölia med han til stockholm	compare number 50	1
52	195ᵛ, lines 17–19, rhyme 2028	stockhols borgare stengia the suenske härar ut för po rthen	1436: The citizens of Stockholm close the gates before the arrival of the Swedes.	1
53	196ʳ, lines 18–20, rhymes 2049–2050	må tyske borgmestare/ komma ut for borten/ til at tala mäd the suen/ ske herrana	1436: Engelbrekt and Karl Knutsson Bonde try to talk to the mayors.	1
54	196ᵛ, lines 17–19, rhymes 2067–2068	borgemesterne the holla rådh om the skulle slepa the suen ske härrer in i sta dhen	1436: The mayors discuss whether the Swedes should be allowed into the city.	1
55	197ʳ, lines 2–4, rhyme 2073	borgmestarna kommo/ ut tridie gangen til/ tals medh the suenske/ herrarna	1436: For the third time the mayors go out to speak with the Swedes.	1
56	197ʳ, lines 9, rhyme 2079	marskin fonger borg mestarna	1436: The mayors are taken prisoner.	1
57	211ʳ, lines 13–14, rhyme 2636	engelbrickth ville til stockholm fara ifr ån öre broo	1436: Engelbrekt wants to continue his sea voyage to Stockholm.	1

No.	Leaf/lines/ rhymes	Annotations	Context	Scribe
		Karlskrönikan		
58	212ʳ, lines 3–4, rhymes 2673–2686	Engelbrickth slagin til dödh	1436: Magnus Bengtsson (Natt och Dag, †1473/1477) kills Engelbrekt with an axe.	1
59	260ᵛ, lines 7–8, rhyme 4634–4635	NB [Nota Bene] thij wthan almoghen faar noghon agha the lijdhe oss aldrig i wara dagha	1437: Karl Knutsson wants to chastise the farmers from Värmland for their disobedience to him. Peasants should know their place in society.	3
60	263ʳ, line 11, rhyme 4746[19]	The sculo honom lijdha och skattha tha	1438: compare number 59	3
61	265ᵛ, lines 5–6, rhymes 4840–4841	NB [Nota Bene] än är bäthre ath en tigher än mena onth then han goth sigher	1438: Karl Knutsson realizes the intrigues of drots Krister Nilsson (1365–1442).	3
62	268ʳ, line 19, rhyme 4958	flath kaka	1439: After an unsuccessful siege, the Norwegians abandon Älvsborg.	3
63	301ᵛ, lines 4–5, rhyme 6371	Her än[der] den pre [illegible] tade Rijm/ kronick	1439: The nobles write to King Erik of Pomerania that they refuse their allegiance to him and depose him.	4
64	332ʳ, lines 4–5, rhyme 7623	the suenske unno wisbij medh behen dighet om nattetidh	1449: Olof Axelsson († 1464) is able to convince Erik of Pomerania to leave Visby to the Swedes.	1
65	333ᵛ, line 15, rhyme 7690	karll	1449: Karl Knutsson hurries to Gotland to bring the situation under control.	2
66	341ᵛ, line 1, rhyme 7971	sa	1449: Karl Knutsson calls his men to Arboga.	1
67	354ʳ, line 9, rhyme 8462	kong karl sköt nya pauens reth	1451: Karl Knutsson refers disputes to pope Nikolaus V (1447–1455).	1
		Sturekrönikan		
68	418ʳ, line 11, rhyme 1548	ju	1467: Erik Axelsson (Tott) (1415–1481) betrays his loyalty to Karl Knutsson.	2

---

19 Due to the tabular presentation, the sentence had to be split over two lines. In AM 899 4to all words are in one line.

No.	Leaf/lines/rhymes	Annotations	Context	Scribe
		Sturekrönikan		
69	418ʳ, line 14, rhyme 1552	thy, han	compare number 68	2
70	418ʳ, line 22, rhyme 1560	isa	compare number 68	2
71	418ʳ, line 24, rhyme 1562	rijda	1467: Erik Karlsson Vasa (1436–1491) is defeated near Nyssa skog and goes to Kalmar.	2
72	425ᵛ, line 2, rhyme 1884	sa	1471: Erik Axelsson (1415–1481) and his followers want to elect a new commander.	1
73	426ᵛ, lines 11–12, rhyme 1936	konnungh karl dödh	1470: Karl Knutsson dies in Stockholm.	1
74	446ʳ, line 9, rhyme 2810	NHD 1726 [= Nils Hufwedsson Dal]	1484: a diet is held in Stockholm, as some nobles want to depose Sten Sture (ca. 1440–1503).	6
75	447ᵛ, line 7, rhyme 2874	NHD 1726 [= Nils Hufwedsson Dal]	compare number 67	6
76	449ᵛ, line 5, rhyme 2964	A	1486: Ivar Axelsson and Sten Sture are in conflict with each other. Ivar Axelsson does not appear to a meeting in September and calls a meeting himself for October.	2
77	449ᵛ, line 8, rhyme 2967	B	compare number 69	2
78	450ʳ, line 20, rhyme 3001	GEK 1866 [= Gustaf Edvard Klemming]	1486: Sten Sture summons the council to prepare for negotiations with Ivar Axelsson.	6
79	451ᵛ, line 19, rhyme 3068	GEK 1866 [= Gustaf Edvard Klemming]	compare number 78	6
80	460ʳ, line 1, rhyme 3382	1488	1488: Various events in Sweden.	1
81	460ʳ, lines 5–7, rhyme 3387	sante karin y vastena kloster bleff verknadh för helögh	1489: St. Catherine (1331–1381) is canonized.	1
82	470ᵛ, line 11, rhyme 3857	rysser	1495: Russo-Swedish War (1495–1497), Russians defeated at Viborg.	1
83	471ʳ, line 19, rhyme 3889	1496	1496: a peace treaty ends the Russo-Swedish war.	1

3. Analysis

The manuscript AM 899 4to may appear unspectacular at first glance, but the texts in it have really been read and revised. 83 annotations were observed, which are included in the following analysis. The majority of the annotations are 'classical' marginalia, which expand on the content of the text. However, these annotations are unevenly distributed throughout the manuscript. Most of the annotations are found in *Erikskrönikan* (46). *Karlskrönikan* and *Sturekrönikan* have only 21 and 16 annotations respectively. Otherwise, corrections, additions and omissions were annotated. A wrong order of rhymes was noted, as well as omitted rhymes. Some Roman numerals used in the text were converted into Arabic numerals. There are also notes mentioning lacunae in other manuscripts, which could be filled in with information found from the text of AM 899 4to. All annotations refer to the content of the main text. They do not reproduce the text passage to which they refer word for word, but paraphrase the content and are, in general, short. The annotations are both simultaneous and subsequent to the base text (Mouline 2019: 27). All annotations were written in Swedish, the same language as the texts. There are annotations from the original scribes, as well as from later researchers or readers. Unfortunately, there are no marginal notes that identify the writers or readers. In the following, the individual categories of the observed annotations are discussed.

3.1 Marginalia

Marginalia are by far the most common type of annotations in AM 899 4to. Marginalia make it easier to find individual passages of the text. It is not surprising that names of persons, events, places or even dates were noted in this manuscript. After all, these are all texts with historical or allegedly historical *topoi*. Nevertheless, fewer marginalia were found than expected: only 42 marginalia on 478 leaves. Additionally, within the individual texts, the annotations are irregularly distributed. In the following, the marginalia are divided into different categories and discussed.

At least one reader of AM 899 4to had a great interest in place-names. These are mostly monastery foundations in Stockholm (nos. 13, 14) and fortresses that were built (no. 2) or abandoned in the course of wars (nos. 41 and 42). All these marginalia belong to *Erikskrönikan*; similar passages were not noted in the other two texts.

Only two royal coronations or elections from *Erikskrönikan* were noted, although far more are mentioned in the three chronicles. These relate all to under-age kings or their independent accession to the throne (nos. 3 and 23). The Swedish kings Erik XI (1216–1250) and Magnus IV (1316–1364) also ascended the throne very young, but the chronicles do not mention this. It is annotated that Joar Blå makes Birger Jarl's son king, thus paving the way for the events that determine *Erikskrönikan*.[20] Interestingly, Valdemar Birgersson (1239–1274) is not mentioned by name, but is only referred to as the "son of Birger Jarl of Bjälbo".The second mentioned accession (no. 23) names King Birger Magnusson (1280–1321) adding that he is crowned in Söderköping. Although King Birger is one of the key figures in *Erikskrönikan*, he is only mentioned once more in the marginalia in connection with his marriage to Danish Princess Märta (1277–1341, no. 16). This is the only highlighted wedding in the entire Swedish Rhymed Chronicle: no other marriages or bonds can be found.[21]

Deaths (executions, killings and natural deaths) are recorded much more frequently. However, not every death is noted in the texts. Natural deaths are usually only briefly noted. The note about Birger Jarl's death (1210–1266, no. 6) distinguishes between his place of death and burial site, while to King Karl Knutsson Bonde's death it is only mentioned that he died (no. 73). In addition, the killing of Engelbrekt Engelbrektsson is only mentioned in three words (no. 58). Executions are described in more detail. Tyrgils Knutsson († 1306) is mentioned with several marginal notes (numbers 26, 27, 29, 30). The former regent of Sweden was initially loyal to King Birger Magnusson, even as he came into conflict with his brothers, the dukes Erik (1282–1318) and Valdemar (ca. 1282–1318). However, eventually Tyrgils argued with King Birger, who had him arrested. That he was shamefully tied onto a horse, taken to Stockholm, and executed in February 1306 is all noted. Why the fate of Tyrgils Knutsson attracted the annotator's attention is unclear. Several marginalia describe the fate of Prince Magnus (1300–1320), who, after his father's defeat, was captured, imprisoned in Stockholm and finally executed two years later (nos. 42–45). The apparent interest in Prince Magnus is also unclear. However, both executions are connected to important events in *Erikskrönikan*. This again leads to the two dukes, Erik and Valdemar. Their death by starvation or rather dehydration in Nyköping is noted, starting with the passage that King Birger throws the keys to their cell into the adjacent lake so that no one will have access to the dukes (no. 37). The following remarks refer to the fact that both dukes starved to death (no. 38) and that later their recovered bodies were removed from Nyköping (no. 39). These notes mark a key scene in *Erikskrönikan* and a turning point in the (actual) story. In summary, the deaths of important people, but by no means all of them, were noted. The death of Erik läspe († 1250, *Erikskrönikan* rhyme 157), for example, is not mentioned, although it is of crucial importance for the story. Instead, at this point the focus is on the subsequent royal election (no. 3).

---

20 Whether Joar Blå is a historical figure is not conclusively clarified, cf. https://sok.riksarkivet.se/sbl/Presentation.aspx?id=17831.

21 Only the affair that Jutta of Denmark had with the husband of her sister Märta, King Valdemar, is mentioned (no. 9). Since no. 46 is only a correction of the name Eufemia, no reference to a wedding is made here.

All other marginalia in *Erikskrönikan* are rather isolated and can hardly be associated with other annotations. The enactment of a law by Birger Jarl (no. 5), the betrayal of Duke Abel (1218–1252) to his brother King Erik of Denmark (1216–1250, no. 7) or the capture of King Valdemar Birgersson in 1275 after the Battle of Hova by his brother Magnus Ladulås (1240–1290, no. 10) are not connected in the broadest sense. A thematic connection between numbers 7 and 10 are disputes between brothers, like the conflict between dukes Erik and Valdemar and their brother King Birger.

Another key event in *Erikskrönikan* is *Nyköpings Gästabud*, which is provided with two marginalia. Interestingly, however, these messages refer to attempts to stop King Valdemar from his plan to capture his brothers (numbers 33 and 34). Again, brotherhood, obedience and justice play a major role.

Among the marginalia in *Erikskrönikan*, two refer to Germans: Duke Albrecht of Braunschweig-Lüneburg-Wolfenbüttel (1268–1318, no. 12) and an archer named Walram (nos. 35, 36). That German Duke Albrecht finds himself in *Erikskrönikan* is not particularly surprising. Through his marriage to Rixa von Werle († 1317) he became related to the Swedish royal family, as she was the granddaughter of Birger Jarl. In the case of the archer Walram, his connection to Sweden is inauspicious. Walram was the German jailer for the captured dukes Erik and Valdemar. Despite three mentions in *Erikskrönikan*, he is mentioned only once in the margin. His later capture (rhyme 4246) and execution (rhyme 4368) evoke no marginalia.

Germans are also mentioned in *Karlskrönikan*. These notes are part of a long series of marginalia dealing with Engelbrekt Engelbrektsson and Karl Knutsson. Seven marginal notes (nos. 50–56) refer to events surrounding the rumour that King Erik of Pomerania (1396–1439) wanted to hand over the kingdom to Duke Bogislaw IX of Pomerania (1410–1446). These marginal notes represent the longest continuous series of marginalia found throughout the manuscript. Engelbrekt, together with Karl Knutsson, went to Stockholm and tried to get into the city, but Stockholm closed its gates to them. Several times, they talked to the German mayors and finally captured them and entered the city. The adjective "German" is explicitly mentioned here and a contrast is drawn between the Swedish army and the German administration in Stockholm. Two other marginalia are also isolated in *Karlskrönikan*: the Swedes capturing Visby (no. 64) and that Karl Knutsson referred a dispute to the Pope (no. 67). Both marginalia have no further correspondence to other marginalia or other points of reference other than the fact that they refer to the main text.

Three dates refer to events in the text. Since the text object is a chronicle, one might have expected additional examples. The first year 1317 (no. 39) refers to the deaths of the two Swedish dukes Erik and Valdemar in *Erikskrönikan*. The second year (no. 80) marks the beginning of the last part of *Sturekrönikan*. The third date (no. 83) refers to the peace treaty of the Russo-Swedish war (1496). The events noted, however, always took place one year later, which means that the dates in the chronicles are always one year off. This might be mere mistake or use of a different calendar as was common in many parts of Europe in the Middle Ages. The latter, however, does not seem very likely, since numerous documents of the 15th century already prove the use of the *circumcision style* in Sweden (Grotefend 2007: 14).

A concentration of annotations are related to events surrounding *Nyköpings Gästabud*. One would also expect remarks on other events, like the important plotpoint *Håtunaleken* (1306, lines 2558–2607); but no marginalia exist there. In *Sturekrönikan*, all three marginalia share a common feature – they are all dates. In addition to the date already mentioned (no. 83), *Sturekrönikan*'s reader added King Karl's Knutsson date of death (no. 73) and the date of St. Catherine of Sweden's canonization (no. 81). While we expect the death of a king to be noted, other important deaths were not annotated.

A comparison of the hand, ink and quill of the marginalia revealed that most marginalia must have been written very close to the time of the text. In addition, only one scribe of the main text (see below) wrote most the marginalia.

3.2 Roman Numerals

At six places in the text, a Roman numeral was decoded and annotated with its corresponding Arabic numeral, e.g. the Arabic numbers for 300 (no. 19) and 200 (no. 20) are located in the inner left margin. Once, directly in the text block, the Arabic number 200 was given above the Roman number iic [sic!] (no. 21). The inaccurate transcription of Roman numerals runs throughout the text, indicating that the scribe was unfamiliar with Roman numbers or that the model had these erroneous numbers already. If the model already had the wrong numbers, the Roman numerals listed in AM 899 4to indicate that the scribe was indeed familiar with this numerical system and wrote down the correct numbers for later readers. For example, on 78r is the number CCM [sic!], which is interpreted in the text block as 20,000. In direct connection with this number, the word *tusund* [thousand] (no. 25) is located at this point on the inner left margin (no. 24), which explains the Roman *M* but not the double *C*. Once, a date (no. 39) is changed into Arabic numerals. All other Roman numerals in the manuscript were not transferred to the Arabic numerical system.[22]

---

22 Cf. e.g. 148r, lines 15, 16, 19.

3.3 Text Structure

A small, firmly glued note is found on 301^v (no. 63). It is not a repair, since the leaf is undamaged. The note, itself, is partially damaged on the right margin. In the upper part, the writing is slightly blurred and the transcription cannot be completely deciphered: *Her än*[der] *den pre*[illegible]*tade Rijmkronick* [Here ends the [printed] rhymed chronicle]. The note indicates the end of a certain rhymed chronicle. Unfortunately, the word that identifies the rhymed chronicle is illegible. Since this note appears in *Karlskrönikan*, it can be assumed that this is the end of *Engelbrektskrönikan* or the beginning of *Karlskrönikan*. However, the note is located too far back in the text for this – *Engelbrektskrönikan* has already ended at rhyme 2765 (214^v, line 14). A comparison with *Karlskrönikan* in D 6 showed a similar note on 166^v on the left margin: *hijt reckner den trijckte Rijm Crönikan* [here ends the printed Rhymed Chronicle]. This note is placed besides the same rhymes as the note in AM 899 4to. Both manuscripts therefore have the same notation.

A study of older literature showed that already Messenius (1616: [II]) and Hadorph (1674: 347) divided the rhymed chronicles into several parts (cf. table below). Unfortunately, Messenius gives no indication what guided his division (he only printed Part 1: Books 1–4). In 1674, Hadorph followed first Messenius' divisions. For the text parts printed by him for the first time (Part 2: book 5 and addition), he made his own arrangement. The fourth part after Hadorph ends with rhyme 6371. Here, the note is glued into AM 899 4to. Accordingly, Hadorph must have known AM 899 4to, or at least D 6. The later editor, Klemming, does not make a cut here, but let this part continue for 22 more lines.[23] It seems, therefore, that this is a reference to Hadorph.

---

[23] Klemming 1866: 218f. It is interesting to note that the writer of this note could also be Scribe 1, who will be mentioned later. It is also noticeable that normally the free space of the manuscript could have been used for the annotation. Since the leaf is not damaged, this would have been possible. Why a piece of paper was glued in instead, cannot be explained. Maybe Klemming himself did it.

Arrangement of the Great Rhymed Chronicle			
		Messenius 1616[24]	Hadorph 1674	AM 899 4to
1. Part	1. Book	Erikskrönikan rhymes: 1–949		27^r, line 1, initial
	2. Book	Erikskrönikan rhymes: 950–2149		47^r, line 2, no paragraph or initial
	3. Book	Erikskrönikan rhymes: 2150–4439		73^r, line 9, with paragraph and red ink
	4. Book	Erikskrönikan rhyme: 4440– Karlskrönikan rhyme: 6371[25]		130^v, line 1, with paragraph and red ink
2. Part	5. Book		Karlskrönikan rhyme 6372– Sturekrönikan rhyme 4198	301^v, note–478^v, line 10, paragraph
	Addition		Sturekrönikan rhymes: 4989–6426	

3.4 Corrections and Additions

Erikskrönikan, *Karlskrönikan* and *Sturekrönikan* show a number of marginalia corrections and additions. Since these two categories overlap and cannot be clearly separated in some cases, they are treated together in this section.

Corrections of the text itself, such as omitted rhymes, words or a wrong sequence of rhyme, are found in AM 899 4to.[26] The manuscript's scribes were responsible for most corrections and additions. Consequently, every correction can be assumed to have been made at the time the manuscript was written.

At three places, a rhyme was originally omitted (nos. 11, 17 and 22). The place where the omitted rhyme had to be inserted was marked with a hashtag # and the rhyme (also marked with #) was added directly next to it in the free space.[27] An incorrect rhyme sequence was observed only once (nos. 75 and 76). Here, the first part of the pair was marked with a capital "A" on the left margin and the corre-

---

24 Messenius divided the rhymed chronicles into four books; however, it is not clear where this arrangement came from, cf. Messenius 1616: [II]. Moreover, only *Erikskrönikan* and *Karlskrönikan* were printed in 1616. Hadorph reprinted *Sturekrönikan* in 1674, noting that the division made by Messenius was not based on the manuscripts, see Hadorph 1674: 45. The editions of Pipping 1921 and Klemming 1865 only reproduce different layouts in one place, depending on which manuscript they were based on. For example, in rhyme 952 *Erikskrönikan* (p. 33) Klemming shows a section, Pipping does not (p. 54). Otherwise, both editions display paragraphs or initials.
25 According to Hadorph, the old rhymed chronicle ends here, cf. ibid. 1674: 347.
26 Not discussed, as these are not annotations, are crossed out lines that can be found 11 times in the manuscript: 158^r line 18, 163^r line 10, 164^r line 13, 210^v line 17, 252^v line 9, 255^r line 20, 274^v line 18, 352^r line 5, 362^v line 19, 456^v lines 8–9 and 468^v line 12.
27 Not annotated is that rhyme 3892 of *Erikskrönikan* is missing on 115^r.

sponding second part three lines later with a capital "B". This makes it easier for the reader to keep to the correct order when reading.

Number 17 is clearly related to number 18. Here, rhyme 1616 of *Erikskrönikan* was followed by rhyme 1618, but the line containing rhyme 1618 was first described with the first two words of rhyme 1617: *the haffuer* [they have]. However, the scribe seemed to think that rhyme 1618 should stand here, so he crossed out these two words and added the first two words of rhyme 1618 in the margin, *jagh huxar* [I think], and wrote the remaining verse on the line. Only then did he seem to notice that rhyme 1617 was omitted. The correction was then carried out in the manner described above.

A correction of an obviously misspelled name is found on 135^r (no. 46). Here, first the name *offameia* was found, which was later crossed out and corrected to *Euphemia*, which refers to Euphemia Eriksdotter (1317–1370). This error may simply be a spelling mistake. On the other hand, the original may have been faulty or difficult to read and the scribes could not correct the name by themselves. However, a later editor or reader recognized this error and was able to correct it. The handwriting is clearly different from that of the scribe of the main text.

On 151^v (no. 47) in rhyme 150 of *Karlskrönikan* above the word *drotningen* [queen] stands a blurred *kvning* [king]. Since the word looks more as if it was scribbled and not very neatly placed over rhyme 150, it is not considered a correction *per se*. It is possible that the scribe thought it was an inaccuracy in the text and that the king should be mentioned instead of the queen, since the previous passage ends with Karl Knutsson's *Eriksgata*. However, it is the queen who is mentioned in the corresponding line.

An unusual addition, which may be considered a correction of the text, is found at 179^v (*Karlskrönikan* rhyme 1404, no. 48). The scribe of the main text has added *tijl wardberg* [to Varberg] in the last line, separated from the main text by a stroke. These two words are missing in the first line of 180^r. However, on 179^v it cannot be seen that these two words refer to the first line of 180^r. Moreover, *tijl wardberg* should have been inserted mid-line and not at the beginning.[28] This emendation does not improve this passage, which is puzzling given how carefully the manuscript was edited.

The same scribe also corrected a mistake in *Karlskrönikan* on 333^v (rhyme 7690, no. 65). Initially, the line said *karll* [Karl/Charles] correctly, but this was (intentionally) blurred and replaced by *christiern* [Christian], presumably Christian I of Denmark (1426–1481). However, this revision is wrong, so *karll* was added in the margin. As in *Karlskrönikan's* rhyme 150, the original word is correct and should not

---

28 The sentence reads *Mädan monde ängelbrijckth [tijl wardberg] fara.* [Then Engelbreckt had to go to Varberg.]

have been changed. Although this mistake was noticed and *karll* was subsequently added, the incorrect name *cristiern* remained.

Four interlinear notes were left on leaf 418ʳ in *Sturekrönikan*. A different scribe than the one of *Sturekrönikan*'s main text made all the notes. Numbers 68 and 69 represent corrections and improvements to the main text in which errors have been made. At number 68, one word in the rhyme has been deleted and correctly re-inserted below this line. The sentence is actually: *Ju the skönista och ju the bästa* [both the most beautiful and the best]. For some reason, however, the second *ju* was made unrecognizable and re-inserted later.

The corrections become more complicated at number 69, where rhyme 1552 reads: *han wille thz nidher spilla* [he wanted to prevent this]. The first word *han* [he] was overwritten with *thy* [because] and *thet* [this] was overwritten with *han*. Post correction, the line reads *thy wille han thet nidher spilla*. The result is a sentence that maintains the rhyme and fits the content. The insertion of *han* became necessary so that this sentence becomes grammatically correct.

The third of four interlinear notes (no. 70) on leaf 418ʳ cannot be interpreted clearly. Since a variant apparatus for *Sturekrönikan* is missing, only an assumption can be made. The three inserted letters could represent *isa*, which translates as *icy*. This fits the context, since the Swedish army headed to Kalmar in winter and faced icy weather. Two lines further down (i.e. on line 24) the word *glijdha* [to glide] appears as an end rhyme, indicating road conditions that required sleds and caused soldiers to slip. However, line 24 also offers an alternative end rhyme via the last interlinear remark on leaf 418ʳ (no. 71). The last word in the line *glijdha* is underlined and *rijda* [to ride] is written above it. Given both rhyme and context, this change makes perfect sense. Whether these are really corrections, alternatives or remarks cannot be determined.

An apparently incorrect correction is found on 425ᵛ (no. 72). The sentence reads *ath them warth* ˢᵃ *tijl sa tijl radha* [that they were so advised]. First, *tijl* was written twice in this sentence. Then the sentence was corrected so that the first *tijl* was crossed out but a raised *sa* was added. This makes the Swedish sentence partly incorrect.

Some words added as paratext can be interpreted as additions, because they were originally forgotten in the course of transcription, but inserted afterwards. Numbers 1, 4, 8, 30, 31, 49, 66 and 72 represent additions within the text block, most of which were made by the same scribe who wrote the main text. These consist of a maximum of two words each, and can be found in other text variants. These additions are therefore based on comparison to other manuscripts, most likely D 5.[29]

---

[29] E.g. number 4, where an *under* [*under*] was inserted at the beginning of the line by the writer himself. This variant also appears in other manuscripts with *Erikskrönikan* (e.g. Cod. Upps. E 2).

Accordingly, the scribes carefully read an earlier manuscript and these additions were added. Notably, number 36 is a contemporary addition to the text; it offers an alternative spelling for the name of the German archer Walram, jailer for the two dukes Erik and Valdemar in *Erikskrönikan*. This variant name spelling also occurs in other text witnesses. Within the chronicle and all the text witnesses, both names are used interchangeably (Pipping 1926: 221, 242, and 249). Only the addition of number 1 is not found in any other manuscript.

In some cases, it is not clear whether the annotations are emendations, additions or even offered variants. In some cases, the annotation did not correct the text, but rather caused disimprovements.

3.5 Markings with red ink

Annotations were also made with red ink. There are four places in *Karlskrönikan* (nos. 59–62) where underlinings or overlinings in red can be found. Whether one of the three scribes made these cannot be determined, but the red of the annotations has a different shade than individual chapter headings. Difference in ink colour suggests that either the annotations were made at a different time (and the ink is of a different age than the chapter headings) or that altogether a different red dye was prepared and used, producing a different shade.

The first two times red underlines appear (nos. 59 and 60) refer to the peasant revolts in 1437/1438, which Karl Knutsson suppressed. The common theme here is that the peasants must obey the king. Whether the stress is on obedience or chastisement cannot be fully inferred.

On leaf 265^v, two lines were combined with a *Nota Bene* and a curly bracket (no. 61). A proverb is marked here: än är *bäthre ath en tigher än mena onth then han goth sigher* [But it is better to keep silent than to mean bad things when you say something good to someone.].

The seemingly random underlining of the word *flatkaka* [flatbread] in *Karlskrönikan* (no. 62) is a complete puzzle. Although this is an early reference to this bread in Sweden, it is not possible to say why it was marked here.[30]

Finally, a marginal note in *Sturekrönikan* was also written in red ink (no. 81). Why the canonization of St. Catherine of Vadstena received red highlighting in red is unfortunately unclear. All other marginalia were written in black or brown ink.

---

30 More on the mention of this type of bread in *Karlskrönikan* cf. Campbell 1943: 10.

3.6 Edition notes

AM 899 4to remained accessible in modern times to researchers interested in Swedish rhymed chronicles. Alongside rhyme 2810 on 446ʳ and rhyme 2874 (Klemming 1867–1868: 98f.) on 447ᵛ (nos. 74 and 75), there is the annotation "NHD1726", written in pencil. This corresponds to a note from the Klemming 1867/1868 edition of *Sturekrönikan*. Hadorph already remarked that a lacuna could be found here in the main manuscript.³¹ Here, in the middle of *Sturekrönikan*, a lacuna from the main manuscripts Klemming used for his 1867/1868 printing of this text is noted. However, this missing text is included in AM 899 4to and could thus fill any gaps in the printed editions. Klemming indicated this lacuna of the main manuscript in his edition as 503a, which is to be understood as an additional sheet for the main manuscript and as a supplement from AM 899 4to (Klemming 1867–1869: 94–99). This lacuna from other manuscripts is marked "NHD 1726" in AM 899 4to, which refers to Nils Hufwedsson Dal, who in 1726 published the missing text to Hadorph's edition in a special print (Dal 1726). The annotator in AM 899 4to thus knew both the Hadorph edition and the Dal print. If it was an editor, e.g. Dal himself, the annotation could have been made in 1726 at the earliest. A second annotation referring to the later Klemming edition is found on leaves 450ʳ and 451ᵛ (nos. 78 and 79, see Klemming 1867–1868: 103–105). Here we have the annotation "GEK 1866", also written in pencil, which can be read as Gustaf Edvard Klemming referring to the 1866 edition. This corresponds to rhymes 3001–3068, a lacuna in the main manuscripts, that was not yet noted by Hadorph in his edition.³² Klemming does instead note this lacuna in his edition and again adds an additional manuscript leaf: 507a (Klemming 1867–1868: 103). Accordingly, this note can not have appeared in AM 899 4to until 1866 or later. It cannot be ruled out that the same person made both pencil annotations, which refer to the previous editions, since the annotation style is very similar. Most likely, this is actually an entry by Klemming himself, since his signature is very similar to the one he left in D 6. In any case, it is certain that a researcher around or after 1866 dealt with the different variants of *Sturekrönikan*, knew the printed editions of the text or was working on the setting copy and marked the corresponding lacunae.

---

31 Hadorph 1674: 517: *desunt nonnulla*.

32 In Hadorph 1674, this should be noted on page 521, but there is no note in this direction. Also, no one noticed that on 87ᵛ, line 11, rhyme 2757 only the first word of the rhyme is written and the rest is missing: *tha* [hwaro war thzi them] [How doubtful that was he would later learn.], cf. Klemming 1865: 94, translation, cf. Carlquist/Hogg 2012: 155. There is also only one word on 175ʳ, line 3, rhyme 1190: Styken (id est: Albrekt Styke [deceased after 1433]). This person's name actually marks the beginning of a new section in the manuscript, which probably goes back to the original. However, at first the name was written in black ink, the rest of the line was left blank. The name was then repeated in red ink, so that a new section could visually begin.

3.7 Scribes

Having reviewed the annotations, let us examine the scribes of AM 899 4to. At least three different scribes wrote the manuscript and several others left annotations in it. The scribes who wrote the annotations will be designated numerically, but the numbering in no way represents valuation.

So far, no scribe could be identified by name, and a connection between the scribes of the main text and the annotations was partially impossible. However, it cannot be ruled out that the scribes who wrote AM 899 4to may have also added emendations later.

My palaeographic analysis established that Scribe 1 wrote most of the texts and all of the marginalia. However, did Scribe 1 make the annotations of his own accord or in obedience to someone's request? Furthermore, it is possible that this scribe, together with two others, created the manuscript for himself. The marginalia could have been written years later and not shortly after the writing process. This is not the case, however, because in all cases the marginalia were written with the same ink (due to the ink colour) and quills, like the text directly next to them. A change in the two materials is also reflected in the marginalia parallel to the main text.

The same scribe must also have worked through the individual texts carefully and corrected them where necessary. There are several emendations in the texts where omitted words were subsequently added, and corrections made (e.g. nos. 8, 32 and 49).

Scribe 2 wrote a much smaller part of AM 899 4to. Accordingly, it is not surprising to find annotations from this scribe in the form of corrections or additions, which are usually only of a minor nature (e.g. nos. 68–72). This person wrote no marginalia.

Whether Scribe 1 and Scribe 2 also wrote the other notes could not be determined. It is possible that they also drew red underlines or overlines, since they used red ink in the headings of the main text. However, since no alphabetical characters were used except for two abbreviated *Nota Bene* (nos. 59 and 61) a palaeographic comparison is not possible. Therefore, the markings in red are assigned to a third Scribe.

The handwriting on a note (affixed at 301^v) seemed similar to the script of Scribe 1. However, the question arises why the space in the margins was not used, but a piece of paper was glued instead. Since the writing of the note is very similar to that of the main text, it is unlikely to be a note written by Hadorph himself. Besides the palaeographic determination and Hadorph's life dates (1630–1693) do not match. Since attribution to Scribe 1 or any other scribe of the manuscript is not definitive, Scribe 4 was introduced as author of this note.

The word *tusund* [thousand] on 78^r (no. 25) was clearly written by a different scribe. Although Scribe 1 converted the error-laden Roman numerals into correct

Arabic numerals at various places in the texts (nos. 19–21, and 24), a completely different handwriting is found here, which we must attribute to Scribe 5.

The edition notes (nos. 74, 75, 78 and 79) were all written with pencil and thus differ from all other annotations, which were written in ink. Since the other annotations were also written very soon after the main text, another scribe or several scribes must be considered here.

The last scribe, Scribe 7 was responsible for the correction of the word *offameia* on 135ʳ (no. 46). Paleographically, the revision to *Euphemia* appears so different from the easily recognizable script of Scribe 1, and the ink of the correction appears much darker than that of the main text. Thus, the author assumes that the name correction must be attributed to a different scribe or later reader.

These observations therefore lead to the conclusion that most of the annotations were written by the main writers of the manuscript and not by later readers. Nevertheless, other hands can be found throughout, confirming the involvement of several subsequent persons in this manuscript, including researchers from the 19th century.

4. Conclusion

This essay examines the annotations in the margins of the Great Rhymed Chronicle from manuscript AM 89 4to. Although neither very expensive, nor elaborate, the analysis showed that the alternating scribes wrote the main text very carefully. Probably the scribes themselves made most of the annotations. Only a few later readers left their traces in the margins.

The marginalia form the largest group of annotations. However, the manuscript is not completely nor uniformly marked with them. They indicate interests and priorities of individual readers. Most marginalia were likely written about the same time as the text. Although the scribes themselves wrote most of them, the later marginalia are the emendations of unidentified later readers.

It was suggested that the main scribe worked through the manuscript, read the parts written by other scribes and made corrections. Misspelled or omitted words of the text were revised or added; Roman numerals were transferred into Arabic to make them intelligible. A few notes and underlines, executed in red ink, suggest interest in the peasant uprisings during Karl Knutsson. Other themes that spark marginalia include dates of death, place names, conflict between brothers, and obedience to the king.

The early modern manuscript AM 899 4to shows that interest in medieval texts remained strong over many centuries. The manuscript was also used by later researchers to produce editions of these texts, as can be seen from the surviving annotations. The researchers had an excellent knowledge of the editions of that time, since the annotations refer to all editions of these texts printed between 1616 and 1665–1668 and even, include offprints that are difficult to come by today.

The interest in AM 899 4to remained unbroken until modern times. Small wonder, not only does the analysis of the annotations reveal a readers' interests in certain topics, but also a deeper insight into the working methods of manuscript researchers.

REFERENCES

Manuscripts
COPENHAGEN
Den Arnamagnæanske Samling
AM 899 4to

STOCKHOLM
Kungliga Biblioteket
D 5
D 6

UPPSALA
Universitetsbibliotek
E 2

Editions and Literature

Campbell, Åke. 1943. 'Äldre svensk brödkultur i belysning av 1880-talets allmogebröd (med 6 kartbilagor)', *Svenska Landsmål och svenskt folkliv. Tidskrift utgiven av Landsmåls- och Folkminnesarkivet i Uppsala, genom Dag Strömbäck* 66/67 (1943), p. 1–98.

Carlquist, Erik and Peter C. Hogg. 2012. *The Chronicle of Duke Erik. A Verse Epic from Medieval Sweden* (Lund: Nordic Academic Press).

Carmassi, Patrizia and Christian Heitzmann. 2019. 'Einleitung', in Patrizia Carmassi und Christian Heitzmann (eds.). *Marginalien in Bild und Text. Essays zu mittelalterlichen Handschriften* (Wolfenbütteler Forschungen 156) (Wiesbaden: Harassowitz Verlag), p. 7–18.

Dal, Nils Hufwedsson. 1726. *Supplement til then gambla och widlyfftige rijm-krönikan*.

Grotefend, Hermann. 2007. *Taschenbuch der Zeitrechnung des deutschen Mittelalters und der Neuzeit*, 14. Auflage (Hannover: Hahn).

Hadorph, Johan. 1674. *Twå gambla Swenske Rijm-Krönikor, Then förre kort, och innehåller Sextijo Twå Swea och Götha Konungar, Förstegångguplagd Åhr 1615: Then andra widlyftigh, och beskrifwer Tiugu Twå Konungars Lefwerne och Bedriffter, Til en Deel tryckt Åhr 1616.* (Stockholm: Wankijff).

Hagnell, Karin. 1941. *Sturekrönikan 1452–1496. Studier över en rimkrönikas tillkomst och sanningsvärde* (Lund: A. B. Ph. Lindstedts Univ.-Bokhandel).

Holmbäck, Åke and Elias Wessén. 1646. *Svenska Lanskapslagar tolkade och förklarade för nutidens svenskar 5: Äldre Västgötalagen, Yngre Västgötalagen, Smålandslagen Kyrkobalk och Bjärköarätten* (Stockholm: Hugo Gerbers Förlag).

Klemming, Gustav Edvard. 1865–1868. *Svenska Medeltidens Rim-Krönikor I–III* (Samlingar utg. av Svenska Fornskrift-Sällskapet 17:1–3) (Stockholm: P.A. Norstedt & Sönner).

Kålund, Kristian. 1894. *Katalog over den Arnamagnæanske håndskriftsamling*, 2. B. (København: Gyldendalske Boghandel).

Messenius, Johan. 1616. *Then Gamble Rijm Krönikes Första Deel. Hwilken Swenske Konungars bedreffter/ifrån åhr MCCXXII och till MCDXXXIX beskriffues: Rätsinnigom Swenskom til behag/ aff Johanne Messenio troligan öffuerseed/ och nu först/ medh K. M. Frijheet/ aff Chr. Reusners tryck publicerat.* Stockholm.

Mouline, Claudine. 2019. ‚Rand und Band. Über das Spurlesen in Handschrift und Druck', in Carmassi, Patrizia and Christian Heitzmann (eds.). *Marginalien in Bild und Text. Essays zu mittelalterlichen Handschriften* (Wolfenbütteler Forschungen 156) (Wiesbaden: Harrassowitz Verlag), p. 19–59.

Paulsson, Göte. 1974. *Annales Suecici Medii Aevi* (Bibliotheca historica Lundensis 32) (Lund: CWK Gleerup).

Pipping, Rolf. 1926. *Kommentar till Erikskrönikan* (Skrifter utgifna af Svenska Literatursällskapet i Finland 187) (Helsingfors: Svenskalitteratursällskapet i Finland).

Rautenberg, Ursula. 2017. 'Das Buch als Artefakt und kommunikatives Angebot. Die Exemplargeschichte des "Herbarius latinus" (Mainz: Peter Schöffer, 1484) aus der Bibliothek des Christoph Jacob Trew', in Ulrike Gleixner, Contanze Baum, Jörn Münkner und Hole Rößler (eds.). Biographien des Buches (Göttingen: Wallstein Verlag), p. 39–87.

Strauch, Dieter. 2016. *Mittelalterliches nordisches Recht: Eine Quellenkunde*. 2. völlig neu bearb. und erw. Aufl. (Ergänzungsbände zum Reallexikon der Germanischen Altertumskunde 97) (Berlin/Boston: De Gruyter).

Teuwen, Mariken. 2018. 'Practices of Appropriation', in Erik Kwakkel and Rodney Thomson (eds.). *The European Book in the Twelfth Century* (Cambridge: Cambridge University Press), p. 139–156.

Online Ressources

https://project2.sol.lu.se/fornsvenska/02_Texter/B.V1-KarlSture.html (02.06.2021).

https://sok.riksarkivet.se/sbl/Presentation.aspx?id=17831 (02.06.2021).

Translations of the annotations

1) as long as

2) Tavastehus is founded by Birger Jarl

3) Birger Jarls son is elected king by Ivar Blå

4) under

5) Birger Jarl enacts a law that the sister shall inherit a third together with her brother

6) Birger Jarl passes away in Jälbolung and is buried in Varnhem

7) King Erik of Denmark is ousted by the advice of his brother, who was called Duke Abel

8) her

9) maiden Jutta, Queen Sophia's sister, was chosen by King Valdemar

10) King Valdemar is taken prisoner by his brother, Duke Magnus

11) and many a door was broken down[33]

12) Duke Albrecht of Brunswick is knighted

13) Santa Klara monastery in Stockholm is founded by King Magnus and then given to his daughter

14) the Grey Friars monastery in Stockholm is founded

15) with

16) King Birger's wedding

17) they did not us their worst men send[34]

18) I think

22) Do not the marshal's heart distress![35]

23) King Birger is crowned in Söderköping.

25) thousand

26) Sir Tyrgils Knutsson is taken prisoner by Duke Erik at the king's behest

27) Sir Tyrgils or Tyrgils Knutsson is tied onto the horse

28) for

29) Sir Turlkil or Sir Tyrgils Knutsson is decapitated

30) return

31) cavalry

32) to

33) Sir Knut does not want to help King Birger, but to reprimand his plans

34) when the advice of the friends is spurned by the king

35) about Valram Skytte, who puts the dukes in chains

37) The keys to the prison where the dukes were thrown into the water.

38) Duke Erik and Duke Valdemar starved to death in prison

39) This happened in the year 1317

40) the bodies of the dukes are taken away from Nyköping

41) Nyköping is abandoned and razed

42) Stegeborg is abandoned and junker Magnus is to be seized

43) junker Magnus is taken to prison in Stockholm

44) Duke Magnus Birgersson is led from prison to the execution

45) here, they escort Duke Magnus to the execution on the Helgeandsholmen and spread a carpet under him

---

33 Translation from Carlquist/Hogg 2012: 71.
34 Ibid.: 105.
35 Ibid.:111.

47) king

48) to Varberg

49) nevertheless

50) Engelbrekt gives the Swedish lords an advice

51) Engelbrekt asks the marshal of the realm to follow him to Stockholm

52) the citizens of Stockholm shut out the Swedish lords at the gates

53) the German mayors should come out to talk to the Swedish lords

54) the mayors discuss whether they should let the Swedish lords into the city

55) the mayors come out for the third time to talk to the Swedish lords

56) the marshal of the realm takes the mayors captive

57) Engelbrekt wanted to journey from Örebro to Stockholm

58) Engelbrekt is beaten to death

59) for without the peasant people being disciplined, they will never obey us in our lifetime

60) they shall obey and honour him

61) But it is better to keep silent than to mean bad things when you say something good.

62) flatbread

63) Here ends the [printed] Rhymed Chronicle

64) the Swedes took Visby at night by cunning

67) King Karl leaves this to the jurisdiction of the new pope

68) though

69) because, he

70) icy

71) to ride

72) this

73) King Karl is dead

81) St. Karin in the monastery Vadstena is elevated to sainthood

82) Russians

III.
TRANSMISSION, ADAPTION AND MEDIA CHANGE

11. DE BIBLISKA CITATEN I *MECHTILDS UPPENBARELSER*

MIKKO KAUKO

Nordiska språk, Institutionen för språk- och översättningsvetenskap, Åbo universitet, Finland

Contact
Post   Pyrkivägränden 3D9, FIN–20300 Åbo, Finland
E-mail   mikkau@utu.fi

Keywords
Saint Mechtilde of Hackeborn, Jöns Budde, Bible, Old Swedish, Latin, German

Summary: Biblical Quotations in the Revelations of Saint Mechtilde
In my article, I discuss Biblical quotations in the revelations of Saint Mechtilde of Hackeborn (1241–1299). The oldest surviving versions of her revelations are in Latin but they were early translated into German, English, Dutch, and Swedish. I focus on the Swedish version from the year 1469, a Latin edition, and two early German translations. Sources outside the Bible were seldom quoted, and the Biblical quotations were mainly taken from the most important Biblical books such as The Book of Psalms and the Gospels. Other Biblical books, in some cases even marginal texts such as 2 Esdras, were quoted sporadically. In the Swedish version, the quotations are sometimes given in Swedish, sometimes in Latin, but in most cases in both languages. In the German versions, the quotations are usually given only in German, sometimes also in Latin. The form of the quotations varies from version to version and is not always identical with Vulgata. In my article, I show that the quotations served varying functions and were given for different reasons.

1 Inledning

Mechtilds uppenbarelser är en text som representerar den medeltida kristna mystiken. De äldsta bevarade versionerna av *Mechtilds uppenbarelser* är på latin, men texten översattes tidigt till tyska, engelska, nederländska och svenska. Till svenska översattes *Mechtilds uppenbarelser* år 1469 av Nådendalsbrodern Jöns Budde. Alla översättningar av Budde innehåller latinska citat som främst härstammar från Bibeln och kyrkofäder men också från andra källor (Laurén 1972: 76–77, 85; Wollin 1981: 38, 238; Kauko 2015a: 231–232; Kauko 2019: 242). Citaten i *Mechtilds uppenbarelser* är nästan alla tagna från Bibeln.

I denna artikel diskuterar jag bibliska citat i *Mechtilds uppenbarelser*. Jag fokuserar främst på Buddes svenska tolkning av texten men tar också hänsyn till en latinsk version (Mechtild 1877) och två tyska översättningar (Mechtild 1503, Mechtild 1597). Den för mig tillgängliga nederländska versionen av *Mechtilds uppenbarelser* (Bromberg 1965) skiljer sig så radikalt från de ovan nämnda versionerna att det inte är meningsfullt att inkludera den i denna artikel. Den engelska översättningen har inte heller kunnat beaktas inom ramen för denna artikel.

Studien som presenteras i artikeln utgör en del av ett större projekt inom vilket jag undersöker *Mechtilds uppenbarelser* från olika synvinklar och översätter texten till finska.[1] I denna artikel söker jag svar på följande frågor: Vilka andra källor än Bibeln citeras i *Mechtilds uppenbarelser*? Vilka delar av Bibeln citeras och varför? På vilket språk ges citaten i Buddes version och i de tyska versionerna? Finns det något i Buddes version som är typiskt för den men otypiskt för andra versioner av *Mechtilds uppenbarelser*? Har citaten samma formuleringar i alla versioner? Är formuleringarna identiska med dem i Vulgata?[2] Vilka funktioner har de bibliska citaten i *Mechtilds uppenbarelser*?

I avsnitt 2 redogör jag inledningsvis för Mechtild av Hackeborns liv, hennes uppenbarelser och de olika nedskrivna versionerna av dem. I avsnitt 3 diskuterar jag kortfattat citat från andra källor än Bibeln i *Mechtilds uppenbarelser*. Artikelns centralaste del utgörs av avsnitt 4 där jag diskuterar bibliska citat i *Mechtilds uppenbarelser*. Avsnittet är indelat i tre underavsnitt. I avsnitt 4.1 diskuterar jag källor för de bibliska citaten, dvs. vilka delar av Bibeln som citeras i *Mechtilds uppenbarelser*. Därtill jämför jag *Mechtilds uppenbarelser* med andra texter av Budde och diskuterar citaten som ett problematiskt verktyg för författarbestämning (dvs. om Budde översatt även Uppenbarelseboken). I avsnitt 4.2 diskuterar jag de bibliska citatens språk och form, dvs. på vilket språk citaten ges i de olika versionerna och hur formuleringarna i citaten varierar i olika versionerna. I avsnitt 4.3 fokuserar jag på de funktioner som citaten har i *Mechtilds uppenbarelser*. Eftersom samma exempel ofta illustrerar flera olika aspekter, är gränsen mellan de tre underavsnitten något diffus. Artikeln avslutas med en kort sammanfattande diskussion där jag presenterar mina resultat och svarar på de ovan formulerade forskningsfrågorna.

2 Mechtild av Hackeborn och hennes uppenbarelser

Mechtild av Hackeborn (1241–1299) var en tysk mystiker som var verksam i klostret Helfta nära Eisleben i Sachsen-Anhalt. Andra kända representanter för den medeltida tyska mystiken är t.ex. Hildegard av Bingen (1098–1179), Mechthild av

---

1   Mitt projekt finansieras av Konestiftelsen (2019–2021). Jag tackar Camilla Wide och den anonyma granskaren för värdefulla kommentarer.

2   Jag använder mig av den version av Vulgata som *Deutsche Bibelgesellschaft* gjort tillgänglig på nätet (https://www.bibelwissenschaft.de/online-bibeln/biblia-sacra-vulgata/lesen-im-bibeltext).

Magdeburg (1210–1283), Mäster Eckhardt (1260–1327) och Heinrich Seuse (Suso) (ca. 1295–1366). Kännetecknande för samtliga dessas kristna mystik är det personliga förhållandet till Gud och fördjupningen i ens eget inre (t.ex. Krell och Fiedler 1968: 75–76; Gössmann 1978: 41–42).

Inte särskilt mycket är känt om Mechtild av Hackeborns liv. Hennes släkt var grevlig och hon föddes år 1241 (Mechtild 1877: I; Geete 1899: IV). När Mechtild var sju år gammal, togs hon in i klostret Rodarsdorf nära Halberstadt och flyttade 1258 därifrån till klostret Helfta nära Eisleben (Mechtild 1877: I–II; Geete 1899: IV). Mechtilds äldre syster Gertrud var abbedissa fram till sin död år 1291 (Geete 1899: IV). Efter systerns död var Mechtild länge sjuklig och dog år 1299 i Helfta (ibid.: IV–V). Under sina sista levnadsår på 1290-talet fick hon uppenbarelser som troligen skrevs ned först på tyska men snabbt översattes till latin (ibid.: IV–V, XI). Det ursprungliga tyska utkastet har gått förlorat, men det finns flera bevarade tyska versioner som går tillbaka på latinska förlagor (Laurén 1972: 7). Redan under medeltiden översattes uppenbarelserna också till nederländska, till engelska och till svenska.

Den mest spridda latinska versionen består av fem böcker men det finns även versioner som omfattar sju böcker. Den sjätte och den sjunde boken återfinns emellertid endast i få latinska handskrifter och utgörs av senare tillägg (Bromberg 1965: 106). De folkspråkliga översättningarna omfattar i regel fem böcker. De tre äldsta bevarade latinska handskrifterna är från 1300-talet och det finns flera latinska handskrifter från 1400-talet (Geete 1899: XIV). Den äldsta tryckta utgåvan på latin gavs ut i Leipzig 1510. Därtill finns det flera andra tidiga tryckta utgåvor på latin, bl.a. en som kom ut i Venedig 1558. Också under senare sekler har *Mechtilds uppenbarelser* getts ut flera gånger på latin. Exempelvis i Köln publicerades 1854 en utgåva av *Mechtilds uppenbarelser* som emellertid inte innehåller hela texten utan endast en samling valda excerpter. Ingen av de latinska utgåvorna är särskilt modern. Den enda någorlunda moderna utgåvan på latin som utgavs 1877 (Mechtild 1877) bygger företrädesvis på en handskrift från år 1370 medan andra handskrifter tas i beaktande endast sporadiskt. Även om Mechtild 1877 inte kan anses fylla alla krav som ställs på en modern vetenskaplig utgåva, brukar denna edition användas i forskningen, vilket jag även gör i min studie.

På tyska trycktes *Mechtilds uppenbarelser* första gången så tidigt som 1503 i Leipzig (Mechtild 1503). Den tidigaste tyska utgåvan är sålunda sju år äldre än den äldsta latinska editionen. Samma förläggare i Leipzig gav ut en andra upplaga av den tyska texten redan år 1508, vilket tyder på att efterfrågan inte var helt obetydlig. Senare översattes *Mechtilds uppenbarelser* på nytt till tyska och utgavs vid benediktinerklostret i Thierhaupten i Bayern 1597 (Mechtild 1597). Också senare har *Mechtilds uppenbarelser* getts ut flera gånger på tyska, bl.a. i Köln 1657. På nederländska finns två olika textvarianter som båda är bevarade i sex olika handskrifter, av vilka de äldsta är från 1400-talet (Bromberg 1965: 119–123). Den kortare varianten skiljer sig i hög grad från den längre, eftersom kapitlen i den kortare varianten kommer i en avvikande ordning, är starkt förkortade och inte är indelade i olika böcker (ibid.: 118). På engelska är texten bevarad i två handskrifter från 1400-talet (Voaden 2005: 11; Rydel 2014: 194, 200).

Mechtild av Hackeborns uppenbarelser uppvisar likheter med Heliga Birgittas uppenbarelser, varför de naturligt nog väckte intresse också i birgittinska sammanhang. Det personliga förhållandet till Kristus och Maria var centrala också inom birgittinskt tänkande (Carlquist 2004: 114). Som representant för den aktiva kvinnliga andligheten var Mechtild av Hackeborn därtill ett lämpligt identifikationsobjekt för den främst kvinnliga birgittinsksvenska publiken. Därför var det på många sätt motiverat att översätta *Mechtilds uppenbarelser* till svenska på 1460-talet. Översättningsarbetet från latin till svenska utfördes våren 1469 i Vadstena av Nådendalsbrodern Jöns Budde. Budde var en flitig översättare av latinska skrifter till svenska och fokuserade ofta just på mystisk teologi som han anpassade till den birgittinska nunnemiljön (för närmare uppgifter om Budde, se t.ex. Lamberg 2007, Kauko 2015a, Wollin 2018). Budde översatte de fem första böckerna som återfinns i de flesta latinska handskrifterna.

Buddes egenhändiga handskrift, som bl.a. innehöll hans översättning av just *Mechtilds uppenbarelser*, gick förlorad vid Åbo brand år 1827. Buddes översättning av *Mechtilds uppenbarelser* finns emellertid bevarad som avskrift i Cod. Holm. A 13. Geete (1899: XXXIX–XL) daterar denna till ca. 1500, men enligt Laurén (1972: 21, 25–26) har handskriften kopierats direkt från Buddes autograf så tidigt som på 1470-talet, dvs. strax efter att översättningen hade kommit till. A 13 innehåller inget annat än *Mechtilds uppenbarelser*. Femte boken är bara delvis bevarad eftersom 17 blad saknas i slutet av handskriften. Första bladet i handskriften är allvarligt skadat och svårläst, men den bevarade handskriften är annars fullständig. Texten finns utgiven i Geetes (1899) edition.[3]

Mechtild 1877 är inte identisk med den handskrift som Budde hade framför sina ögon eftersom alla handskrifter är unika men skillnaden verkar inte vara särskilt stor med undantag av textens större omfång i Mechtild 1877. I denna artikel jämför jag Buddes version med Mechtild 1877 och med de ovan nämnda tyska versionerna från åren 1503 och 1597. De tyska versionerna har inte jämförts med Buddes version av andra forskare (se dock Kauko 2020a och Kauko 2020b) och de verkar överhuvudtaget inte ha varit föremål för lingvistisk eller filologisk forskning. De är olika gamla och från olika geografiska områden, eftersom Mechtild 1503 trycktes i Leipzig i Sachsen och Mechtild 1597 i Thierhaupten i Bayern. Mechtild 1503 har utkommit före den lutherska reformationen och Mechtild 1597 efter den, men detta

---

3   Handskriften A 13 har därtill digitaliserats och är tillgänglig på nätet (www.manuscripta.se/ms/100212).

spelar troligen ingen stor roll eftersom Mechtild 1597 gavs ut i det katolska Bayern (jfr. dock motreformationen på katolskt håll). Jämförelser mellan olika gamla versioner som dessa är numera relativt lätta att utföra eftersom flera gamla tyska och latinska tryckta versioner av *Mechtilds uppenbarelser* har digitaliserats av *Münchener Digitalisierungszentrum (MDZ)* och är fritt tillgängliga på nätet. Biblar på olika språk, exempelvis Vulgata och 2000 års svenska Bibel, är också lätt tillgängliga på nätet, digitaliserade exempelvis av *Deutsche Bibelgesellschaft* och *Svenska bibelsällskapet*. Nätresurser har därför använts flitigt i denna undersökning.

Det finns skillnader mellan de olika versionerna av *Mechtilds uppenbarelser* eftersom exempelvis Buddes svenska tolkning är ca 170 år yngre än originalet som nedskrevs i Tyskland på 1290-talet. De svenska läsarna hade sannolikt kunskapsluckor på grund av det tids- och platsmässiga avståndet mellan käll- och måltexten och översättaren fungerade sålunda som en kreativ förmedlare mellan olika tider och kulturer (Lönnroth och Siponkoski 2017: 138, 144, 151; Hartama-Heinonen 2018: 29; Kauko 2020a: 78–79). Eftersom översättaren skrev texten på nytt på ett annat språk, blev den översatta versionen unik och innehöll något som inte fanns tidigare medan något annat gick förlorat (Lönnroth och Siponkoski 2017: 144; Wollin 2020: 32, 36–37).

Jag övergår nu till att diskutera latinska citat i *Mechtilds uppenbarelser*. Jag inleder med en kortfattad diskussion om citat från andra källor än Bibeln, men huvudvikten i artikeln ligger på bibliska citat.

3 Citat från andra källor än Bibeln i *Mechtilds uppenbarelser*

Det finns få citat från andra källor än Bibeln i *Mechtilds uppenbarelser*. Bara enstaka exempel återfinns i den omfattande texten. I det följande visas ett citat som är taget ur hymnen *Splendor paternae gloriae* av Ambrosius av Milano (ca. 340–397 e.Kr., utgiven i Migne 1845: 1411).

1a. Hwilkin hon tha helsadhe mz thässom ordhom Salue paterne glorie de luce lucem proferens, lux lucis et fons luminis, dies diem illuminans Thz lyder swa Helsader se thu fadherlighx äro skeen framgangande liws aff liwseno ok liwsens källa, thu är thän dagher thär daghin lyse (Geete 1899: 22).

'Hon hälsade det med dessa ord: Salue paterne glorie de luce lucem proferens, lux lucis et fons luminis, dies diem illuminans. Det betyder: Var hälsat, den faderliga ärans sken som kommer fram, ljusets ljus och ljusets källa, du är den dager som lyser dagen.'[4]

---

4 Alla översättningar är författarens egna.

Som framgår av exempel 1a, anför Budde typiskt citat först på latin och ger därefter en rätt trogen svensk översättning. Latinet har troligen medtagits därför att det ger citatet en större auktoritet, bättre trovärdighet och en högre status medan den svenska översättningen är en förutsättning för att icke-latinkunniga och olärda läsare ska förstå citatet (Carlquist 2005: 19). Att samma innehåll uttrycks på två olika språk är sålunda inte redundant, eftersom de olika språken har olika funktioner. 1503 års tyska översättning skiljer sig från Buddes version, eftersom den relativt sällan inkluderar citat på latin. Citaten anförs där i regel bara på tyska. 1597 års tyska översättning intar en mellanställning, eftersom latinet finns med oftare än i 1503 års version men inte lika ofta som hos Budde. Det finns också andra likheter och skillnader mellan de olika versionerna, vilket gör jämförelser dem emellan intressanta. Den ovan citerade passusen i de undersökta latinska och tyska versionerna av *Mechtilds uppenbarelser* visas nedan i 1b–1d:

> 1b. quem illa his verbis salutavit: "Salve, splendor æternæ gloriæ", etc. (Mechtild 1877: 17).
> 'Hon hälsade den med dessa ord: Var hälsad, den eviga ärans glans, osv.'

> 1c. das grußet sy mit disen worte(n). Biß gegrußet du scheyn d(er) vaterliche(n) ere & c(etera) (Mechtild 1503: 7^{r5}).
> 'Hon hälsade det med dessa ord: Var hälsat, den faderliga ärans sken, osv.'

> 1d. welches sy grüesset mit solchen wortten. Gegrüesset seyestu schein der Vátterlichen Glorj/ von dem Liecht vns bringend das Liecht/ du ein glantz deß glantzes/ vnd Brunn deß Liechts: Du Tag deß Tags/ erleuchtendt den Tag (Mechtild 1597: 11^r–11^v).
> 'Hon hälsade det med dessa ord: Var hälsat, den faderliga ärans sken, som bringar oss ljuset från ljuset, du som är glansens glans och ljusets källa, du som är dagens dag som lyser dagen.'

Mechtild 1597 uppvisar störst likhet med Buddes version med det undantaget att citatet där ges bara på tyska medan Budde ger det både på latin och på svenska. Citatet är kortare i Mechtild 1877 och Mechtild 1503. Buddes översättning och Mechtild 1597 går möjligen här tillbaka på en latinsk version som uppvisade en längre formulering av citatet. Att två översättare har gjort samma tillägg (eller strykning) oberoende av varandra är ändå inte otänkbart (jfr. Bampi 2019: 225). Det är t.ex. inte omöjligt att både Budde och den tyska översättaren lade till slutet av citatet (orden efter *etc.*) från minnet, eftersom den latinska formuleringen hos Budde

---

5 Gamla utgåvor har foliering i stället för paginering.

inte är helt identisk med den latinska formuleringen i Mignes (1845: 1411) edition. Å andra sidan kan skillnaderna i den latinska formuleringen alternativt bero på variation inom den latinska texttraditionen.

I exempel 2 citeras en anonym medeltida hymn (utgiven i Mone 1854: 185–186):

> 2. Gaude manna virginale, manna nouum et regale Quod nulli sapit hominum, nisi palato virginum Medh thänna ordh maa thu helsa gudz wärdogha likama, som kallas manna, thz är ängla brödh aa wart maal Glädz ängla brödh oc iomfrulikin koster, nyth brödh oc konungxlikit, hwilkit enghom människiom rättelika smakar, wtan rättom iomfrum (Geete 1899: 112–113).
>
> 'Gaude manna virginale, manna nouum et regale, quod nulli sapit honimum, nisi palato virginum. Med dessa ord kan du hälsa Guds värdiga lekamen som kallas manna, dvs. änglabröd på vårt språk: Gläds, du änglabröd och jungfrulig kost, det nya och kungliga brödet som inte riktigt smakar andra människor än riktiga jungfrur.'

Eftersom *Mechtilds uppenbarelser* har en nära anknytning till mässan och liturgin, är en hymn ingen överraskande källa för citatet i exempel 2. Snarare är citatet sådant som man också förväntar sig att hitta i en text som *Mechtilds uppenbarelser*. Ett tredje exempel på citat ur andra källor än Bibeln är citatet från Augustinus (354–430 e.Kr.) i exempel 3 (Kauko 2015b: 177). Citatet är ur Augustinus' verk *Confessiones* (utgivet i Migne 1841: 796).

> 3. Här offwer sigher augustinus Minus te domine diligit etcra O härra härra han älskar ok mindre än til bör som nakoth annadh än thik älskar (Geete 1899: 292).
>
> 'Om detta säger Augustinus: Minus te domine diligit etcra, dvs. oj, Herre, Herre, den som älskar något annat än dig, älskar dig mindre än han borde.'

Citatet i exempel 3 finns inte i andra versioner av *Mechtilds uppenbarelser* och verkar vara tillagt av Budde (Laurén 1972: 83–84, 98) som lagt till samma citat också på ett annat ställe i texten (Geete 1899: 343). Att vädja till en känd auktoritet var ett vanligt sätt att öka textens trovärdighet och en hänvisning till Augustinus visar att Budde var en bildad man, även om det är osäkert om han läst Augustinus' verk i sin helhet.

Även om enstaka citat från andra källor än Bibeln förekommer i *Mechtilds uppenbarelser*, är det kännetecknande för denna text att det är främst Bibeln som citeras medan andra källor citeras bara undantagsvis. Också dessa källor är alltid kyrkliga och icke-kristna texter verkar inte citeras i *Mechtilds uppenbarelser*. I andra texter som Budde översatte från latin till svenska är citat från andra källor än Bibeln betydligt vanligare än i *Mechtilds uppenbarelser*.[6] Som framkommit ovan, vet vi litet om Mechtilds liv, men speciellt lärd har hon troligen inte varit.[7] Sålunda är det naturligt att andra källor än Bibeln relativt sällan citeras i hennes uppenbarelser. Också ur Bibeln citeras främst vissa centrala delar som jag nu övergår till att redogöra för.

4 Citat från Bibeln i *Mechtilds uppenbarelser*

Som framkommit ovan är citat från andra källor än Bibeln sällsynta i *Mechtilds uppenbarelser*. De bibliska citaten i *Mechtilds uppenbarelser* är däremot så många att en komplett genomgång av alla inte är möjlig inom ramen för denna artikel. I detta avsnitt lyfter jag i stället fram ett urval exempel som jag diskuterar ur tre synvinklar. I avsnitt 4.1 fokuserar jag på källorna för citaten, dvs. vilka bibelböcker som citeras. I avsnitt 4.2 behandlar jag citatens språk och formuleringar. I avsnitt 4.3 diskuterar jag citatens funktioner. Eftersom samma exempel ofta samtidigt illustrerar flera aspekter, är gränsen mellan de tre underavsnitten flytande.

De bibliska citaten är intressanta inte minst därför att de flesta av dem är tagna från sådana bibelböcker som inte finns bevarade i helhet i fornsvenska översättningar. På fornsvenska finns generellt ett ganska magert urval bibelböcker (se t.ex. Pettersson 2019: 132–134). Många centrala bibelböcker, exempelvis de fyra Evangelierna och Psaltaren som inte finns bevarade i sin helhet på fornsvenska citeras ofta i Buddes skrifter, hos heliga Birgitta, i postillorna och i vissa andra fornsvenska texter. Eftersom citaten ofta återger stoff från bibelböcker som annars inte har bevarats på medeltida svenska, utgör citaten en viktig källa för hur den centrala kristna läran och det viktigaste innehållet i Bibeln formulerades på svenska under medelti-

---

6   I den anonyma svenska översättningen av Susos skrift *Gudeliga snilles väckare* som sannolikt är översatt av Budde (Noreen 1942: 38; Noreen 1944: 56; Kauko 2015a: 41) påträffas citat från de hedniska diktarna Horatius (65–8 f.Kr.) och Ovidius (43 f.Kr.–ca 17 e.Kr.), även om de inte nämns vid namn (Kauko 2015b: 179). I *Själens kloster* hänvisas till Bernhard av Clairvaux (ca 1090–1153), Hieronymus (ca 347–420 e.Kr.) och Seneca den yngre (ca 4 f.Kr.–65 e.Kr.) (Kauko 2015b: 177–178, 180). Ett latinskt citat i *Själens kloster* (Dahlgren 1875: 36) anges härstamma från *poeta* 'poeten'. Vilken poet som åsyftas anges inte, men citatet verkar vara en latinsk översättning av vers 694 i Hesiodos' (ca 750–ca 650 f.Kr.) grekiska skrift *Verk och dagar* (jfr. Kauko 2015a: 217–218; Mäkilähde 2019: 254). Exempelvis Homeros och Ovidius nämndes inte alltid vid namn utan kallades *poeta* eller *metrista* som båda betyder ungefär 'poet, diktare', likaså kallades Aristoteles ofta helt enkelt *philosophus* (Kauko 2015a: 218; Mäkilähde 2019: 146, 303). För vissa lärda läsare var det möjligen uppenbart varifrån citaten härstammade, men citat som anges härstamma från 'poeten' eller 'filosofen' som inte nämns vid namn är ofta svåra att identifiera. Grekiska texter citerades sällan på originalspråket, vilket gör ursprungligen grekiska citat svåra att identifiera. Därtill var citaten oftast avlägsnade från sin ursprungliga kontext och användes till nya syften i nya kontexter (Kauko 2015a: 232; Mäkilähde 2019: 307).

7   Å andra sidan hade nunnor bättre möjligheter att utbilda sig än andra medeltida kvinnor och helt olärd har Mechtild sålunda sannolikt inte varit (Lehmijoki-Gardner 2007: 159, 177). Klostersystrarnas kompetens i latin var troligen också bättre än man tidigare trott (Carlquist 2005: 22).

den. Med hjälp av citaten skulle vi i princip kunna sammanställa en fragmentarisk och brokig fornsvensk bibeltext. Vissa fornsvenska översättningar av bibelböcker kan ha gått förlorade men man verkar inte ens ha försökt översätta hela Bibeln till nordiska språk före reformationstiden (Johansson 2015: 221).

Det är intressant att närmast sådana bibelböcker, som sällan citeras i andra fornsvenska texter, i sin helhet finns bevarade på fornsvenska. Exempelvis Judit, Ester, Rut och de två Mackabeerböckerna som Budde översatte till svenska med Vulgata som förlaga citeras sällan i övrig fornsvensk litteratur. I andra fornsvenska texter citeras i stället oftast sådana bibelböcker som inte finns bevarade på fornsvenska i sin helhet, t.ex. Psaltaren och Evangelierna. Det var möjligen inte särskilt motiverat att översätta dessa texter i sin helhet till svenska eftersom deras centrala innehåll redan var tillgängligt på svenska i form av citat i andra texter. Det var vanligt att även bildade personer använde sig av citatsamlingar i stället för att läsa t.ex. antikens eller kyrkofädernas texter i sin helhet och byggde sin bildning på lösryckta citat (jfr. Clanchy 2007: 196, 200; Kauko 2019: 240–241). Det är därför förståeligt att citat på svenska räckte för allmänheten. De lärda kunde läsa exempelvis Evangelierna och Psaltaren på latin och en systematisk läsning av dem blev viktigare för allmänheten först efter den lutherska reformationen. De bibelböcker som inte brukade citeras mycket behövde däremot översättas eftersom de annars var tillgängliga endast på latin. Dessa var närmast gammaltestamentliga och delvis apokryfiska böcker som ibland setts som "perifera" (Wollin 2019b: 105). Eftersom Gamla Testamentet och apokryferna var mycket lästa och viktiga under medeltiden, är det emellertid inte överraskande att man valde att översätta en del av just dem till svenska. Enligt Johansson (2015: 221) är det också möjligt att vissa delar av Bibeln under medeltiden inte översattes till svenska eller andra nordiska språk, eftersom de nordiska folkspråken då var för oetablerade som skriftspråk för att kunna bära Evangeliernas budskap eller Guds ord. Denna förklaring är emellertid otillfredsställande, eftersom en stor del av Evangeliernas budskap ändå formulerades på svenska i form av citat i andra skrifter. Därtill var nordiska folkspråk i bruk som skriftspråk i andra krävande sammanhang.

I ett internationellt perspektiv var bibelöversättningar på olika folkspråk inte ovanliga under senmedeltiden. Redan i mitten av 1300-talet fanns hela Bibeln på franska, italienska, tjeckiska och tyska (Dittmann 2019: 107). På tyska trycktes hela Bibeln så tidigt som 1466 och före 1522 års lutherska Nya Testament hade Bibeln getts ut inte mindre än 14 gånger på högtyska och fyra gånger på lågtyska (Flood 2019: 40). Gemensamt för de medeltida bibelöversättningarna var att de hade den latinska Vulgata som förlaga, vilket även gäller de bibelböcker som Budde tolkade till svenska.

Som redan framkommit, utgör Bibeln en central källa för *Mechtilds uppenbarelser*. Jag övergår nu till att redogöra för vilka delar av Bibeln som citeras mest i *Mechtilds uppenbarelser*.

4.1 Källor för de bibliska citaten och jämförelse med andra texter av Budde

Av de gammaltestamentliga böckerna citeras Psaltaren mest i *Mechtilds uppenbarelser*. Psalmerna utgör överhuvudtaget den vanligaste källan för citat i *Mechtilds uppenbarelser*. Andra gammaltestamentliga böcker citeras närmast sporadiskt. Enstaka citat finns från Tredje Moseboken, Femte Moseboken, Första Samuelsboken, Job, Ordspråksboken, Predikaren, Höga Visan, Jesaja, Jeremia och Hesekiel. Eftersom Gamla Testamentet i sin helhet innehåller inte mindre än 39 böcker, utgör de citerade böckerna en klar minoritet. I andra texter som Budde översatte är urvalet något bredare. I texten *Själens kloster* citeras exempelvis Hosea och Klagovisorna (Kauko 2015a: 187). Det kan visserligen delvis bero på en slump att vissa bibelböcker citeras eller inte citeras i *Mechtilds uppenbarelser*, men oftast är källorna för citaten sådana som man också förväntar sig att hitta. Psalmerna citeras särskilt flitigt också i andra skrifter som Budde översatte, vilket möjligen delvis sammanhänger med att Psaltaren användes som läsebok i de medeltida skolorna och eleverna lärde sig latin med hjälp av den (Klockars 1960: 58; Kauko 2015a: 183–185).

Av de gammaltestamentliga apokryferna eller de så kallade deuterokanoniska böckerna citeras Vishetens bok, Syraks bok och Tillägg till Daniel i *Mechtilds uppenbarelser*. Det är föga överraskande att Gamla Testamentets apokryfer citeras eftersom de ingår i Vulgata och lästes mycket under medeltiden. Vishetens bok och Syraks bok som hör till de viktigaste och mest lästa gammaltestamentliga apokryferna trycktes på svenska redan 1536, dvs. fem år innan Gustav Vasas Bibel kom ut (Pottonen 2008: 81; Voitila 2008a: 177; Voitila 2008b: 192; Wollin 2019a: 253). Vishetens bok och Syraks bok representerar samma slags litteratur som Job och Ordspråksboken (Voitila 2008a: 167). Alla fyra böcker citeras i *Mechtilds uppenbarelser* och ger visa råd som utgör lämpligt material vid undervisning.

Av de nytestamentliga böckerna citeras Evangelierna mest, närmast Matteus, Lukas och Johannes, mer sällan Markus. Det är naturligt att Evangelierna citeras mycket eftersom de innehåller Jesu lära och beskrivningar av Jesu liv och gärningar. Sålunda kan de ses som den centralaste delen av hela Bibeln. Därtill förekommer enstaka citat från Apostlagärningarna, Romarbrevet, Första och Andra Korinthierbrevet, Galaterbrevet, Efesierbrevet, Filipperbrevet, Första Thessalonikerbrevet, Hebreerbrevet, Första Petrusbrevet, Första Johannesbrevet och Uppenbarelseboken. Av de nytestamentliga böckerna citeras sålunda minst 16 böcker. I sin helhet innehåller Nya Testamentet 27 böcker, och antalet citerade böcker kan sålunda betraktas som förhållandevis högt.

Som framkommit utgörs de bibliska citaten i *Mechtilds uppenbarelser* oftast av centrala och bekanta bibelställen, vilket inte är förvånande utan snarare något som man också kan förvänta sig i en skrift som *Mechtilds uppenbarelser*. Det finns emellertid vissa undantag, eftersom citaten i några enstaka fall är tagna ur skrifter som inte kan betraktas som centrala delar av Bibeln utan snarare marginella. Ett citat som är taget ur en mer ovanlig källa visas i exempel 4.

    4. accipite iocunditatem glorie vestre thz är anamen idhra äronna lustelikhet (Geete 1899: 232).
    'Accipite iocunditatem glorie vestre. Det betyder: Ta emot er äras ljuvlighet'.

Citatet i exempel 4 är taget från vers 2: 36 i den så kallade Fjärde Esra som är en mindre bekant skrift. I den engelskspråkiga världen kallas Fjärde Esra i regel för 2 Esdras, vilket på grund av den avvikande numreringen ibland leder till missförstånd (Kiilunen 2008a: 261). Fjärde Esra finns inte bevarad på arameiska eller hebreiska och även på grekiska finns endast några fragment bevarade (Kiilunen 2008a: 261; Mattila 2008: 273). I sin helhet finns texten bevarad bara som översättningar till andra språk än de bibliska grundspråken, bl.a. latin (Kiilunen 2008a: 261; Mattila 2008: 273–274). Både Hieronymus och Luther ansåg att Fjärde Esra inte var någonting värd, och inom den lutherska kyrkan räknas den därför inte ens som apokryf utan har utelämnats helt ur Bibeln (Kiilunen 2008b: 59; Mattila 2008: 277). Inom den katolska kyrkan räknas Fjärde Esra som ett tillägg till Vulgata men har ingen kanonisk ställning där heller (Kiilunen 2008a: 268; Mattila 2008: 278). Sålunda kan Fjärde Esra inte ses som en särskilt central eller ofta läst text utan snarare som en oväntad källa. Helt obskyr är Fjärde Esra emellertid inte eftersom den inom den anglikanska kyrkan räknas som apokryf och också ingår i vissa ortodoxa Biblar (Kiilunen 2008b: 61–62; Mattila 2008: 278). Även kyrkofäderna Tertullianus (ca 155–ca 230 e.Kr.), Cyprianus (ca 200–258 e.Kr.) och den ovan nämnda Ambrosius hänvisar till Fjärde Esra (Mattila 2008: 274). Kyrkofäderna var högt ansedda auktoriteter och det är möjligt att också de som inte kände Fjärde Esra i sin helhet hade stött på citat ur texten hos kyrkofäderna i fråga. Mechtild som troligen inte var särskilt lärd kan ändå knappast ha läst mycket av kyrkofädernas krävande lärda skrifter. Det är sålunda något förvånande att ett citat ur Fjärde Esra påträffas hos henne. Citatet har möjligen plockats från någon citatsamling. Det är inte heller omöjligt att de som skrivit ner eller kopierat uppenbarelsen lagt till citatet. Det är nämligen inte självklart att allt i uppenbarelserna med säkerhet härstammar från

Mechtild själv.[8] På samma sätt är det inte entydigt att allt i heliga Birgittas texter härstammar från henne själv eftersom hennes biktfäder formulerade den latinska versionen och förhållandet mellan den latinska och den svenska versionen är komplicerat (Widmark 2001: 171–172).

I detta avsnitt vill jag ännu diskutera två relevanta frågor: Citat från Uppenbarelseboken och källhänvisningar i samband med de bibliska citaten. Som ovan framkommit, citeras Uppenbarelseboken några gånger i *Mechtilds uppenbarelser*. Dessa citat är intressanta eftersom Uppenbarelseboken hör till de få bibelböcker som i sin helhet har nedskrivits och bevarats i fornsvensk översättning. Uppenbarelsebokens fornsvenska översättning saknar explicita uppgifter om översättaren men även den har ofta tillskrivits Jöns Budde (Noreen 1942: 36; Noreen 1944: 56; Laurén 1972: 123, fotnot 102). Som Lamberg (2007: 267–268) konstaterar har textattributionen emellertid väckt kritisk diskussion, och nyligen har Wollin (2018: 31) dragit slutsatsen att Uppenbarelseboken inte är översatt av Budde utan av någon anonym översättare som utfört sitt arbete efter Buddes tid. Citaten ur Uppenbarelseboken i Buddes version av *Mechtilds uppenbarelser* har inte heller exakt samma form som passusarna i den fornsvenska versionen av Uppenbarelseboken, vilket framgår av exempel 5–7 nedan.

5a. Sighin *loff sangh* warom *gudhi*, alle hans hälghe män (Geete 1899: 10; Upp. 19: 5).
'Lova vår Gud, alla hans helgon.'

5b. sighen *loff* warom *gudh* Alle hans hälge män (Klemming 1853: 363).
'Lova vår Gud, alla hans helgon.'

6a. gudh han *aff thörker* alla thara aff *thera* öghom (Geete 1899: 52; Upp. 7: 17).
'Gud avtorkar alla tårar från deras ögon.'

6b. oc gudh *skal aff stryka* alla thaara aff *theras* øghom (Klemming 1853: 344).
'Och Gud skall avstryka alla tårar från deras ögon.'

---

8   Som framkommit ovan innehåller den svenska översättningen av *Mechtilds uppenbarelser* citat som inte finns i de andra versionerna och som inte härstammar från Mechtild utan verkar vara tillagda av Budde (Laurén 1972: 81–84). De av Budde tillagda citaten är ofta från Bibeln (t.ex. Geete 1899: 323, 324, 325), ibland från andra kyrkliga källor (t.ex. Geete 1899: 303). En gång (Geete 1899: 161) har Budde lagt till ett citat från Birgittas uppenbarelser (bok 4, kapitel 93, Andersson 2018: 269) och därmed tagit hänsyn till den birgittinska publiken. Eftersom Mechtild dog 1299 är det självklart att hon inte har kunnat citera Birgitta (1303–1373). Texten innehåller olika lager och jämförelser mellan olika versioner kan åtminstone i vissa fall visa vad som kommer från just Budde eller åtminstone inte från Mechtild själv.

7a. Benediccio et claritas et sapiencia et graciarum accio honor virtus et fortitudo deo nostro in secula seculorum Amen Thz är Wälsignilse ok klarhet ok wisdomber, ok *stor ödhmiwk thak,* hedher *dygd* ok starkhet wari warom gudhi, *a for wthan ända* (Geete 1899: 54; Upp. 7: 12).
'Benediccio et claritas et sapiencia et graciarum accio, honor, virtus et fortitudo deo nostro in secula seculorum. Amen. Det betyder: Välsignelse och klarhet och vishet och ett stort, ödmjukt tack, heder, dygd och starkhet tillhör vår Gud alltid och oändligt.'

7b. wälsignilse oc clarhet wisdombir *thak* hedher oc *ära* oc starkhet wari warom gudhi *nw oc äwerdelica* amen (Klemming 1853: 344).
'Välsignelse och klarhet, vishet, tack, heder och ära och starkhet tillhör vår Gud nu och evärdligt. Amen.'

De viktigaste skillnaderna mellan de två olika översättningarna har markerats med kursiv i exempel 5–7. En del skillnader är morfologiska. I *Mechtilds uppenbarelser* återfinns dativformen *gudhi* och pronomenformen *thera* medan Uppenbarelsebokens fornsvenska översättning har i stället formerna *gudh* och *theras*. Formen *theras* började användas i stället för den äldre formen *thera* så sent som omkring år 1450 (Noreen 1904: 396). Den gamla dativformen *Gudhi* var vanlig i bibelspråket ännu under reformationstiden (Wessén 1962: 184). Formerna *gudh* och *theras* är sålunda uppenbart modernare än formerna *gudhi* och *thera* som påträffas i *Mechtilds uppenbarelser*. Formuleringen *skal aff stryka* i Uppenbarelseboken motsvaras av uttrycket *aff thörker* i *Mechtilds uppenbarelser*. Dessutom används hjälpverbet *skal* i Uppenbarelseboken men inte i *Mechtilds uppenbarelser*. På vissa fall är formuleringarna även längre i *Mechtilds uppenbarelser* än i Uppenbarelseboken (*loff sangh* : *loff* och *stor ödhmiwk thak* : *thak*). I *Mechtilds uppenbarelser* har Budde valt att återge latinets *virtus* med ordet *dygd* medan Uppenbarelseboken har ordet *ära*. Därtill uttrycks det centrala latinska uttrycket *in secula seculorum* olika i de två texterna (*a for wthan ända* : *nw oc äwärdelica*).

Att citatens utformning i *Mechtilds uppenbarelser* skiljer sig från formuleringarna i den fornsvenska översättningen av Uppenbarelseboken betyder emellertid inte automatiskt att Uppenbarelseboken inte kan vara översatt av Jöns Budde. Att samma översättare vid olika tidpunkter och i olika kontexter översätter samma mening på olika sätt är inte överraskande i synnerhet när de två översättningarna kan ha haft olika syften. Medeltida bibelöversättningar till olika folkspråk kan sägas ha haft två olika syften: för lekmän var de ett hjälpmedel som gjorde det möjligt att förstå innehållet i mässan och liturgin och för präster var de ett sätt att närma sig och förhålla sig till den latinska texten i Vulgata (de Smit 2019: 237, 247). Citaten i *Mechtilds uppenbarelser* har också ofta en anknytning just till mässan och liturgin.

För birgittinska systrar var uppenbarelserna sålunda nyttig läsning, eftersom de troligen hjälpte systrarna att förstå vad som sades och vad som hände under mässan (jfr. Carlquist 2002: 59). Skillnaderna mellan formuleringarna i *Mechtilds uppenbarelser* och den fornsvenska tolkningen av Uppenbarelseboken i exempel 5–7 är ändå inte speciellt radikala och eftersom det jämförbara materialet består av bara några satser kan man inte dra några långtgående slutsatser.

Huruvida Uppenbarelseboken är översatt av Budde eller inte är som framkommit ovan en omdebatterad fråga. Judits bok, Esters bok, Ruts bok samt Första och Andra Mackabeerboken är däremot säkert översatta av Budde, eftersom det explicit står i dem att de är översatta av denne i Nådendal 1484 (se Klemming 1853: 214). Om dessa bibelböcker skulle citeras i *Mechtilds uppenbarelser*, kunde vi jämföra formuleringen i 1469 års Mechtildöversättning med formuleringen i 1484 års översättning som båda med säkerhet härstammar från Budde. Sålunda kunde vi se om han faktiskt formulerade sig annorlunda vid två olika tillfällen även om han båda gångerna översatte samma sats. Några citat ur Judits bok, Esters bok, Ruts bok eller Första och Andra Mackabeerboken har jag emellertid inte kunnat hitta i Buddes version av *Mechtilds uppenbarelser*. I Mechtild 1877 återfinns däremot följande citat ur Andra Mackabeerboken (2. Mack. 15: 14):

> 8. Hic est qui multum orat pro populo (Mechtild 1877: 318)
> 'Denne (man) är den som flitigt ber för folket.'

I Buddes version av *Mechtilds uppenbarelser* har en lång bit text utelämnats och citatet som visas i exempel 8 finns därför inte med i Buddes version. Judit, Ester, Rut och Första Mackabeerboken verkar inte alls citeras i någon version av *Mechtilds uppenbarelser*.

Bibliska citat är vanliga också i andra skrifter som Budde översatt och det finns exempel på att samma bibelställe citeras i två olika texter som säkert är översatta av Budde. I exempel 9 visas bibelstället Joh. 14: 2 som citeras både i texten *Lucidarius* som ingår i *Jöns Buddes bok* (utgiven i Hultman 1895: 1–70) och i *Själens kloster* (utgiven i Dahlgren 1875: 29–136). I slutet av texten *Själens kloster* sägs explicit att den översattes av Jöns Budde i Nådendals kloster år 1480 (se Dahlgren 1875: 136). I slutet av *Lucidarius* står att texten tolkades till svenska av Jöns Budde i Nådendal år 1487 (se Hultman 1895: 70).

> 9a. Jn domo patris mej etcetera J myns faders huse æru manga handha *heeman eller blifua rwm* (Hultman 1895: 38).
> 'Jn domo patris mej etcetera. I min faders hus finns många slags boningar eller uppehållsorter.'

9b. i hymmelska fadhers hwse ärw mangh *hwilo rwm* (Dahlgren 1875: 116).
'I den himmelska faderns hus finns många vilorum.'

Som framgår av exempel 9 har Budde återgett latinets *mansiones* med orden *heeman eller blifua rwm* i *Lucidarius*. I *Själens kloster* har han däremot använt sig av uttrycket *hwilo rwm*. Här har vi sålunda ett säkert belägg på att Budde översatte samma sats något olika vid olika tillfällen, även om citatet utgjordes av ett välbekant och centralt bibelställe. Därför kan de ovan anförda från varandra avvikande formuleringarna i exempel 5–7 ur *Mechtilds uppenbarelser* respektive Uppenbareloseboken inte användas som bevis för att den fornsvenska översättningen av Uppenbareloseboken inte kan vara översatt av Budde, även om Uppenbarelsebokens textattribution av andra skäl kan ifrågasättas.

Jag övergår nu till en kort diskussion om källhänvisningar i samband med de bibliska citaten i *Mechtilds uppenbarelser*. I *Mechtilds uppenbarelser* ges i regel inga alls eller endast mycket opreciesa källhänvisningar. I exempel 10 visas hur källhänvisningar typiskt ser ut då de förekommer. Citatet är taget från Psaltaren som utgör en central källa för citaten.

10a. Ok thz är tha som dauid sigher j psalmenom Vnxit te deus deus tuus oleo leticie pre consortibus tuis Thz är härran gudh han smordhe thik mz glädhinna olie offwer alla thina jämlika (Geete 1899: 291).
'Och det är som David säger i psalmen: Vnxit te deus, deus tuus, oleo leticie pre consortibus tuis. Det betyder: Herren Gud smorde dig med glädjens olja mer än alla dina likar.'

10b. et hoc est quod dicitur in psalmo: Unxit te Deus, Deus tuus, oleo lætitiæ præ consortibus tuis (Mechtild 1877: 241).
'Och så här sägs det i psalmen: Gud, din Gud, har smort dig med glädjens olja mer än dina gelikar.'

10c. vnnd das ist das ym psalm steet. dich hat got deyn got gesalbet mit dem óle d(er) freuden vor deynen mitgesellen (Mechtild 1503: 96^v).
'Och så står det i psalmen: Dig har Gud, din Gud, smort med glädjens olja mer än dina gelikar.'

10d. Vnnd das ist/ das inn dem Psalmen gesagt ist: Vnxit te deus deus tuus oleo lætitiæ. Dich hat gesalbt GOTt dein GOtt/ mit dem Oel der frewden (Mechtild 1597: 195^r).
'Och så här sägs det i psalmen: Vnxit te deus, deus tuus, oleo lætitiæ. Dig har Gud, din Gud, smort med glädjens olja.'

10e. propterea unxit te Deus, Deus tuus, oleo exultationis prae participibus tuis (Vulgata: Ps. 44: 8).
'Därför har Gud, din Gud, smort dig med jubels olja mer än dina gelikar.'

10f. Därför har Gud, din Gud, smort dig med glädjens olja mer än dina likar (Bibel 2000: Ps. 45: 8).

Uttrycket *som dauid sigher j psalmenom* är en typisk medeltida källhänvisning. Då källhänvisningarna inte saknas är de sällan noggrannare än detta. Mellan det latinska citatet och den svenska översättningen finns frasen *Thz är* i exempel 10a. Denna och andra liknande fraser är vanliga men ibland följer den svenska översättningen omedelbart efter det latinska citatet utan att någon fras fogas in däremellan. Citatet i exempel 10 är från Ps. 44: 8 i Vulgata. I den svenska Bibeln skiljer sig psalmernas numrering något från numreringen i Vulgata och bibelstället är Ps. 45: 8 i Bibel 2000. Som framgår av exempel 10e, skiljer sig den latinska formuleringen i Vulgata från formuleringen i *Mechtilds uppenbarelser*, medan formuleringen i Bibel 2000 i exempel 10f kommer Buddes formulering nära. Som framgår av exempel 10b har Mechtild 1877 samma från Vulgata avvikande formulering som Buddes version. Det finns en intressant skillnad mellan de två tyska versionerna, eftersom citatet bara ges på tyska i Mechtild 1503 (exempel 10c) medan Mechtild 1597 ger citatet både på latin och på tyska (exempel 10d). 1597 års tyska översättare från det katolska Bayern har sålunda valt samma lösning som Budde. Denna lösning är inte lika vanlig i Mechtild 1597 som hos Budde men inte ovanlig heller. I Mechtild 1597 är latinet grafiskt markerat, dvs. tryckt med ett annat teckensnitt än det som står på tyska.[9]

Som framkommit ges bibliska citat antingen på folkspråk, på latin eller på båda språken i *Mechtilds uppenbarelser*. Vi har också sett att citaten inte alltid har exakt samma formulering i Vulgata och i olika versioner av *Mechtilds uppenbarelser*. Jag övergår nu till att diskutera språkval i och formuleringar av citaten närmare.

4.2 De bibliska citatens språk och form

I Buddes version av *Mechtilds uppenbarelser* ges de bibliska citaten ibland endast på svenska och ibland endast på latin men oftast presenteras samma citat både på latin och på svenska. Bibliska personer får typiskt tala latin, vilket signalerar äkthet, status

---

9 I den svenska handskriften A 13 är latinet inte entydigt grafiskt markerat. De latinska citaten är skrivna med samma handstil och färg som den svenska brödtexten. Latinska citat är ofta understrukna (t.ex. 4^r, 15^r, 19^v) men inte konsekvent (t.ex. 49^v, 79^v). På andra sidan är även svenska fraser ibland understrukna (t.ex. 5^r, 113^r).

och auktoritet och ger orden en större kraft och patos (Carlquist 2005: 26). Bordsläsningen på svenska, som var en viktig aktivitet i birgittinska kloster, hade som syfte att lära ut den birgittinska ideologin till systrarna. Uppläsningen skedde under måltiderna i klostret och gick på svenska för att alla skulle förstå innehållet (Carlquist 2002: 92). De latinska citaten och fraserna, som var bekanta från den latinska mässan, band ihop mässan med bordsläsningen och förklarade för systrarna det som de hade hört under mässan. Sålunda hade de två språken, svenska och latin, olika funktioner. Trots detta anges den latinska formuleringen inte konsekvent varje gång utan utelämnas ibland. Det vanligaste är dock att citatet först ges på latin och sedan följs av den svenska översättningen. Det finns emellertid också vissa belägg på att den svenska översättningen kommer först och latinet står sist, vilket exempel 11 visar:

11a. iak wart leyona brodher oc strudzsanna kompan Som prophetin aff mik sigher Factus sum frater leonum et socius strucionum (Geete 1899: 99).
'Jag blev lejonens broder och strutsarnas kumpan såsom profeten säger om mig: Factus sum frater leonum et socius strucionum.'

11b. factus sum frater leonum et socius struthionum, sicut scriptum est de me (Mechtild 1877: 75).
'Jag har blivit lejonens broder och strutsarnas kumpan såsom det skrivits om mig.'

Citatet i exempel 11 är från Job 30: 29. Vid denna vers finner man mycket variation mellan olika översättningar. Exempelvis skiljer sig formuleringen i Vulgata från formuleringen i Mechtild 1877 på så sätt att ordet *draco* 'drake' används i stället för ordet *leo* 'lejon'. I de svenska bibelöversättningarna från 1917 och 2000 används varken *lejon* eller *drake* utan *schakal*. 1917 års svenska Bibel talar om strutsar som Budde och Vulgata medan *struts* i Bibel 2000 har ersatts med *uv*. 1545 års Lutherbibel på tyska uppvisar ordet *Schlangen* 'ormar' som motsvarar *draco* 'drake' i Vulgata, *leo* 'lejon' i *Mechtilds uppenbarelser* och *schakal* i de två senaste svenska bibelöversättningarna. Eftersom en drake är ett slags stor orm, avviker Luther inte mycket från Vulgata. Textstället är intressant också i Mechtild 1503 och Mechtild 1597:

11c. ich byn wurden eyn brud(er) d(er) lawe(n) vn(d) gesell d(er) strauß. Als vo(n) mir geschribe(n) ist (Mechtild 1503: 31ʳ).
'Jag har blivit lejonens broder och strutsarnas kumpan såsom det skrivits om mig.'

11d. ich bin worden ein Brúder der Tracken vnd gesell der Straussen wie von mir geschriben (Mechtild 1597: 60ᵛ).
'Jag har blivit drakarnas broder och strutsarnas kumpan såsom det skrivits om mig.'

Mechtild 1503 (exempel 11c) står Mechtild 1877 (exempel 11b) nära men avviker från Vulgata. Mechtild 1597 (exempel 11d) liknar däremot Vulgata och avviker från Mechtild 1877. Buddes lösning i exempel 11a är intressant bl.a. därför att översättningen av citatet till svenska i detta fall kommer först och efterföljs av citatet på latin. Vanligen är ordningsföljden som framkommit den motsatta. Undantaget sammanhänger troligen med att uttrycket *sicut scriptum est de me* eller *als von mir geschrieben ist* också i de andra versionerna kommer efter citatet.

Det finns också exempel på att Budde ger ett bibliskt citat bara på svenska och inte på latin. Ett sådant fall visas i exempel 12:

> 12a. J fiärdha mattho wm domadagh skal thätta wardha minna äro röst tha som alla them som aff wpphoffweno wtwalde äru Ok til fäghrinndinna ok äronna rike kalladhe äru, skal jak mz aldra största äro saman kalla swa sighjandis Komen mins fadhers wälsignadha barn etc^{ra} (Geete 1899: 16–17).
>
> 'För det fjärde ska detta bli min äras röst på domedagen när jag med den allra största äran ska sammankalla alla dem, som från begynnelsen varit utvalda och kallade till fägringens och ärans rike, sägande: Kom, min faders välsignade barn osv.'

Citatet är från Matt. 25: 34 men bara början av citatet är explicit utsatt i Buddes version och därefter kommer uttrycket *etc*. Det finns också andra liknande fall där läsaren möjligen antogs komma ihåg resten av citatet. I detta fall ges citatet emellertid i sin helhet i Mechtild 1877:[10]

> 12b. Quarto, in die judicii hæc gloria vocis meæ erit, cum omnes ab æterno electos et ad regnum decoris et gloriæ vocatos gloriosissime convocabo dicens: Venite, benedicti Patris mei, percipite regnum quod vobis paratum est ab origine mundi (Mechtild 1877: 12–13).
>
> 'För det fjärde ska det vara min äras röst på domedagen när jag mycket ärofullt ska sammankalla alla, som evigt varit utvalda och kallade till skönhetens och ärans rike, sägande: Kom, min faders välsignade, ta emot det rike som beretts för er sedan världens begynnelse.'

I de tyska versionerna från åren 1503 och 1597 ges citatet i samma förkortade form som hos Budde:

---

10 Det förekommer också fall där citatet inte ges i sin helhet i Mechtild 1877, se exempel 1b ovan.

12c. Czum virde(n) in dem tag des gerichtes wirt das werden dy ere meyner stymme. so ich alle außerwelte von ewikeit czu dem reich d(er) czire vn(d) ere geruffet. am erlichsten czu sammen ruffen wirt sprechende. kumpt yr gebenedeiten meyns vaters (Mechtild 1503: 5ᵛ).
'För det fjärde ska det bli min rösts ära på domedagen när jag ärorikt ska ropa samman alla utvalda, som evigt varit kallade till skönhetens och ärans rike, sägande: Kom min faders välsignade.'

12d. zum vierdten/ auff den tag des Gerichts wirdt dises sein die Stim(me) meiner Ehr/ wann ich alle von ewigkait Außerwólte/ vnd die zů dem Reich der Zierd vnd Herligkait berúffen sein/ auff das Ehrwürdigste werde zůsamen rúffen vnd sprechen. Kom(m)et jhr Gebenedeyten meines Vatters (Mechtild 1597: 7ᵛ).
'För det fjärde ska det vara min äras röst på domedagen när jag ärorikt ska ropa samman alla, som evigt varit utvalda och kallade till skönhetens och härlighetens rike, och när jag ska säga: Kom, min faders välsignade.'

Det är förståeligt att citatet förkortats. I Buddes version återfinns redan tidigare orden *them som aff wpphoffweno wtwalde äru Ok til fäghrinndinna ok äronna rike kalladhe äru.* Att avsluta citatet med orden *överta det rike som har väntat er sedan världens skapelse* vore sålunda upprepning. Slutet av citatet är därför inte nödvändigt att ha med och det är därtill möjligt att de som läste i *Mechtilds uppenbarelser* kunde resten av citatet utantill. Då alla inte läste texten själva utan hörde den läsas upp är det möjligt att den som läste texten högt fyllde i slutet av citatet från minnet.

Ordalydelsen i de bibliska citaten är inte alltid helt identisk med formuleringen i Vulgata. Variationen sammanhänger troligen delvis med att Bibeln ofta citerades direkt från minnet (Pihlajamaa 2012: 100; Välimäki 2016: 108–109). Ibland användes citaten fritt i nya kontexter som inte hade mycket med den ursprungliga kontexten att göra (Kauko 2015b: 177). De kan då ha behövt anpassas till den nya kontexten för att bättre passa in. Citat från Gamla Testamentet har därtill ibland en avvikande formulering även därför att Gamla Testamentet citeras i Nya Testamentet från den grekiska översättningen Septuaginta som i viss mån skiljer sig från det hebreiska Gamla Testamentet som exempelvis Gamla Testamentet i Bibel 2000 bygger på (Kiilunen 2008b: 50).

4.3 Citatens funktioner

Bibelcitaten i *Mechtilds uppenbarelser* har inte alltid samma funktion, utan kan delas in i två huvudgrupper enligt funktionen. Vissa citat har som syfte att ange när och var Mechtild fick en uppenbarelse, medan andra utgör en integrerad del av uppenbarelsen och har en direkt anknytning till dess centrala innehåll.

I många fall inleds ett nytt avsnitt så att det berättas att Mechtild deltog i mässan. Därefter konstateras att ett visst bibelställe lästes upp under mässan. Bibelstället citeras sedan på latin varefter texten redogör för den uppenbarelse som Mechtild fick när bibelstället lästes upp. I dessa fall har bibelcitatet inte alltid mycket att göra med uppenbarelsens egentliga innehåll utan utgör snarare en ram som anger när Mechtild fick uppenbarelsen. Citatet anger då tid och plats, dvs. kontexten för mottagandet av uppenbarelsen. Denna funktion illustreras av exempel 13:

> 13a. Ok tha som ewangelium Exiit edictum a cesare augusto[11] warth läsith Tha syntis henne som gudh fadher sagdhe til henne... (Geete 1899: 23).
> 'Och när evangeliet Exiit edictum a cesare augusto lästes, såg hon Gud Fader som sade till henne...'

I exempel 13a har Budde valt att återge citatet bara på latin. Citatet var troligen så bekant att det inte behövde översättas, eftersom det är från början av julevangeliet som är en av de mest lästa passagerna i hela Bibeln. Efter citatet kommer en beskrivning av uppenbarelsen som visserligen handlar om Jesu födelse och sålunda har en anknytning till julevangeliet, men Augustus, hans förordning eller skattskrivning har inget direkt att göra med uppenbarelsen. Citatet slår här närmast fast att det var jul när Mechtild fick uppenbarelsen. Att Augustus utfärdade en viss förordning har ingen annan betydelse i sammanhanget. Att Budde ger citatet bara på latin och inte på svenska signalerar möjligen också att innehållet i citatet inte var avgörande som sådant. Textstället kunde alternativt ha formulerats ungefär enligt följande: *Det var jul och Mechtild deltog i mässan. Då fick hon se Gud Fader som sade att...* Tidsangivelsen kan ges i form av ett bibliskt citat, då textens anknytning till Bibeln, mässan och kyrkoåret var så stark. Citerandet kan sålunda också ses som ett genrebetingat drag.

Det är intressant att jämföra Buddes lösning med tyska versioner av *Mechtilds uppenbarelser*. Samma textställe i Mechtild 1503 och Mechtild 1597 visas i exempel 13b–13c.

> 13b. Czu de(m) ewa(n)gelio. Exijt edictu(m). daucht sy das got der vater czu yr spreche. (Mechtild 1503: 7ᵛ).
> 'När evangeliet Exiijt edictu(m) lästes, såg hon att Gud Fader talade till henne.'

---

11 Vid den tiden utfärdade kejsar Augustus en förordning (Bibel 2000, Luk. 2: 1).

13c. Zů dem Euangelium/Exijt edictum &c. Eß ist außgangen ein Gebot &c. gedaucht sy wie Gott der Vatter zů jr sprech (Mechtild 1597: 11ᵛ).
'När evangeliet Exijt edictum &c. Det utgick ett påbud &c. lästes, såg hon att Gud Fader talade till henne.'

I detta fall ges ett kort citat (*Exijt edictum*) på latin också i Mechtild 1503 (exempel 13b), där citaten i övrigt oftast ges bara på tyska. Möjligen har den tyska översättaren följt följande principer: Om det är viktigt att läsaren ska förstå innehållet i citatet eller om huvudsaken i kontexten är att förklara innehållet, ges citatet på tyska. Om innehållet emellertid inte är det centrala utan citatet har som syfte att närmast förklara när Mechtild fick en uppenbarelse, ges citatet på latin. Citat endast på latin är exceptionella också i Buddes text. Som framkommit ovan gjorde även Budde ett undantag i detta fall eftersom han anger citatet bara på latin medan han annars vanligen väljer att ge samma citat både på latin och på svenska. I Mechtild 1597 (exempel 13c) har översättaren däremot valt att ge citatet både på latin och på tyska – en tvåspråkig lösning som är typisk för Budde och vanligare i Mechtild 1597 än i Mechtild 1503.

I exempel 13 har citatet som funktion att uttrycka när Mechtild fick uppenbarelsen i fråga. I fall som detta har citatet som visats inte mycket att göra med uppenbarelsens innehåll. En annan kategori utgörs av fall där citatet har en nära anknytning till innehållet i uppenbarelsen. I dessa fall sägs det exempelvis att Mechtild kom ihåg vissa profetens eller Evangeliets ord. Därefter frågar Mechtild hur orden, dvs. citatet, ska förstås. Kristus svarar henne och förklarar vad citatet betyder. Citatet markerar här temat för uppenbarelsen som huvudsakligen består av den förklaring som Kristus ger Mechtild. Ett exempel på detta visas i det följande:

14a. Thär äpther kom henne j hwgh thän wärsin Exultauit vt gygas ad currendam viam etcʳᵃ Thz är swa lydhande Han gladdis som en kämpe til ath löpa wäghin Tha sagdhe hon til wan härra jhesum Min härra gudh, hwat jnsköth thu prophetanom j thänna ordhomen (Geete 1899: 18).
'Därefter kom hon ihåg denna vers: Exultauit vt gygas ad currendam viam etc. Det betyder: Han gladdes som en kämpe att löpa sin väg. Då sade hon till vår Herre Jesus: Min Herre Gud, vad bibragte du profeten med dessa ord?'

14b. Post hæc recolens versum istum: Exultavit ut gigas ad currendam viam, dixit ad Dominum: "Mi Domine Deus, quid in his verbis Prophetæ inspirasti?" (Mechtild 1877: 13).
'Därefter kom hon ihåg denna vers: Han var uppsluppen som en jätte att löpa sin väg. Hon sade till Herren: Min Herre Gud, vad ingav du profeten med dessa ord?'

14c. Nach solchem betrachtet sy den Verß. Er hat sich gefrewet wie ein Riß &c. vnd sprach zů dem Herren: Mein lieber Herr/ Was hastu in disen wortten/ dem Propheten wóllen zů uerstehn geben? (Mechtild 1597: 8ʳ).
'Därefter betraktade hon denna vers: Han fröjdade sig som en jätte osv. Och hon talade till Herren: Min käre Herre, vad lät du profeten förstå av dessa ord?'

14d. Darnoch betrachtet sy den verß. Er hat gefrolockt als eyn riße. vn(d) sprach czu de(m) herren. meyn here meyn got was hastu den propheten eyngegeben in dißen worten (Mechtild 1503: 5ᵛ).
'Därefter betraktade hon denna vers: Han fröjdade sig som en jätte. Och hon talade till Herren: Min Herre, min Gud, vad ingav du profeten med dessa ord?'

Det latinska citatet i exempel 14 är från Ps. 18: 6 i Vulgata (Ps. 19: 6 i den svenska Bibeln). Mechtild kommer alltså ihåg citatet och frågar Jesus vad orden betyder. Texten fortsätter med att Jesus förklarar vad citatet betyder. I detta fall anges citatet endast på tyska i bägge de tyska versionerna, vilket visar att tendensen att ge citat på latin är starkast just i Buddes version.

I vissa fall är båda funktionerna hos citaten aktuella samtidigt. Citaten ger då information både om när Mechtild fick den aktuella uppenbarelsen och temat för uppenbarelsen. Exempel 15 visar ett sådant fall:

15a. I mässonne wm temper lögherdaghen tha som the mässan sanghx äller böriadhis Veni et ostende nobis faciem tuam domine Thz är swa lydhande Härra kom ok lath oss see thiit änlithe Ok tha hon badh for allom them som astwnda ath see gudhz änlithe Tha fiik hon see wan härra jhesum standande mith j chorenom Ok hans änlite war skinande swa som thwsanda soler Ok hwarja ena personam wplyste han mz enne enkannelighe solgils Ok tha hon han athsprodhe hwii hans änlithe teedhis j solinna liknilse tha swaradhe härran jhesus sighiande… (Geete 1899: 17).
'I mässan på en lördag näst efter en av kvatemberdagarna sjöngs mässan som började: Veni et ostende nobis faciem tuam, Domine. Det betyder: Herre, kom och låt oss se ditt anlete. När hon bad för alla dem som åstundar att se Guds anlete, fick hon se vår Herre Jesus som stod mitt i koret och hans anlete sken som tusen solar och han upplyste varje person med en särskild solstråle. När hon frågade, varför hans anlete verkade likna solen, svarade Herren Jesus sägande…'

15b. In Missa *Veni et ostende*, cum pro omnibus oraret qui Dei faciem toto corde desiderarent, vidit Dominum in medio chori stantem, cujus facies, velut mille soles radians, singulas personas solari radio illustrabat. Illa vero perquirente cur facies ejus solarem speciem præferret, ille respondit:… (Mechtild 1877: 13).

'I mässan Veni et ostende bad hon för alla som av hela sitt hjärta åstundade att se Guds ansikte och såg Herren stå mitt i koret. Hans ansikte strålade som tusen solar och upplyste varje person med en solstråle. Hon frågade, varför hans ansikte visades i solens gestalt, och han svarade…'

15c. In der messe. kum vnd erczeige &c(etera). so sy bath vor alle. die das angesicht gotis begeren. sach sy de(n) herren mitten im kore stehen. welchs angesicht scheyn als tausent sonne(n) erleuchte(n)de alle person(en) durch de(n) streym d(er) sonne Aber do sy fragete wor wmb seyn angesicht erczeigte gesteltniß der sonne(n). Antwort er… (Mechtild 1503: 5ᵛ).

'I mässan Kom och visa osv. bad hon för alla som åstundar att se Guds ansikte och såg Herren stå mitt i koret. Hans ansikte sken som tusen solar och upplyste alla personer med solstrålar. När hon frågade, varför hans ansikte visades i solens gestalt, svarade han…'

15d. In der Meß: Kom(m)e vnd erzaig &c. Da sy bat für alle die von gantzem Hertzen begerten das Angesicht Gottes/ hat sy gesehen den Herren stehn in mitten deß Chors/ welches Angesicht erschin als tausent Sonnen/ vnnd erleuchtet jedliche Person mit den straimen der Sonnen: Da sy nuhn fraget/ warumb sein Angesicht het die gestalt der Son(n)en: Antwortet er jr… (Mechtild 1597: 7ᵛ).

'I mässan Kom och visa osv. bad hon för alla som av hela sitt hjärta åstundade att se Guds ansikte. Hon såg Herren stå mitt i koret och hans ansikte sken som tusen solar och upplyste varje person med solstrålar. Nu frågade hon, varför hans ansikte hade solens gestalt. Han svarade henne…'

Citatet i exempel 15 är från psalm 79 i Vulgata som i den svenska Bibeln är psalm 80. Samma sats återfinns tre gånger i psalmen (Ps. 79: 4, Ps. 79: 8, Ps. 79: 20 i Vulgata). I början av exemplet berättas när och var Mechtild fick uppenbarelsen, dvs. medan hon deltog i mässan och i det skede av mässan då just detta ställe sjöngs (*tha som the mässan sanghx äller böriadhis Veni et ostende nobis faciem tuam domine*). Citatet är på sätt och vis namnet på mässan (jfr. In Missa *Veni et ostende* 'i mässan *Kom och visa*' i 15b). Samtidigt visar fortsättningen av texten att citatet har en direkt koppling till den efterföljande uppenbarelsens egentliga innehåll: I citatet bes Herren att visa sitt ansikte (*Härra kom ok lath oss see thiit änlithe*), vilket sedan också sker när texten fortsätter (*Tha fiik hon see wan härra jhesum standande mith j chorenom Ok hans änlite war skinande swa som thwsanda soler*).

5 Avslutning

I detta avslutande avsnitt sammanfattar jag mina resultat och svarar på de forskningsfrågor som presenterades i inledningen ovan.

Citaten från andra källor än Bibeln är sammanfattningsvis mycket få i *Mechtilds uppenbarelser*. Det finns emellertid enstaka citat från exempelvis Augustinus, Ambrosius och en anonym medeltida hymn. Källorna för citaten är kyrkliga, och ickekristna texter verkar inte citeras i *Mechtilds uppenbarelser*. De bibliska citaten har främst tagits från vissa centrala delar i Bibeln. Ur Gamla Testamentet citeras främst Psaltaren som på det hela taget utgör den vanligaste källan för citat i *Mechtilds uppenbarelser*. Det är naturligt att just Psaltaren ofta citeras, eftersom den var mycket central och välkänd under medeltiden. Vissa gammaltestamentliga böcker citeras sporadiskt (bl.a. Job, Ordspråksboken, Predikaren, Höga Visan) men många gammaltestamentliga böcker citeras inte alls. Av de gammaltestamentliga apokryferna citeras närmast Vishetens bok och Syraks bok som generellt hör till de mest lästa apokryferna. Många av de citerade böckerna innehåller visa råd som utgjorde lämpligt material för undervisning. Av de nytestamentliga böckerna citeras främst Evangelierna som utgör den kanske viktigaste delen av hela Bibeln eftersom de innehåller Jesu lära. Urvalet citerade nytestamentliga böcker är ganska brett men alla nytestamentliga böcker citeras inte. De centrala bibelböcker som närmast citeras fanns å andra sidan mig veterligen inte i sin helhet på svenska under medeltiden utan var bekanta för den svenska publiken närmast via citat i andra skrifter. I enstaka fall citeras samtidigt marginella texter som Fjärde Esra, vilket är något förvånande. Fjärde Esra kan ha varit något viktigare på medeltiden än numera eftersom vissa kyrkofäder citerar den, men en särskilt central eller mycket läst text verkar den aldrig ha varit.

I Jöns Buddes svenska version av *Mechtilds uppenbarelser* återges citaten ibland bara på svenska, ibland bara på latin men oftast på båda språken parallellt. I Mechtild 1503 står citaten däremot oftast bara på tyska. I Mechtild 1597 ges citaten också ofta bara på tyska men i vissa fall också på latin. Citat på två språk är sålunda speciellt typiska för Buddes version och otypiska för Mechtild 1503 medan Mechtild 1597 intar en mellanställning.

Citaten står inte alltid i exakt samma form i alla versioner av *Mechtilds uppenbarelser* utan formuleringarna i de olika versionerna skiljer sig ibland från varandra och från Vulgata. Ofta har citatet förkortats i vissa versioner medan andra versioner ger citatet i en fullständigare form, men formuleringen kan även avvika något från originalet. Skillnader i formuleringar mellan Vulgata och *Mechtilds uppenbarelser* beror troligen delvis på att Bibeln ofta citerades direkt från minnet. Därtill behövde citatet möjligen ibland anpassas till den nya kontexten för att bättre fungera i den.

De bibliska citaten förekommer i två huvudsakliga funktioner i *Mechtilds uppenbarelser*. Citaten har ibland som syfte att ange när och var Mechtild fick uppenbarelsen, medan de ibland utgör en integrerad del av uppenbarelsen och har en direkt anknytning till dess centrala innehåll. Båda funktionerna är ibland aktuella samtidigt. Citaten kan därtill också tänkas vara betingade av genren.

Som visats är de bibliska citaten talrika i Buddes version av *Mechtilds uppenbarelser* och de har olika funktioner i texten. Jämförelser mellan Buddes version, Mechtild 1877 och de två tyska versionerna (Mechtild 1503, Mechtild 1597) har visat sig vara givande eftersom det finns intressanta likheter och skillnader mellan de olika versionerna. Jämförelserna visar att alla bevarade versioner är unika och att det inte går att visa vilken av de andra versionerna som står Buddes text närmast. Ställvis står Buddes översättning Mechtild 1877 nära medan den på andra ställen uppvisar större likheter med Mechtild 1503 eller Mechtild 1597. Jämförelserna med de tyska översättningarna hjälper oss att se Buddes lösningar i ett internationellt sammanhang. De kan också ibland hjälpa oss att skilja mellan Buddes personliga insats och det som han snarare upptagit från förlagan. I denna artikel har jag presenterat en fallstudie men en liknande jämförande metod vore sannolikt givande också i samband med andra översatta texter från medeltiden.

Som visats är det också intressant att jämföra *Mechtilds uppenbarelser* med andra texter som Budde översatt eftersom alla texter av Budde innehåller bibliska citat. Ibland återfinns samma citat i två olika texter som säkert är översatta av Budde. Beläggen visar att Budde kunde översätta samma sats på olika sätt vid olika tillfällen, vilket betyder att formuleringar av citaten inte utan problem kan användas som argument vid författarbestämning av anonyma texter.

Min studie har visat att Mechtild främst citerade centrala delar av Bibeln vilket ger stöd åt uppfattningen att Mechtild troligen inte varit speciellt lärd. Å andra sidan verkar hon sporadiskt ha citerat även mer ovanliga källor. Ganska litet är känt om Mechtilds liv men jämförelser mellan olika bevarade versioner av hennes uppenbarelser kan nyansera vår bild av henne. Gamla tryckta versioner som tidigare varit svårtillgängliga kan numera lätt jämföras med varandra tack vare digitaliseringen som öppnat nya möjligheter också för filologisk och språkhistorisk forskning.

LITTERATUR

Handskrifter
Kungliga Biblioteket, Stockholm. A 13.

Textutgåvor
Andersson, Roger (utg.). 2018. *Heliga Birgittas texter på fornsvenska. Birgittas Uppenbarelser. Bok 4*. Editiones, 12 (Stockholm: Sällskapet Runica et Mediævalia).

Dahlgren, Fredrik August (utg.). 1875. *Skrifter till läsning för klosterfolk. Efter gamla handskrifter*. Samlingar utgivna av Svenska fornskriftsällskapet, Serie 1. Svenska skrifter, 20 (Stockholm: P. A. Norstedt & söner, Kongl. boktryckare).

Geete, Robert (utg.). 1899. *Hel. Mechtilds uppenbarelser (Liber spiritualis gratiæ) öfversatta från latinet år 1469 af Jöns Budde. Efter gamla handskrifter*. Samlingar utgivna av Svenska fornskriftsällskapet, Serie 1. Svenska skrifter, 32 (Stockholm: Kungl. boktryckeriet. P. A. Norstedt & söner).

Hultman, Oskar Fredrik (utg.). 1895. *Jöns Buddes bok. En handskrift från Nådendals kloster* (Helsingfors: Svenska litteratursällskapet i Finland).

Klemming, Gustaf Edvard (utg.). 1853. *Svenska medeltidens Bibel-arbeten. Efter gamla handskrifter. Andra bandet*. Samlingar utgivna av Svenska fornskriftsällskapet, Serie 1. Svenska skrifter, 9: 2 (Stockholm: P. A. Norstedt & söner, Kongl. Boktryckare).

Mechtild. 1503. = *Das buch geistlicher gnaden, offenbarunge, wunderliches vnde beschawlichen lebens der heiligenn iungfrawen Mechtildis vnd Gertrudis, Closter iungfrawen des closters Helffede* (Leyptzk: Lotter). http://mdz-nbn-resolving.de/urn:nbn:de:bvb:12-bsb10859996-4 (27.05.2021).

—. 1597. = *Fundgrub der gaistlichen gnaden. Vor Dreihundert Jaren von Gott der Seligen Junckfrawen Mechtild von Hakenborn geoffenbaret vnd gelehret* (Thierhaupten: Closter zu Thierhaupten). https://reader.digitale-sammlungen.de/de/fs1/object/display/bsb10685988_00005.html (27.05.2021).

—. 1877. = *Revelationes Gertrudianæ ac Mechtildianæ II: Sanctæ Mechtildis virginis ordinis Sancti Benedicti liber specialis gratiæ. Accedit sororis Mechtildis ejusdem ordinis lux divinitatis. Opus ad codicum fidem nunc primum integre editum Solesmensium O.S.B. monachorum cura et opera* (Pictavii & Parisiis: Apud H. Oudin fratres).

Migne, Jacques Paul (utg.). 1841. *Sancti Aurelii Augustini Hipponensis episcopi opera omnia. Tomus primus*. Patrologiæ cursus completus, Series prima, 32 (Parisiis: Montrouge).

—. 1845. *Sancti Ambrosii Mediolanensis episcopi opera omnia. Tomi secundi et ultimi pars prior*. Patrologiæ cursus completus, Series prima, 16 (Parisiis: Vrayet).

Mone, Franz Josef (utg.). 1854. *Lateinische Hymnen des Mittelalters. Aus Handschriften herausgegeben und erklärt. Zweiter Band: Marienlieder* (Freiburg im Breisgau: Herder'sche Verlagshandlung).

Sekundärlitteratur

Bampi, Massimiliano. 2019. 'Yvain i dansk språkdräkt: Höviskt litteratur i det senmedeltida Danmark', i Simon Skovgaard Boeck och Séan Douglas Vrieland (red.). *A Copenhagen Miscellany. Studies in East Norse Philology* (Odense: Syddansk Universitetsforlag), s. 215–233.

Bromberg, Richard Louis Jean. 1965. *Het boek der bijzondere genade van Mechtild van Hackeborn. Uitgegeven naar een Nijmeegs handschrift alsmede een beschrijving van haar mystiek en een onderzoek naar de geschiedenis der middelnederlandse vertalingen* (Zwolle: W. E. J. Tjeemk Willink).

Carlquist, Jonas. 2002. *Handskriften som historiskt vittne. Fornsvenska samlingshandskrifter – miljö och funktion* (Stockholm: Sällskapet Runica et Mediævalia).

—. 2004. 'Att läsa en medeltida bönbok. Studier i en handskrift från Skoklostersamlingen', *Arkiv, samhälle och forskning*, 2004:1–2, s. 112–130.

—. 2005. 'Den fornsvenska handskriftens bilinguala karaktär. Latinets funktion i folkspråklig kontext', i: Karita Mård-Miettinen och Nina Niemelä (red.). *Fackspråk och översättningsteori. VAKKI-symposium XXV. Vörå 12–13.2.2005* (Vasa: Vasa universitet. Humanistiska fakulteten), s. 10–30.

Clanchy, M. T. 2007. 'Parchment and Paper: Manuscript Culture 1100–1500', i Simon Eliot och Jonathan Rose (red.). *A Companion to the History of the Book* (Oxford: Blackwell Publishing), s. 194–206.

Dittmann, Robert. 2019. 'The Czech Language in Confessional Clashes of the 16th Century', i Mikko Kauko, Miika Norro, Kirsi-Maria Nummila, Tanja Toropainen och Tuomo Fonsén (red.). *Languages in the Lutheran Reformation. Textual Networks and the Spread of Ideas* (Amsterdam: Amsterdam University Press), s. 105–128.

Flood, John L. 2019. 'Quae pestis unquam tam perniciosa invasit gregem Christi? The Role of the Book in the Reception of Lutheranism in England', i Mikko Kauko, Miika Norro, Kirsi-Maria Nummila, Tanja Toropainen och Tuomo Fonsén (red.). *Languages in the Lutheran Reformation. Textual Networks and the Spread of Ideas* (Amsterdam: Amsterdam University Press), s. 33–55.

Gössmann, Wilhelm. 1978. *Deutsche Kulturgeschichte im Grundriß 5., neubearbeitete Auflage* (München: Max Hueber Verlag).

Hartama-Heinonen, Ritva. 2018. 'Kunskapsluckor och intra- och interkulturella ingrepp i original och översättning', i Beatrice Silén, Anne Huhtala, Hanna Lehti-Eklund, Jenny Stenberg-Sirén och Väinö Syrjälä (red.). *Svenskan i Finland 17. Föredrag vid den sjuttonde sammankomsten för beskrivningen av svenskan i Finland* (Helsingfors: Finskugriska och nordiska avdelningen vid Helsingfors universitet), s. 18–31.

Johansson, Karl G. 2015. 'Om att bryta gränser: Gudsordet på skandinaviska folkspråk från mission till reformation', i Jonathan Adams (red.). *Østnordisk filologi – nu og i fremtiden* (Odense: Syddansk Universitetsforlag), s. 219–233.

Kauko, Mikko. 2015a. *Jöns Budde och hans skrifter – Yngre fornsvenskt textmaterial och mannen bakom det* (Turku: Turun yliopisto).

—. 2015b. 'Verbalis saepe translatio. Om de latinska citaten i Jöns Buddes översättningar', i Jonathan Adams (red.). *Østnordisk filologi – nu og i fremtiden* (Odense: Syddansk Universitetsforlag), s. 173–184.

—. 2019. 'Latinet och antiken i centrala birgittinska texter', i Simon Skovgaard Boeck och Séan Douglas Vrieland (red.). *A Copenhagen Miscellany. Studies in East Norse Philology* (Odense: Syddansk Universitetsforlag), s. 235–249.

—. 2020a. 'Granatäpplen och ärter – om sällsynta ord och missförstånd i Jöns Buddes version av Mechtilds uppenbarelser', i Camilla Wide, Eva Ingman, Katri Lankinen och Veijo Vaakanainen (red.). *Svenskan i Finland 18* (Åbo: Åbo universitet, Nordiska språk), s. 72–87.

—. 2020b. 'Latinska kasusändelser i den fornsvenska versionen av Mechtilds uppenbarelser', *Arkiv för nordisk filologi*, 135, s. 57–94.

Kiilunen, Jarmo. 2008a. 'Kreikkalainen Esran kirja (1./3. Esra)', i Jarmo Kiilunen och Aarre Huhtala (red.). *Urhea Judit, viisas Sirak. Johdatus Vanhan testamentin apokryfikirjoihin* (Helsinki: Kirjapaja), s. 260–268.

—. 2008b. 'Apokryfikirjojen vaiheet ja kanoninen asema eri kirkkokunnissa', i Jarmo Kiilunen och Aarre Huhtala (red.). *Urhea Judit, viisas Sirak. Johdatus Vanhan testamentin apokryfikirjoihin* (Helsinki: Kirjapaja), s. 50–65.

Klockars, Birgit. 1960. *Biskop Hemming av Åbo* (Helsingfors: Svenska Litteratursällskapet i Finland).

Krell, Leo och Leonhard Fiedler. 1968. *Deutsche Literaturgeschichte. Dreizehnte Auflage* (Bamberg: C. C. Buchners Verlag).

Lamberg, Marko. 2007. *Jöns Budde. Birgittalaisveli ja hänen teoksensa* (Helsinki: Suomalaisen Kirjallisuuden Seura).

Laurén, Christer. 1972. 'Predikanten som översättare. Mechtilds uppenbarelser i Jöns Buddes fornsvenska version – handskrift och översättningsteknik', *Folkmålsstudier*, 21, s. 1–162.

Lehmijoki-Gardner, Maiju. 2007. *Kristillinen mystiikka. Läntinen perinne antiikista uudelle ajalle* (Helsinki: Kirjapaja).

Lönnroth, Harry och Nestori Siponkoski. 2017. 'The Philology of Translation', i Harry Lönnroth (red.). *Philology Matters! Essays on the Art of Reading Slowly* (Leiden & Boston: Brill), s. 136–163.

Mattila, Talvikki. 2008. 'Neljäs Esran kirja (Esran ilmestys)', i Jarmo Kiilunen och Aarre Huhtala (red.). *Urhea Judit, viisas Sirak. Johdatus Vanhan testamentin apokryfikirjoihin* (Helsinki: Kirjapaja), s. 269–278.

Mäkilähde, Aleksi. 2019. *The Philological-Pragmatic Approach. A Study of Language Choice and Code-Switching in Early Modern English School Performances* (Turku: University of Turku).

Noreen, Adolf. 1904. *Altnordische Grammatik II. Altschwedische Grammatik mit Einschluss des Altgutnischen* (Halle: Max Niemeyer).

Noreen, Erik. 1942. *Från Birgitta till Piraten. Litteraturstudier av en filolog* (Stockholm: Albert Bonniers förlag).

—. 1944. 'Studier i Jöns Buddes ordförråd', *Meijerbergs arkiv för svensk ordforskning*, 6, s. 1–72.

Pettersson, Jonatan. 2019. 'The Swedish Bible Translations and the Transition from Old Swedish to Early Modern Swedish', i Mikko Kauko, Miika Norro, Kirsi-Maria Nummila, Tanja Toropainen och Tuomo Fonsén (red.). *Languages in the Lutheran Reformation. Textual Networks and the Spread of Ideas* (Amsterdam: Amsterdam University Press), s. 129–148.

Pihlajamaa, Lauri. 2012. 'Raamatunlauseet "Sielun lääkkeessä"', i Kaisa Häkkinen (red.). *Tutkimuksia Westhin koodeksista* (Turku: Turun yliopisto), s. 93–116.

Pottonen, Risto. 2008. 'Kahden kaanonin jännite luterilaisessa perinteessä', i Jarmo Kiilunen och Aarre Huhtala (red.). *Urhea Judit, viisas Sirak. Johdatus Vanhan testamentin apokryfikirjoihin* (Helsinki: Kirjapaja), s. 78–87.

Rydel, Courtney E. 2014. 'Inventing a Male Writer in Mechtild of Hackeborn's Booke of Gostlye Grace', *Journal of Medieval Religious Cultures*, 40.2, 1, s. 92–216.

de Smit, Merlijn. 2019. 'Polyglossia and Nativization. The Translation of Zoonyms in Early Dutch Bibles', i Mikko Kauko, Miika Norro, Kirsi-Maria Nummila, Tanja Toropainen och Tuomo Fonsén (red.). *Languages in the Lutheran Reformation. Textual Networks and the Spread of Ideas* (Amsterdam: Amsterdam University Press), s. 231–251.

Voaden, Rosalynn. 2005. 'Who Was Margaret Thorpe? Reading Mechtild of Hackeborn in Fifteenth-Century England', *Religion & Literature*, 37.2, s. 9–25.

Voitila, Anssi. 2008a. 'Viisauden kirja (Salomon viisaus)', i Jarmo Kiilunen och Aarre Huhtala (red.). *Urhea Judit, viisas Sirak. Johdatus Vanhan testamentin apokryfikirjoihin* (Helsinki: Kirjapaja), s. 167–178.

—. 2008b. 'Kreikkalainen Sirakin kirja', i Jarmo Kiilunen och Aarre Huhtala (red.). *Urhea Judit, viisas Sirak. Johdatus Vanhan testamentin apokryfikirjoihin* (Helsinki: Kirjapaja), s. 188–194.

Välimäki, Reima. 2016. *The Awakener of Sleeping Men. Inquisitor Petrus Zwicker, the Waldenses, and the Retheologisation of Heresy in Late Medieval Germany* (Turku: University of Turku, Cultural History).

Wessén, Elias. 1962. *Svensk språkhistoria I. Ljudlära och ordböjningslära. Sjätte upplagan* (Stockholm, Göteborg och Uppsala: Almqvist & Wiksell).

Widmark, Gun. 2001. *Det språk som blev vårt. Ursprung och utveckling i svenskan. Urtid – Runtid – Riddartid.* Acta academiae regiae Gustav Adolphi, LXXVI (Uppsala: Kungl. Gustav Adolfs Akademien för svensk folkkultur).

Wollin, Lars. 1981. *Svensk latinöversättning I. Processen.* Samlingar utgivna av Svenska fornskriftsällskapet. Serie 1. Svenska skrifter, 74.1 (Lund: Bloms Boktryckeri).

—. 2018. 'Jöns Budde. En senmedeltida proffsskribent', i Charlotte Cederbom, Olle Ferm och Staffan Nyström (red.). *Nådendal – Vallis Gratiae. Finlands Birgittakloster* (Stockholm: Runica et Mediævalia), s. 27–41.

—. 2019a. 'Hur tillkom Christian III:s Bibel?', i Simon Skovgaard Boeck och Séan Douglas Vrieland (red.). *A Copenhagen Miscellany. Studies in East Norse Philology* (Odense: Syddansk Universitetsforlag), s. 251–266.

—. 2019b. 'Jöns Budde – Finlands förste litteratör', i Marika Tandefelt (red.). *Svenskan i Finland – i dag och i går III:1. Finländsk svenska från medeltid till 1860* (Helsingfors: Svenska litteratursällskapet i Finland), s. 97–126.

—. 2020. 'Översättning – språkhistoria – stormakt. Det karolinska Janusansiktet', i Daniel Sävborg, Eva Liina Asu och Anu Laanemets (red.). *Studier i svensk språkhistoria 15. Språkmöte och språkhistoria* (Tartu: University of Tartu Press), s. 31–57.

Nätresurser

Bibel 2000 (Svenska bibelsällskapet): www.bibeln.se (27.05.2021).

Codex Holmiensis A 13: www.manuscripta.se/ms/100212 (27.05.2021).

Luther 1545: http://www.zeno.org/Literatur/M/Luther,+Martin/Luther-Bibel+1545 (27.05.2021).

Münchener Digitalisierungszentrum (MDZ): https://www.digitale-sammlungen.de/ (27.05.2021).

Vulgata (Deutsche Bibelgesellschaft): https://www.bibelwissenschaft.de/online-bibeln/biblia-sacra-vulgata/lesen-im-bibeltext/ (27.05.2021).

12. MANUSCRIPT VARIATION AND TRANSLATION. THE CORPUS OF *GUTA SAGA*

SEÁN D. VRIELAND

The Arnamagnæan Institute, Department of Nordic Studies and Linguistics, University of Copenhagen, Denmark

Contact

Post   The Arnamagnæan Institute, Department of Nordic Studies and Linguistics,
        University of Copenhagen, Njalsgade 136, 2300 København S, Denmark
E-mail sean.vrieland@hum.ku.dk
ORCID   0000-0003-2758-8935

Keywords

Old Gutnish; Guta saga; textual criticism; multilingual corpus

Resumé

Gotlands middelalderlige krønike *Guta saga* er bedst kendt fra pergamenthåndskriftet Cod. Holm. B 64, den eneste fuldstændige kopi på oldgutnisk. Men ud over denne kopi på originalsproget er teksten enten fuldstændigt eller delvis overleveret gennem flere oversættelser: én på tysk, én på svensk og to på dansk. Denne artikel undersøger mulighederne for en tekstkritisk tilgang til et flersproget korpus som *Guta saga* og understreger, at varianter stadig kan ses afspejlet på flere niveauer, selv i tilfælde, hvor de enkelte vidners sprog er forskellige. Artiklen slutter med et appendiks, hvor der gives eksempler på, hvordan sådanne varianter kan opmærkes i kodningssproget XML.

Guta saga, the pseudo-historical narrative from the island of Gotland, is best known from a single manuscript witness: a fourteenth-century parchment manuscript currently held at the National Library of Sweden. The narrative is appended to the legal text *Guta lag* written by the same scribe — together, these texts form the bulk of the Old Gutnish corpus. Most studies and editions of *Guta saga* focus primarily or solely on this manuscript, and for good reason: it is the only complete copy of the text in the original Gutnish.

However, *Guta saga* is found in part or in whole in a total of six manuscripts from the medieval and early modern periods. Of these, only two are in Gutnish: the fourteenth-century parchment manuscript mentioned above and an incomplete direct copy from the 17th century. In addition to these two manuscripts, four preserve *Guta saga* in translation. The six known manuscripts containing *Guta saga* in part or in whole are, in chronological order:

1. Stockholm, National Library of Sweden, B 64, written ca. 1350, containing both *Guta lag* and *Guta saga* in Gutnish.
2. Stockholm, National Library of Sweden, B 65, written in 1401, containing both *Guta lag* and *Guta saga* in German.
3. Stockholm, National Library of Sweden, D 2, written ca. 1450, containing an excerpt from *Guta saga* in Swedish.
4. Copenhagen, Royal Danish Library, NKS 408 8vo, written ca. 1500, containing *Guta saga* in Danish.
5. Copenhagen, Royal Danish Library, GKS 2414 4to, written ca. 1600, containing *Guta saga* in Danish.
6. Bergen, University Library, UBB Ms. 58, written in the 17th century, containing *Guta saga* in Gutnish.

All of these manuscripts with the exception of UBB Ms. 58 have been edited: Schlyter's (1852) edition of *Guta lag* includes the *Guta saga* texts found in B 64 and B 65, while Ljunggren (1959) has edited the Swedish and two Danish translations. However, no critical edition of *Guta saga* exists with a variant apparatus for the corpus, largely due to its multilingual nature.

The present article discusses methods for the study of manuscript variation within a multilingual corpus, taking *Guta saga* in Gutnish, German, Swedish, and Danish as an example. Due to the limitation of the corpus, the article will focus on Chapter Two of the narrative, the only part of *Guta saga* which is preserved in all manuscripts.[1]

The article is arranged as follows: First, the corpus of *Guta saga* manuscripts is presented to provide the material context for the preservation of the narrative, followed by a brief presentation of the contents of Chapter Two. Thereafter I discuss the types of variants that can be found in a manuscript corpus, taking into consideration how language can affect these variants. I then apply these types of variation on the corpus, after which I show how linguistic variation can be used to trace the source language of a translation. The article concludes with a discussion of why including the translated material is necessary for understanding the text as a whole.

In an appendix, I discuss how the guidelines established by the Text Encoding Initiative (TEI P5) can be employed to digitally encode multilingual variation using XML.

---

1 The designation of Chapter Two originally stems from Johan Hadorph, whose edition of B 64 (Hadorph 1687) divides the text into four chapters. Hadorph is also responsible for adding chapter numbers in the margins of the manuscript (cf. Schlyter 1852: 7 fn. 1).

The manuscripts of *Guta saga*

This section briefly presents the material corpus of *Guta saga*. The codicological features of most of the manuscripts have been previously discussed (e.g. Schlyter 1852; Ljunggren 1959; Peel 1999; Vrieland 2019). Where relevant, I will provide further information from my own codicological investigations of each of the manuscripts. For the purpose of this article, it will be stressed how *Guta saga* relates to the other texts in each manuscript.

Cod. Holm. B 64 is a parchment manuscript containing two texts: *Guta lag* (ff. 1^r–42^v) and *Guta saga* (ff. 43^r–50^v) in Old Gutnish. The manuscript consists of 50 leaves and is written in a single hand throughout. *Guta saga* begins on a new quire, however, so it cannot be determined with certainty that the scribe originally intended both texts to be together, as they form separate codicological units.

Textual divisions are indicated in B 64 by the use of enlarged colored initials. In the sixteenth century the Danish priest David Bilefeld (best known as the scribe of *Guta lag* in the manuscript Copenhagen, Arnamagnæan Institute, AM 54 4to) added rubrics in the margins, while Johan Hadorph, who published the first edition of the manuscript, added chapter numbers (cf. footnote 1 above).

Further codicological details of this manuscript are discussed in Vrieland (2019: 175–180).

Cod. Holm. B 65 is a parchment manuscript containing *Guta lag* (ff. 1^r–28^v) and *Guta saga* (ff. 28^v–32^v) in German. The first text, *Guta lag*, ends with a colophon containing the name of the scribe, translator, patron, and date of the manuscript. *Guta saga* follows this colophon, however, so it cannot be determined with certainty that the text was written at the same time, despite being in the same hand.

Czajkowski (2005: 56) speculates that the translator of *Guta saga* may not be the same as the translator of *Guta lag*, based on a number of linguistic features. The copy of *Guta saga* is complete with the exception of a few words at the end, which are otherwise written on a small extended flap. Following *Guta saga* are five clipped leaves, which appear to have been written by the same hand, though the nature of the text cannot be determined. A few paper quires have been added to the end of this parchment manuscript containing two royal ordinances for Gotland, both copied by David Bilefeld.

Further codicological details of this manuscript are also discussed in Vrieland (2019: 191–196).

Cod. Holm. D 2 is better known as *Spegelbergs bok* and is a high folio from the final quarter of the fifteenth century containing a variety of historical and literary texts. At the beginning of the manuscript, which is mostly paper, a parchment flyleaf contains Chapter Two of *Guta saga*, which can be dated based on paleography to the middle of the fifteenth century (Ljunggren 1959: 14). A colophon at the end of *Guta saga* reads "Hæc ex cronica Gotland*o*rum" ('This from the chronicle of the Gotlanders'), acknowledging the text to be an excerpt of a larger work. A full catalogue description of this manuscript can be found on *Manuscripta.se*.[2]

NKS 408 8vo is a small paper manuscript containing only *Guta saga*. The manuscript can be paleographically dated to around the turn of the sixteenth century; Lis Jacobsen (1911: 51) originally argued for a later dating based on the form *thennem* 'them' (formed on analogy with *hannem* 'him'), which according to Brøndum-Nielsen (loc.cit.) is not found in the fifteenth century. However, Brøndum-Nielsen (1928–73: V, §574 Anm. 2) later writes in his grammar of Old Danish that *thennem* is found sporadically from 1450.

The manuscript consists only of a single quire of nine leaves, of which the first (f. 1) is a later addition pasted onto the original first leaf (f. 2). On this added leaf a contemporary hand has written the short proverb "Sp*er*ne vilia dilige v*er*itatem" ('Reject that which is vile; love truth'); underneath a mid-16th-century hand has added a title "Om gamell gwllandz Handell" ('Regarding Gotland's old deeds').[3] A nineteenth-century hand has rewritten both of these additions. The quire is clearly the last of a larger codicological unit, as the beginning of the text is missing. However, the amount of text missing from *Guta saga* is not enough to fill an entire eight-leaf quire, meaning the text was likely appended to another, possibly *Guta lag*.

GKS 2414 4to is a paper manuscript consisting of two parts later bound together. The first part contains Nicolaus Petreius' *Cimbrorum et Gothorum origines, migrationes, bella atque coloniæ* (discussed below) copied by two well-attested hands who worked as scribes for the Danish historian Anders Sørensen Vedel (1542–1616) (Jakobsen 1911: 52). The second part contains *Guta saga* (ff. 69^r–73^r) on a single quire written in a different hand. Although no pages are missing, the text is incomplete, ending abruptly in the middle of Chapter Three.

No previous attempt has been made at identifying the scribe of *Guta saga*, though the hand appears to be that of Claus Christoffersen Lyschander (1558–1624), the Scanian poet and historian whose connection to Gotland centered on the Bille family. Lyschander is known to have owned another manuscript, Copenhagen, Arnamagnæan Institute, AM 55 4to, containing a Danish translation of *Guta lag* by Jens Bille, sheriff of Gotland from 1559–1570 (Vrieland 2019: 200–201).

UBB Ms. 58 is a paper manuscript from the end of the seventeenth century. It contains a collection of Icelandic sagas — mostly *fornaldarsögur* — of varied completeness, alongside summaries in Swedish and two letters from Petter Salan to his

---

[2] https://www.manuscripta.se/ms/100346.
[3] Jacobsen (1911: 52) attributes these two additions to the same hand as the main text of *Guta saga*. However, only the first could potentially be the same hand, though the addition is too short for a thorough assessment.

uncle, Olof Rudbeck the Elder (1630–1702), for whom the manuscript was prepared. *Guta saga* (ff. 171ʳ–174ᵛ) is found on a separate quire written in a hand not found elsewhere in this composite manuscript. The text is mostly complete, though the story of Christianization by St. Olaf is missing — a curious omission, as in its current placement in the manuscript *Guta saga* is wedged between two excerpts from *Óláfs saga helga*.

As this manuscript is a direct copy of B 64, it will not be included in further discussion. A catalogue description of the manuscript was prepared by the project *Stories for all time: The Icelandic fornaldarsögur* and can be found on the project website.[4]

In addition to the manuscripts mentioned above, episodes from *Guta saga* appear in early modern works as well. In the sixteenth century, the Danish scholar Nicholaus Petreius included stories from *Guta saga* in his *Cimbrorum et Gothorum Origines* (first printed in 1695). In the preface to the second book, Petreius writes of his visit to Gotland in 1547, where he heard of

> de Gothers Bedrifter oc adskillig gammel Gothiske Handel, da jeg fornam vel paa dem, at der endnu skulle findes et Skrift, af hvilket god underretning skulle være at bekomme om de Gothers første Opkomst oc Oprindelse. (Ludvig Winsløw's Danish translation from 1706 qtd. in Vinilandicus 2012: 335)

> [The Goths'/Gotlanders' endeavors and various old Gothic/Gotlandic deeds, of which I got the sense from them (the bailiffs on Gotland) that a written copy should exist, from which good information on the Goths'/Gotlanders' first appearance and origin should be attainable.]

In the seventeenth century, the native Gotlander Hans Nielsen Strelow incorporated episodes from *Guta saga* into his *Cronica Guthilandorum*, published in 1633. Thirty years later, the Danish grammarian Peder Syv refers to a manuscript with the title:

> En kort fortegnelse paa nogle danske antiqiteter [*sic*], om hves i Danmark, Boringholm og Gulland, førend Dan er blefven første Konge i Danmark, sig tildraget hafver[.] (ed. Bertelsen 1979: 268)

> [A brief account of some Danish antiquities about what took place in Denmark, Bornholm and Gotland, before Dan had become the first king in Denmark.]

---

4   http://fasnl.ku.dk/browse-manuscripts/manuscript.aspx?sid=VQBCAEIAIABNAHMALgAgADUAOAA1.

This mention is taken to allude to *Guta saga* (cf. Jacobsen 1911: 53), not least because Syv specifically mentions the manuscript(s) "ere fundne paa Gulland i Gullandske og Tydske sprog" ('are found on Gotland in the Gutnish and German languages'; ed. Bertelsen 1979: 268). Syv only includes two episodes from *Guta saga*: Þielvar's discovery of Gotland and the tricking of the Byzantine king. Nevertheless, Syv's witness to the text has been considered important enough to be included in the stemma codicum (see below).

The contents of Chapter 2

Chapter Two is the only portion of *Guta saga* preserved in the entire corpus. The chapter consists of two main sections: A peace agreement between the Gotlanders and the Swedish king and the conversion of Gotland by St. Olaf. Both sections are written in a quintessential style that marks *Guta saga* as a whole: a mixture of colorful oral tradition and dry detail (cf. also Mitchell 1984).

The first section is given the rubric "Pacis conditio cum Rege sveciæ facta. & Tributum Anniuersarium" ('Of the peace agreement made with the Swedish king and the annual tribute'), added by David Bilefeld in B 64. It opens by telling of how Gotland, while still heathen, was frequently attacked by kings, though that the Gotlanders continuously held their own. In order to make peace with the Swedish king, the Gotlanders selected a notably wise and well-spoken man, Avair Strabain from Alva parish. In recompense for the dangerous task of being sent to the king, Avair demanded three weregilds from his compatriots: one for himself, one for his son, and one for his wife. The remainder of this section details the peace treaty made with the Swedish king, which consisted of an annual tribute of sixty silver marks, of which the king should receive forty and the jarl twenty. In return, both Swedish and Gotlandic traders would enjoy the privilege of peaceful and toll-free visitation. The king should also provide protection for the Gotlanders if they requested it, while the king and jarl were to send representatives to the Gotlandic assembly (the *Gutnalþing* in Roma) to collect tribute.

The second section, which bears the rubric "De S*ancto* Olao" ('Of St. Olaf'), tells of how St. Olaf laid his ships to harbor in Akergarn when fleeing Norway. The Norwegian king was greeted with an exchange of gifts from some wealthy Gotlanders, including Ormica of Hainaim. After exchanging gifts, Ormica took on the Christian faith following St. Olaf's teaching and subsequently built a chapel there where Akergarn Church now stands. After that, St. Olaf continued onward to Jaroslav in Novgorod.

The binding concept throughout Chapter Two is Gotland's connection to its neighbors — specifically Sweden and Norway — interplayed with the island's maintainance of its own unique identity. With this in mind, it is significant that it is exactly Chapter Two which is found in all manuscripts.

Types of manuscript variation

Manuscripts containing the same text can vary on many levels. The language of the text may differ due to a distance in time and the word choice may differ from one manuscript to another. At a higher level, one manuscript may contain a part of a text not found in another. Examining variation in a manuscript corpus requires the philologist to distinguish what Haugen (2013: 103) refers to as *substantial* and *accidental* variation and for which he establishes the general rule that "varianten må gje ei anna meining" ('the variant must give a difference in meaning').

Manuscript variation is of course introduced into the corpus via the process of copying and re-copying. In her discussion of variant readings as material for investigating language change, Winters (1991) divides the processes of manuscript variation into three categories: *slips*, *errors*, and true *variants*.

Slips are, according to Winters, "inaccuracies arising from the necessary movement of the scribe's eye from source manuscript to the page" (1991: 133). They are then in essence what Frellesvig (1996: 107) refers to as "incidental errors in *performance*." *Errors* by contrast "arise from true ignorance" (Winters 1991: 133) and are "systematic mistakes in *competence*" (Frellesvig 1996: 107).

Variants arise through the autonomy of the scribe, who according to Winters "may act as editor, improving, or at least to his own satisfaction, the text put before him to copy" (1991: 134). This concept of an *editing scribe* is according to Bäckvall (2017: 25) central to the material-philological approach to texts.

I have previously (Vrieland 2017) discussed the levels on which manuscript variation can be found, dividing types of variation into three overlapping categories: *graphic*, *linguistic*, and *textual* variation.

Graphic variants include the minor differences due to a scribe's own script and orthography and consists mainly of *graphemic* variation, such as the use of <ss> vs. <ß>, and *orthographic* variation, i.e. spelling differences.

Linguistic variants can be found on all levels of language, i.e. phonology, morphology, lexicon, and syntax. *Phonological* variation can include phonological developments such as the weakening of *p > b* in Danish. *Morphological* variation includes the change of morphological forms. *Lexical* differences involves the use of different lexemes. *Syntactic* variation involves the use of different syntactical structures with no difference in meaning.

Textual variants are the highest order of variation and consist of *phrasal* variants, which are essentially two ways of saying the same thing without much difference in the plot, and *episodic* variation, which introduce differences in the content of the text.

The question remains how to determine whether two readings in two different languages can be considered variants or not. Falluomini (2015) deals with a similarly multilingual corpus when approaching the Gothic Bible, and defines a *significant reading* as "a Gothic reading that reflects clearly a single Greek reading" (2015: 134 fn. 610). Falluomini's *significant readings* for the Gothic Bible are primarily those found on the higher *linguistic* and *textual* levels, including *lexical* variation, such as the varied use of Got. *swnagōgē* and *qaqumþs* to translate Gk. συναγωγή 'synagogue' (2015: 85), and *episodic* variation, such the preservation of the longer ending of the Gospel of Mark (2015: 139, 174–8). In the following section, I will show how variation on all levels can be used to elicit significant readings in a multilingual corpus.

Variation in *Guta saga* Chapter Two

We may now turn to our text, Chapter Two of *Guta saga*, and apply the different forms of variation on the multilingual corpus.

The Danish philologist Lis Jacobsen (1911: 66) first proposed a stemma of *Guta saga* including the manuscripts in translation (minus D 2) as well the episodes included in Peder Syv's *Om det Cimbriske Sprog*. The stemma was later refined by Ljunggren (1959: 98), while a composite stemma of the two is given by Peel (1999: xiii). A simplified version of the stemma is given in Figure 1.

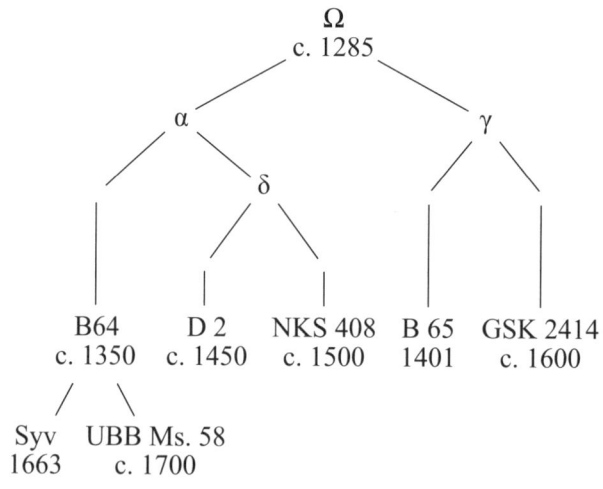

Figure 1: Stemma of *Guta saga*

An alternate explanation is given by Vinilandicus (2012: 111), who argues that D 2 and NKS 408 are direct copies of B 64, rather than closely related, and that GKS 2414 is a direct descendant of B 65. However, it will be shown below that D 2 and NKS 408 have multiple readings in common which cannot be derived from B 64, and that they instead share a common ancestor with the Gutnish manuscript. The question of whether GKS 2414 can be derived from B 65, on the other hand, remains open.

Considering the two branches containing translated versions of *Guta saga* (γ and δ on the stemma) both contain two languages each, it is worth speculating whether all translations were taken directly from Old Gutnish or via a third language. Ljunggren (1959) has already speculated on this and concludes (albeit tentatively) that the two Danish translations in NKS 408 and GKS 2414 are translated via Swedish and German, respectively. Regarding the former, Ljunggren writes:

> Det sannolikaste synes vara, att denna [NKS 408] har varit avfattad på svenska men att den liksom D 2, vilken den uppenbarligen har stått ganska nära, har innehållit en rad mer eller mindre utpräglade gutniska former[.] (Ljunggren 1959: 68)

> [The most likely seems to be that (the text of) NKS 408 was drawn up in Swedish but that it — like D 2, to which it originally had been very close — contained some more or less distinctively Gutnish forms.]

Regarding GKS 2414, Ljunggren writes:

> Det kan inte råda något tvivel om att [GKS] 2414 är en översättning från tyskan och inte från gutniskan och att dess förlaga under alla omständigheter står B 65 mycket nära. (Ljunggren 1959: 80)

> [There can be no doubt that GKS 2414 is a translation from German and not Gutnish, and that its exemplar was in any event very close to B 65.]

As will be shown below, linguistic variants can be used to help determine the source language of a translation.

Graphic variation

The lowest form of variation, *graphic variation*, is the most difficult to apply to a multilingual corpus, as features such as orthography are dependent on language. However, traces of graphic variation can be found in place-names and personal names.

The Gotlander sent to strike a deal with the Swedish king is known in B 64 as *Avair Strabain*. The name *Avair* is not common and clearly presented scribes and translators with some difficulties.[5] While the German translation in B 65 accurately renders the name as "awayr", the closely-related Danish translation in GKS 2414 reads "Aluar". It is possible, if GKS 2414 is a direct copy of B 65, that this is due to the form of <w> in the German manuscript, which contains a high first loop and could potentially be misread as <lv>.

The remaining two manuscripts, D 2 and NKS 408, both write Avair's name with <h>, "Halward" (D 2) and "halwar" (NKS 408). The use of <H> is also found in Strelow's *Cronica Gotlandorum*, thus indicating a farther reach of this form.

Graphic variation can also lead to mistranslation. The same hero Avair is described in B 64 as being "snieldr oc fiel kunu*n*gr", with a misplaced nasal stroke rendering an original *(fiel)kunnugr* 'skilled (in many things)' to *kunungr* 'king'. This misinterpretation as 'king' is found in both D 2 and NKS 408:

D 2   "snielder ok clok*er* konu*n*ger"
           [wise and clever king]
NKS 408   "snell*er* ok selff ko*n*nigh"
           [wise and himself king]

The Danish translation in NKS 408 further shows OGu. *fiel-* 'much-' was misinterpreted as **sielf-* 'self' due to a graphic misreading of <f> as <ſ>. The German translation in B 65 and the related Danish in GKS 2414 by contrast both correctly describe Avair as "manches dynges wys" ('wise in many things'; B 65) and "y alting møgidt wis och Klogh" ('in everything very wise and clever'; GKS 2414).

From the above examples, it becomes evident that graphic variation especially comes into play when dealing with *slips* and *errors* as described by Winters (1991). Variation found at the higher levels — linguistic and textual — are more likely to show evidence of the scribe's own editorial intervention.

Linguistic variation

Of the four named types of linguistic variation — phonological, morphological, lexical, and syntactic — the most significant for establishing a stemma appears to be lexical variation. It is at the lexical level we are best able to find in a multilingual

---

5   The name is known from a rune-carver ᛅᚢᛆᛁʀ found on two stones from Funen: Flemløse 1 (Fyn 2) and Helsnæs (Fyn 8). Other scant evidence for the name is an 11th-century coin and possible matriculation from Denmark as well as various place-names in Sweden (see Peterson 2007: 38; Knudsen og Kristensen 1936–1940: 84; Wiktorsson et al. 1974: 204).

corpus a reading which points specifically to a reading in the source language, what Falluomini (2015) describes as a *significant reading*.

In Chapter Two of *Guta saga,* we find many examples of lexical variation. When Avair is asked by his countrymen to travel to Sweden, he is said to have 'answered' in three manuscripts — "suaraþi" (B 64), "swarade" (D 2), "swar*er*" ('answer'; NKS 408) — whereas in the remaining two he is said to have 'said' — "sprach" (B 65), "sagde" (GKS 2414). Similar lexical variation is found in the sentence describing the Swedes' right to travel to Gotland unhindered by tax:

B 64	"so aigu ok suiar sykia gutland"
	[So the Swedes also have (permission) to visit Gotland]
D 2	"Saa æga oc Swenska søka Gotland"
	[So the Swedes also have (permission) to visit Gotland]
NKS 408	"Saa bør swenskæ far*e* til gutlandh"
	[So the Swedes should travel to Gotland]
B 65	"so sullen ouch dy Sweden vry czu Gotlande widder kome*n*"
	[So the Swedes shall also freely return to Gotland]
GKS 2414	"liige saa skulle och de aff sueriige Komme fry thill gudland"
	[So too shall those from Sweden also come freely to Gotland]

Here OGu. *aiga* 'have' and *sykia* 'visit' are translated with direct cognates in D 2, whereas NKS 408 is a step further from the original Gutnish reading with *bør* 'should' and *fare* 'travel'. The translation in GKS 2414 employs cognates of *sullen* 'shall' and *komen* 'come' as found in the German translation, speaking for a close connection between these two witnesses.

Another form of variation at the lexical level that can especially be found in a translated corpus involves code-switching or the non-translation of a native term, often followed by an explanation or definition. This feature is found twice in the Swedish translation in D 2. The Old Gutnish term *vereldi* 'weregild' is given in D 2 as "tryy werlde th*et* ær iij manss bøter" ('three *vereldi*, that is 3 weregilds') with the term *mansbot* given as a definition for *vereldi*. Similarly, OGu. *ierl* 'jarl' is described as "Jerlen th*et* ær marsken" ('*Jerlen*, that is the marshall'), giving the definition *marsk* 'marshall'.

At times, a single lexeme is expanded to a short phrase elsewhere in the corpus. A frequent feature of GKS 2414, for example, is the use of pleonasm, such as "wis oc Klogh" ('wise and clever') where B 65 merely has "wys" ('wise'); "forligelsse och willchor" ('settlement and terms') where B 65 has "eyn recht" ('a law'); "gaffuer och Klenodie" ('gifts and treasure') where B 65 has "cleynoden" ('treasures'). While in GKS 2414 this innocuous use of pleonasm is merely intended for style, a similar expansion of a single lexeme in D 2 shows a political purpose. Among the references to the king of Sweden, the manuscript twice renders his title as "Swe*rigis* och Gøta konu*ng*" ('King of Sweden and the Geats'). Here a reference is clearly made to a specific Swedish king, namely Karl Knutsson Bonde, who following his attempted invasion of Gotland in 1449 expanded his title to *Sweriges och Gøta Konung*.

Variation on the morphological and syntactic level can include the use of singular vs. plural, present tense vs. preterite, etc. Such variation is not always significant; for example, a switch between present and preterite tense is common in manuscript corpora; in *Guta saga* we find it in the description of Avair as clever and well-spoken, for which D 2 gives a present tense "ær" ('is') while the remainder of the corpus uses preterite.

A significant reading on the morphosyntactic level can be found in the opening sentence of Chapter Two. The Old Gutnish version in B 64 tells that many kings fought on Gotland "miþan ha[i]þit war" ('while [it] was heathen'), which is mirrored in the Swedish and Danish translations in D 2 and NKS 408: "meden th*et* var heid*it*" ('while it was heathen'; D 2), "men th*et* var hedith" ('while it was heathen'; NKS 408). The German and Danish translations in B 65 and GKS 2414, on the other hand, use a plural subject in reference to the Gotlanders rather than a singular in reference to the island: "dy wile sy heyden were*n*" ('while they were heathens'; B 65), "thend stund de end nw worre hedninger" ('the time they still were heathens'; GKS 2414).

Textual variation

Undoubtedly the most telling form of variation in a text corpus for the purpose of establishing a stemma is *episodic variation*, i.e. differences in the narrative itself. For a text as short as *Guta saga* there is little room for significant variation at the episodic level, though some points can be mentioned. It is obvious, for example, that although D 2 and NKS 408 are closely related, the latter cannot be a direct descendant of the former, as D 2 only consists of Chapter Two, whereas NKS 408 contains a translation of the entire saga (though the beginning is missing due to a missing quire; cf. above). If the Danish translation in NKS 408 was translated from Swedish, this would indicate the entire saga had been translated into Swedish and not only the excerpt of Chapter Two as found in D 2.

Similarly, the text of GKS 2414 cannot be the direct source of the other texts, as it ends abruptly in the middle of Chapter Three in a way not found in any other version.

Phrasal variation can play a similar role to lexical variation in helping determine the relationships between manuscripts. For example, the Gutnish reading "suia kunung" (lit. 'king of the Swedes') in B 64 finds two different translations in the two branches: either 'the Swedish king' as in B 65 ("deme swedeschen kønynghe") and GKS 2414 ("denn suenske Konge") or 'king of Sweden' as in NKS 408 ("swerigis konnigh"), expanded in D 2 as 'king of Sweden and the Geats' ("Swerigis oc Gøta konung") as discussed above.

Phrasal variation at the beginning of Chapter Two speaks against the text of GKS 2414 deriving solely and directly from B 65. When describing the Gotlanders' ability to hold their own against foreign invasion, the Danish translation reads:

GKS 2414   "dog beholde de menlig offuer haandt och Seyeruinde och bleffue wed deris egenn Rett"
[Though they constantly held the upper hand and victory and remained with their own right]

The phrase "och bleffue wed deris egenn Rett" ('and remained with their own right') finds no parallels in B 65, which simply reads "vnde ere recht" ('and their right'), a close translation of the Gutnish reading "Oc ret sinum" ('and their right') in B 64. By contrast, the Swedish and Danish translations read "oc bliffue theris egne" ('and remained their own'; D 2) and "Ok bliffwæ theres eygna" ('and remained their own'; NKS 408), which Ljunggren (1959: 37) attributes to a misreading of *ret sinum 'their right' as *rēþ(u) sinu(m) 'ruled over their own'. GKS 2414 appears to have been influenced by this reading, though also incorporating "Rett" from *recht* as found in B 65. It is thus possible to conjecture multiple sources for the text in GKS 2414.

At times, phrasal variation can be useful in emending the Gutnish text in B 64. For example, the annual tribute of the Gotlanders to the Swedish king is described as follows:

B 64   "Siextighi marca silfs vm arr huert. þet ier scattr guta so at suiarikis cunungr fiauratighi markr silfs af þaim siextighi. En ierl hafi tiughu marcr silfs."
[Sixty silver marks per year. That is the tax of the Gotlanders such that King of Sweden forty marks of those sixty, and the jarl should have twenty silver marks.]

The first sentence reads rather tersely in B 64 and is mirrored in D 2, which reads "lx: mark sølffs swenska om huart aar" ('40 silver marks each year'), notably with the added specification of *Swedish* silver marks. Meanwhile, the remainder of the corpus all give 'sixty silver marks' not as the subject of the sentence, but as the object of a verb 'give':

NKS 408	"Ath guther skwllo giffwa han*nem* hw[art] aar lx mark sylffs Th*ette* ær gutlandz retthæ skath" [That the Gotlanders should give him 60 silver marks each year. That is the right tax of the Gotlanders.]
B 65	"iczliches jares us czu gebende lx m*ar*c silbirs. das ist der Goten schatz." [Each year paying 60 silver marks. That is the tax of the Gotlanders.]
GKS 2414	"Ath giffue hannom huert Aar xl m*ark* søls."[6] [To give him 40 (*sic*) silver marks each year.]

Here we are presented with two equally difficult options for resolving this discrepancy: Either the Old Gutnish original read *at giefa hanum siextigi marka silfs* or similar, with *at giefa hanum* being independently deleted in B 64 and D 2, or B 64 preserves the original reading with the verb being added independently in NKS 408 and the tradition containing B 65 and GKS 2414.

A clearer error in B 64 which can be emended with the remaining corpus (with the exception of GKS 2414) is the reading "so at suiarikis cunu*n*gr fiauratighi m*ar*kr silfs", which lacks a verb. In the remaining three manuscripts, we find that the king 'shall/should have' forty silver marks:

B 65	"dar van solde habin der kønyng xl M*ar*c silbirs" [Of that the king should have 40 silver marks]
D 2	"swa at Swe*rigis* konu*n*ger skal haffua xl m*ar*k sølffs" [So that the king of Sweden shall have 40 silver marks]
NKS 408	"Ath swe*riges* ko*n*nigh skal haffwæ xl mark" [That the king of Sweden shall have 40 marks]

In D 2 and NKS 408, we find the same 'shall have' in the following part of the sentence, referring to the jarl's portion, clearly a translation of OGu. *hafi* as found in B 64 "En ierl hafi tiughu marcr silfs". From this evidence we can reconstruct a Gutnish reading of the first part of the sentence as **so at suiarikis kunungr hafi fiauratigi markr silfs* (see also Schlyter 1852: 97 fn. 6).

---

6   Note that GKS 2414 differs on two points here: first, 'sixty' is given as "xl" (= 40). Second, the following sentences describing the king and jarl are missing.

Using linguistic variation to trace the source language

Lexical variation can also be useful in pinpointing the source language of a translated text. For example, GKS 2414 is argued by Ljunggren (1959: 80) to have been translated from German into Danish, rather than directly from Gutnish. This can frequently be seen in the lexicon of GKS 2414, such as the use of "Bedhus" ('chapel') for OGu. *bynahus*, for which B 65 has "bete hûs". Although the translator behind GKS 2414 presumably could have used *bedehus* as a translation for *bynahus*, it is notable that the other Nordic translations have "byna huss" (D 2) and "bøna hus" (NKS 408). Similarly, the phrase *latta þar taka* 'let take' in B 64 appears as "wndfange" ('receive') in GKS 2414, which easily points back to the German "vntfan" ('receive') as found in B 65, whereas the other translations have "kreffwua" ('demand'; D 2), "kreffuia" ('demand'; NKS 408).

At times lexical variation in a translation leads to a different interpretation in a further translation, such as is found in the first sentence of Chapter Two in GKS 2414:

B 64   "Mangir kunugar stridu a Gutland"
                 [Many kings fought against Gotland]
GKS 2414   "mange Konger stride imodt dennom aff guthland"
                 [Many kings fought against them from Gotland]

It is not easy to clarify how OGu. *a Gutland* 'against Gotland' could be translated to *af Gutland* 'from Gotland' in Danish. However, when considering the reading in B 65, the translation becomes clear: "Manich kønyng streyt myt en vf godlande". Not only is *mit en* 'with them' translated as *imodt dennom* 'against them', but *uf* 'on' is reinterpreted as *af* 'from'. The two other Nordic translations, on the other hand, translate OGu. *a* with *(op)pa* 'on' ("pa Gotland" D 2; "oppaa gutlandh" NKS 408).

Variation at the lexical and phonetic level in NKS 408 points to a third language rather than a direct translation from Gutnish. In reference to the three weregilds Avair Strabain demanded as recompense, NKS 408 uses the form "goffwer" ('gifts') where the closely related D 2 reads "werlde", itself taken directly from OGu. *vereldi* 'weregild'. The form "goffwer", "goffwor" appears again in NKS 408 twice in reference to the gifts Ormica of Hainaim gave to St. Olaf; here D 2 reads "geffuom" ('gifts') and "clenatom" ('treasures'). The use of a different lexeme is in itself not remarkable; however, NKS 408 is the only example of a rounded vowel for an otherwise unrounded *a* in Old Danish *gave* (cf. *Gammeldansk Ordbog* s.v. 'gave'). As the lengthening *a* > *ā* and later rounding to *å* is a Swedish development (Wessén 1965: 72), the forms "goffwer", etc. in NKS 408 must derive from a Swedish exemplar.

Discussion

One might well ask "Why bother?" with the translations of *Guta saga* when the text is preserved in the Old Gutnish original. The witness in B 64 gives a complete account of the narrative and the few errors in the text are easily emended without the need to consult the translated texts.

Yet to only consider a single manuscript of *Guta saga* is to give the impression this text was unimportant or not widely known. As the three branches of the stemma and four languages of the corpus attest, this could not be further from the truth.

The translations of *Guta saga* demonstrate the transmission and use of the saga following its composition and outside of its original milieu. The presence of a German translation of the saga appended to a translation of the law text shows the significance of the German Order, which had taken control of the island at the turn of the fifteenth century, yet considered it important to document the laws and customs of the local population.

The Swedish translation in D 2 shows how *Guta saga* had been used for political purposes. It is not by coincidence that the excerpted text in D 2 is Chapter Two, which involves the Gotlanders' treaty with the king of Sweden. Ljunggren (1959: 69–71) argues the original Swedish translation to be from the period 1438–1440. However, the text in D 2 can best be dated to following the attempted 1449 invasion of Gotland based on the consistent use of *Sveriges og Gøta Konung* ('King of Sweden and the Geats') in Chapter Two, which is only found in D 2. Karl Knutsson Bonde referred to himself by this title from 1449 onwards, following his invasion of Gotland. In a charter dated 1449 he for example opens with "Wy karll m*et* gudz naadh Sweriges oc gøta konu*n*gh" ('We, Karl, by the Grace of God King of Sweden and the Geats'; SDHK 25511).

The Danish translations of *Guta saga* display a significant contradiction: While on the one hand the narrative was translated into Danish twice, showing significant interest in the history of Gotland, neither translation is directly translated from Gutnish. These two manuscripts are, however, only a fraction of the surviving 'Danish' corpus of Gotlandic materials, and fit within the context of Danish control over the island, which lasted from the 1361 invasion by Valdemar Atterdag until the 1645 Treaty of Brömsebro when the island was ceded to Sweden.

Guta saga is more than a single textual witness found on the final quire of B 64. The narrative existed in at least three different branches, of which two are only attested in translation though nevertheless point back to Gutnish sources. Meanwhile, the translations of *Guta saga* attest to the transmission of the narrative outside of a Gotlandic context. Like the island of Gotland itself, *Guta saga* is both uniquely Gutnish and part of a larger inter-Baltic sphere of influence.

Appendix: Encoding multilingual variation

The Digital Age has provided the philologist with new tools for the study of text, including the markup language XML. An international standard for the electronic markup of text using XML has been developed by the Text Encoding Initiative (TEI), whose latest guidelines (TEI P5) provide tagsets for encoding manuscript variation.

The TEI Guidelines for Electronic Text Encoding and Interchange define a module for the encoding of a critical apparatus (Ch. 12 'Critical Apparatus'), which consists of three main tags: an *apparatus entry* <app> containing a base text reading enclosed in a *lemma* <lem> and variant reading(s) enclosed in *reading* <rdg>. It should be noted that the *lemma* element is optional and that an *apparatus entry* may consist purely of *reading* tags, giving all witnesses equal weight.

In the following I will show how the tags defined by TEI P5 can be used to encode the multilingual variants in *Guta saga*. A single example will be given from the corpus to show how lexical variation can be encoded.

The example is taken from the beginning of Chapter Two, which describes the Gotlanders' continuous victory over foreign kings. Here the German and Danish translations in B 65 and GKS 2414 align themselves with the Gutnish in B 64 by describing the Gotlanders as maintaining 'victory':

B 64	"þau hieldu gutar e iemlica siþri" (scribal error for *sigri*)
	[Though the Gotlanders always held victory]
B 65	"y doch behilden sy gemynlichen dy segeuechtunge"
	[Though they always held victory]
GKS 2414	"dog beholde de menlig offuer haandt och Seyeruinde"
	[Though they always held the upper hand and victory]

Despite being semantically the same reading ('victory'), the translations still show some variation: B 65 uses a definite article before the noun, while GKS 2414 employs a pleonasm 'upper hand and victory'. The Swedish and Danish translations in D 2 and NKS 408 by contrast describe the Gotlanders as winning 'the battles':

D 2	"men altiid vunne the stridena"
	[But they always won the battles]
NKS 408	"men altidh wundhæ the stridhin"
	[But they always won the battles]

The underlined passages can be encoded within an *apparatus entry* tag with two underlying *reading* tags: one containing 'victory' as found in the witnesses B 64, B 65 and GKS 2414; and one containing 'the battles' as found in D2 and NKS 408.

```
<app type="lex">
  <rdg wit="B64|B65|GKS2414"
      lemma="sigr|segervechtinge|segervinning"
      xml:lang="non-x-gut|gmh|da">
    <w wit="B64" lemma="sigr">si<choice><sic>þ</sic><corr>g</corr></choice>ri</w>
    <seg wit="B65">
      <w lemma="dër">dy</w>
      <w lemma="segervechtinge">segeuechtunge</w>
    </seg>
    <app type="add">
      <rdg wit="GKS2414">
    <w wit="GKS2414" lemma="yverhand">offuer haandt</w>
    <w wit="GKS2414" lemma="ok">och</w>
      </rdg>
    </app>
    <w wit="GKS2414" lemma="segervinning">seyervinde</w>
  </rdg>
  <rdg wit="D2|NKS408"
      lemma="striþ|strith"
      xml:lang="sv|da">
    <w wit="D2" lemma="striþ">strid<m type="def">ena</m></w>
    <w with="NKS408" lemma="strith">stridh<m type="def">in</m></w>
  </rdg>
</app>
```

The *apparatus entry* tag <app> takes the attribute @type, which in this case can be set to 'lex' ('lexical'). In *reading* tag <rdg> the witnesses are listed within the attribute @wit separated by a pipe character '|'. The variant lexemes used are listed within the attribute @lemma in the same order also separated by a pipe character; finally, the language of each witness is listed within the attribute @xml:lang with the same pipe character separation, so that each lemma can be correctly associated with the language.

Within each *reading* tag <rdg> the individual witnesses' readings are given in *word* tags <w> with the appropriate attributes @wit and @lemma. In the case of the

German translation B 65, a *segment* tag <seg> is used to enclose the noun phrase consisting of the definite article and noun, which in turn are each enclosed in a *word* tag <w>. The pleonasm in GKS 2414 is itself a variant consisting of additional text ('offuer haandt och') which is placed within its own *apparatus entry* tag <app> with the attribute @type set to 'add' ('addition').

Within the *word* tags <w> themselves, the entire set of tags available from the TEI P5 guidelines can be used. In the above example, the scribal error of <þ> for <g> in B 64 is encoded and emended in the *choice* tag <choice>, while the suffixed definite articles in D 2 and NKS 408 are encoded in the *morpheme* tag <m> with the attribute @type set to 'def' ('definite article').

Even a multilingual text corpus such as *Guta saga* can be encoded using the power of XML and the TEI Guidelines once the types of variation found in the corpus have been established. A complete digital edition of the entire corpus is thus not out of reach.

Manuscripts

Stockholm, National Library of Sweden, B 64
Stockholm, National Library of Sweden, B 65
Stockholm, National Library of Sweden, D 2 (*Spegelbergs bok*)

Copenhagen, Royal Danish Library, NKS 408 4to
Copenhagen, Royal Danish Library, GKS 2414 4to

Copenhagen, Arnamagnæan Institute, AM 54 4to
Copenhagen, Arnamagnæan Institute, AM 55 4to

Bergen, University Library, UBB Ms. 58

Bibliography

Bertelsen, Henrik (ed.). 1979. *Danske Grammatikere fra Midten af det syttende til Midten af det attende Aarhundrede. Vol. I* (Copenhagen: Det danske Sprog- og Litteraturselskab).

Brøndum-Nielsen, Johannes. 1928–73. *Gammeldansk Grammatik i sproghistorisk Fremstilling. 8 Vols.* (Copenhagen: Universitetsforlag).

Bäckvall, Maja. 2017. 'Description and Reconstruction: An Alternative Categorization of Philological Approaches', in Lars Lönnroth (ed.). *Philology Matters! Essays on the Art of Reading Slowly* (Leiden: Brill), p. 21–34.

Czajkowski, Luise. 2005. *Gutalag und Gutasaga Frühneuhochdeutsch* (M.A. Thesis, Leipzig University).

Falluomini, Carla. 2015. *The Gothic Version of the Gospels and Pauline Epistles: Cultural Background, Transmission and Character* (Berlin and Boston: Walter de Gruyter).

Frellesvig, Bjarke. 1996. 'On the Interpretation of Written Sources as Evidence for the Phonology of Earlier Language Stages', *Copenhagen Working Papers in Linguistics*, 4, p. 97–130.

Haugen, Odd Einar. 2013. 'Tekstkritikk og tekstfilologi', in Odd Einar Haugen (ed.) *Handbok i norrøn filologi* 2. edn. (Bergen: Fagbokforlaget), p. 76–126.

Hadorph, Johan. 1687. *Gothlandz-Laghen* (Stockholm: H. Keyser).

Jacobsen, Lis. 1911. 'Gamle danske Oversættelser af Gutasaga', *Arkiv för Nordisk Filologi*, 23, p. 50–75.

Knudsen, Gunnar og Marius Kristensen (eds.). 1936–1940. *Danmarks gamle personnavne. Vol. I* (Copenhagen: G. E. C. Gads).

Ljunggren, Karl Gustav. 1959. *En fornsvensk och några äldre danska översättningar av Gutasagan* (Lund: Svenska Fornskrift-Sällskapet).

Mitchell, Stephen A. 1984. 'On the Composition and Function of *Guta saga*', *Arkiv för Nordisk Filologi*, 99, p. 151–174.

Peel, Christine. 1999. *Guta saga: The History of the Gotlanders* (London: Viking Society for Northern Research).

Peterson, Lena. 2007. *Nordiskt runnamnslexikon* (Uppsala: Institutet för språk och folkminnen).

Schlyter, Carl Johan. 1852. *Gotlands-Lagen* (Lund: Berlingska).

Strelow, Hans Nielsen. 1633. *Cronica Guthilandorum* (M. Martzan).

Vinilandicus, Peter Andersen. 2012. *Nordens gotiske storhedstid* (Odense: Syddansk).

Vrieland, Seán D. 2017. *Old Gutnish in a Danish Hand: Studies in the B manuscript of* Guta lag (Ph.D. Dissertation, University of Copenhagen).

—. 2019. 'The History and Preservation of *Guta lag*', *Opuscula*, 17, p. 169–208.

Wessén, Elias. 1965. *Svensk språkhistoria I: Ljudlära och ordböjningslära* (Stockholm: Almqvist & Wiksell).

Wiktorsson, Per-Axel et al. (eds.). 1974. *Sveriges medeltida personnamn. Vol. I* (Uppsala: Almqvist & Wiksell).

Winters, Margaret E. 1991. 'Manuscript Variation and Syntactic Change', *Text,* 5, p. 131–143.

Online resources

Gammeldansk Ordbog: https://gammeldanskordbog.dk (28.05.2021).

Manuscripta – A Digital Catalogue of Manuscripts in Sweden: http://manuscripta.se (28.05.2021).

SDHK = Svenskt Diplomatariums huvudkarotek: http://sok.riksarkivet.se/SDHK (28.05.2021).

Stories for all time: The Icelandic fornaldarsögur: http://www.fasnl.ku.dk (28.05.2021).

TEI P5 = Text Encoding Initiative P5 Guidelines: http://www.tei-c.org/guidelines/p5 (28.05.2021).

13. TRANSLATING HEROES, CREATING MONSTERS – ALTERITY DISCOURSES IN *KARL MAGNUS*

ELENA BRANDENBURG
Department of Scandinavian and Finnish Studies, University of Cologne

Contact
Post   Institut für Skandinavistik/Fennistik, Philosophische Fakultät der Universität zu Köln, Albertus-Magnus-Platz, D-50923 Köln, Deutschland
E-mail   elena.brandenburg@uni-koeln.de
ORCID   0000-0001-7088-4807

Keywords
translation, Karl Magnus, Old Swedish literature, alterity, Old French

Resume
Karl Magnus er et oversatt heroisk dikt som er overlevert i fire svenske samlingshåndskrifter. Selv om den svenske overleveringen ikke er like omfattende som den norske og danske, er teksten en viktig litterær kilde for forhandlinger om den ,andre' og fremmede i svensk litteratur i middelalderen. Artikkelen gir en analyse av hvordan konsepter som identitet og alteritet ble overført og tilpasset til det svenske litterære miljøet.

Introduction

One of the most popular figures of the European Middle Ages, the Roman Emperor Charlemagne, entered the Old Norse world through literary translations. The earliest extant example of Nordic translation of the Old French heroic poems, the so-called *chansons de geste*, is the Old West Norse *Karlamagnús saga ok kappa hans* which was translated during the reign of the Norwegian King Hákon Hákonarson (1217–1263). *Karlamagnús saga ok kappa hans* is a compendium of several cyclified *chansons de geste* fused with native Norwegian histories. Apparently, this Norwegian compendium was the source for subsequent translations into Swedish and Danish. We do not know when and how the saga arrived in Sweden and Denmark, since the text *Karl Magnus* only survived in four manuscripts dated to the 15th century. The Danish version, *Karl Magnus' Krønike*, is transmitted in only one manuscript dated 1480.[1] The epic battles between Christians and heathens are the main

---

1 The Swedish manuscripts are Cod. Holm. D 4, Cod. Holm. D 4a, Cod. Holm. D 3 and AM 191 fol. The Danish manuscript preserving *Karl Magnus' Krønike* is Cod. Holm. Vu 82.

topic of the Old French poems, negotiating contacts and conflicts between East and West (Ramey 2019: 136). These topics build the main core of concepts such as 'alterity' and 'identity' in the literatures of the European Middle Ages. The following analysis shows in which way these concepts were translated into the Swedish culture as it is shown in *Karl Magnus*.

Though the medieval process of translation implies that the texts were likely adapted to first Norwegian, then Swedish and Danish culture and society rather than translated literally, we still find traces of original Old French culture in them. Regarding the Old French *chansons de geste*, a highly political and ideological poetry, we can recognize some important *chansons de geste* patterns from the Christian and European traditions, which survived in the Swedish versions from the 15th century manuscripts. One of them is the paradigm of alterity and the question how translations deal with the concept of Otherness. The aim of this article, therefore, is to analyse the representations of the *Other* in *Karl Magnus* and to set them in a wider context regarding the original sources.

As Jonathan Adams and Cordelia Heß state, there are essentially no sources confirming the actual presence of real Muslims and Jews in medieval Scandinavia. They appear in well-known Northern texts as *absent presence* – someone who is there, but not visible (Adams/Heß 2015: 3). Thus, the representation of Muslims in East Norse literature is not a result of real-life contacts, but rather a fusion of already existing Old French clichés and stereotypes. Translated literature became at that point the transmitter between cultures – on the one hand Old French, which shaped the stereotypes according its needs and values – and on the other hand the target culture which translates and adapts them. The constructions and representations of the *Other* remain dependent on contemporary religious, historical, and philosophical discourses (Soltani 2016: 30–31). Keeping in mind that medieval texts were adaptable to new cultural and literal environments, they also possessed the potential to re-shape polemical discourses and turn them into something new and positive.

It is generally assumed that medieval European literature can be considered an important medium for creation and negotiation of European, Christian identity that had not solidified through self-representation and differentiation from the *Other*. The theoretical framework for conceptualizing the cultural *Other* is given by a thought-provoking and controversial study *Orientalism: Western Conceptions of the Orient* by Edward Said (Said 1978). Furthermore, Homi K. Bhabha and Gayatri Spivak define the Orient as a "discursively constructed object" (Sinclair 2004: 47) for Western reading.[2] The perception of the *Other* as necessarily inferior was crucial to European identity and power (ibid.: 48). Though Said's concept of Orientalism cannot be

---

2 See Bhabha: 1994, on Spivak, see Landry/MacLean 1996.

simply transferred to the Middle Ages with their different cultural and socio-economic conditions (Classen 2013: 14), medieval literature remains an important source for providing and establishing images of Otherness which need a revision.

Particularly, the literary genres dealing with the Crusades, e.g. *chansons de geste*, especially the early ones, are set in a frame of a yet unstable Christian identity and the heathen *Other*. Hence, it is not surprising that one of the crucial aspects of the *chansons de geste* scholarship concerns the relationship between the Self and the *Other* – Charlemagne's Christian army and his heathen enemies.[3] These negotiations, carried out on a battlefield, were constructed within the dichotomy good/Christian and bad/heathen. Considering the early date of the composition of the *chansons,* especially *Chanson de Roland* (around 1075–1110), the question arises: what impact did the translated *Chanson de Roland*, one of the most canonized texts of French literature, may have had on 15th century Swedish discourse regarding Christian identity?

Discourses on alterity in *Chanson de Roland* and *Voyage de Charlemagne à Jerusalem et à Constantinople*

Karl Magnus contains only two chapters of ten branches (or þættir) of *Karlamagnús saga*. Whether there ever existed an extended version of the Swedish translation and why only two episodes were transmitted in four Swedish manuscripts, remain open questions. For purposes of this article it is nonetheless highly remarkable since the two episodes are translations of the well-known epic *Chanson de Roland* and a parody of a pilgrimage *Voyage de Charlemagne à Jerusalem et à Constantinople.* While *Chanson de Roland* represents the 'heroic age' of French literature and can be considered a part of collective French memory,[4] *Voyage de Charlemagne* offers a more ambivalent and polemical image of the Frankish king and his knights. Both texts deal with Christian identity and power set against a foreign force: the evil heathens in *Chanson de Roland* and the abundant world of the Byzantine emperor in *Voyage de Charlemagne.*

The representation of heathens (*paiens*) in *Chanson de Roland* follows the binary-pattern of ascribing them good/Christian versus evil/heathen. The discourse on Otherness is built upon religious, ethnic, and biological categories like dark skin, monstrous bodily attributes and heathen knights with onomatopoeic names like Malquiant or Malcud.[5] Here, the strategy of demonizing the *Other* is obvious. How-

---

3   See e.g. Ramey 2006, 2014 and 2019; Hensler 2006; Ailes 2012 and 2020; Martin 1990.
4   Collective memory is a term coined by Jan Assmann (2011).
5   These names refer obviously to the Old French prefix mal- connoting 'bad', 'evil', see Herman 1969: 432, Kinoshita 2001: 82.

ever, while concepts of good/evil appear stable in *Chanson de Roland*, this dichotomy is highly superficial. The current research opens new perspectives on that supposed dichotomy which will be briefly presented here in order to analyse the translated and transformed images of the heathens in the Old East Norse versions of the *chansons de geste*. Looking deeper into the structures of the Carolingian and the heathen armies presented in the poems, one finds a striking similarity between these two social orders. Within that system of the feudal hierarchy, heathen soldiers show the same virtues as Christian ones: loyalty towards their leader, bravery unwavering determination to fight for their respective religion. For these military services, they obtain care and appreciation.

In her research on alterity in *Chanson de Roland*, Kinoshita notices that pagans are not only constructed like "mirror images" of Christians, they are "virtually indistinguishable" (Kinoshita 2001: 83) from them. Indeed, religion seems to be the only distinguishing category which easily can be overcome by an act of conversion. There can be found numerous conversations on religious topics between Christian and heathen soldiers in the East Norse versions of the *chansons de geste* where proselytizing seems to be a logical step. Nonetheless, the number of conversions is marginal in this genre and as Kinoshita states, "Charlemagne shows little interest in winning the hearts and minds of the enemy" (ibid.: 85). Regarding the concept of alterity constructed in the poem, religion is the only differentiation marker between two otherwise similar systems of feudal hierarchy of the Franks and the Saracens. This creates a danger of nondifferentiation:

> More fundamentally, it points to an impending crisis of nondifferentiation. If the possibility of conversion is held open, then any sense of identity, which depends on the opposition between self and other, is intrinsically unstable. (ibid.: 86).

It seems like the core dichotomy in *Chanson de Roland* boils down to religion, which variance by all means must be maintained in order to ensure a stable identity. Were the marker of identity and alterity eliminated, the fragile Christian identity would collapse. Here, the genre of *chansons de geste* and especially its most prominent poem *Chanson de Roland* serves as a medium for establishing Frankish national identity from the date of its composition around 1075–1110.

Translating established images in the Old Swedish *Karl Magnus*

Looking at the transmitted East Norse versions of *Chanson de Roland*, we must keep in mind that the manuscripts, which contain them, are all from the 15th century. The long chain of transmission could have opened possibilities of re-writing and re-shaping the established images. The intention and the ideological background itself might have changed. Embedded into some miscellanies of late-medieval Sweden whose audience is assumed to be aristocratic (Bampi 2008: 19), *Karl Magnus* was read alongside texts like *Flores och Blanzeflor*, *Hertig Fredrik af Normandie* or *Namnlös och Valentin*. This contextualizing within a courtly-aristocratic backdrop suggests that *Karl Magnus* was considered an adventurous and entertaining story about foreign heroes and events, with a veneer of educational moralizing intentions in the context of *prodesse et delectare*. Some traces of heroic poetry survive in the Swedish version, but overall, *Karl Magnus* is no longer a heroic poem and its intrinsic intention to establish Frankish or Christian identity via opposition to the *Other* is surely not the primary aim of translating it into Swedish. We can say very little about the Danish transmission or reception of *Karl Magnus' Krønike*, since it is transmitted in one single manuscript dated to 1480 in Børglum, Cod. Holm. Vu 82. This single copy leads one to assume that *Krønike* was produced and read in the monastic context connected to the abbey of Børglum.

When Adams states that the East Norse texts demonstrate "a great variation of images that could mean different, sometimes contradictory, things in different contexts" (Adams 2015: 207), a closer examination of alterity constructs in *Karl Magnus* and *Karl Magnus' Krønike* can prove if these texts reflected the fragility of the negotiated images and identities.

The Old Swedish version of *Chanson de Roland* is a short narration where a number of descriptive details were omitted. The episode's focus is fully on the battle of Roncevaux in 778, where Roland and his peers die in the fight against the Saracens. Unlike the Old French version, where Roland's betrayal by his envious stepfather, Ganelon, is clearly communicated, these scenes are omitted in the Swedish translation. This is an important detail: while the Old French sources identify the responsibility for the catastrophe to envy and lack of loyalty within the Frankish Christian universe, the Old Swedish text concentrates on the martial scenes omitting the ambiguity and fragility of Christian unity. Ganelon's betrayal appears just once, in one of Charlemagne's prophetic dreams:

> Swa myklæ sorgh haffu*er* iach / at
> iach git*er* ey a hestæ sitit for gwenel
> iærll skuld / for thy nw ward*er* franz
> æruingiæ løst j nat / for*e* mik bars
> so*m* gudz engil kom til mi*n* / och brøt
> sund*er* spiuthskapt mith mella*n* mi*n*a
> handa / och thy wet iach at swiken ær
> roland syst*er*son mi*n*. (*KM*, p. 44, 25–46, 1).

I worry so much that I can hardly sit on my horse, because of jarl Gwenel (= Ganelon), for now France will stay heirless, in the night it appeared to me that God's angels came to me and the shaft of my spear broke between my hands and so I know that Roland, my nephew, is betrayed.[6]

Despite this betrayal of Charlemagne's own peer and family member by a Frankish knight, it is evident, who the real enemies are: *Karl Magnus* uses the disparaging nouns *blaman* (black man) and *hedhæn* (heathen) to describe the Saracens.[7] Descriptions that refer to the moral and ethnic traits of the Saracens are clearly demonizing and pejorative: Margaris, a soldier from a land called *Katamar*, is described as a bad knight because "heden man ær engin swa goder riddare" (KM, p. 52, 9, *heathen man is not a good knight*). There are several geographical depictions that constitute the monstrosity of the heathen world; Gernwbulus' homeland is e.g. a dead place without sunshine or rain:

> thy lande so*m* ha*n* æ ma ey sooll skina
> och korn bæræ ell*er* wæxæ / ey *r*egn
> ko*mm*a/ ey blomst*er* springa. (*KM*, p. 54, 5–7).

In this land, which he possesses, no sun can shine and no wheat can bear or grow, no rain comes, no flowers blossom.

Marsilius' brother Falzaron lives in a land, which is described as a slide into Hell:

> waro swa onde mæn at jordhin yp-
> nad*is* fore the*m* och swnko swa nid*er*
> til helffuit*is*. (*KM*, p. 62, 2–4).

[they] were so evil men that the earth opened before them and they sank down to hell.

Furthermore, we find descriptions referring to the inner moral qualities of the heathens, e.g. Waldabris who won Jerusalem through a betrayal:[8]

---

6 All translations are made by author. *KM* refers to the edition Kornhall 1957.
7 More on these terms in the Old East Norse context, see Adams 2015: 204–206.
8 There is no existent *chanson* transmitting the episode with a heathen named Waldabris. However, the internal references to other *chansons* create a kind of intertextuality, which is common to this genre. Bastert 2010: 49.

> han wan iher*u*salems
> borgh mz swikom / han smittadhe t*e*mpl*u*m dom*i*nj
> och drap pat*r*iarchan. (*KM*, p. 72, 30–32).

> He won the city of Jerusalem by betrayal; he soiled the temple of the Lord and killed the patriarch.

However, the heathens are depicted as competent soldiers, like Gernwbulus and Margaris who are "badhe godhe riddar*e*a starke och hardæ" (*KM*, p. 64, 30–31) – *both good and strong knights*. Clibanus is "raskar*e* æn swala flyga*n*de" (*KM*, p. 72, 8) – *faster than a flying swallow* – and Grondomes "war skiutar*e* æn fogill flyga*n*de" (*KM*, p. 74, 29–30) – *faster than a flying bird*. In battle, the Saracens appear to be worthy opponents to Roland and his Frankish peers. Their only flaw is their religion, which is inferior to Christianity. Margaris might be a good young man if he were a Christian: "och godher drenger ware han om han ware cristin" (*KM*, p. 70, 16–18). Roland addresses his enemies on the battlefield with these words:

> Nw skule*n* j wita och fres-
> ta huru myk*it* idher trægud mogho mo-
> te gudhi waro*m* alzwaldugo*m* och pet*r*o ap*o*sto*l*o (KM, p. 76, 29–31).

> Now you shall know and prove how powerful your wooden God might be against our almighty God and Peter the Apostle.

Standard stereotypes of evil and monstrous heathens stand side by side with positive depictions of the martial abilities of individualized Saracens.

Keeping in mind that *Karl Magnus* is included in four manuscripts intended for an aristocratic audience, we still find traces of heroic poetry in gruesome battle scenes: e.g. the fight against Grondomes who was described as a good knight, strong and fast ("godher riddaræ, stark*er* och rask*er*" (*KM*, p. 76, 13–15), but receives a bloody end:

> thy hiog
> rola*n*d efft*er* hon*om* / och kløff hoffwd ha*n*s swa
> at j ta*nn*om stadd*is* / och a*n*nat j axl hans swa
> at baken nid*er* j gik ha*n* och hæst ha*n*s [...] (*KM*, D4a, p. 76, 16–18).

> Then Roland struck at him and clove his head in that way that it [the sword] stood in the teeth and another one through the shoulder so that it went through the back and his horse.

In essence, *Karl Magnus* seems to be reduced to the metaphysical battle between Good and Evil, between Christians and heathens. The complex narrations, which show the fragility of Christian self-identity, disappear through the act of translation. What remains is the martial aesthetics of a catastrophe: the downfall of the Carolingian army in the Pyrenees.

It should be mentioned that by omitting narrative details like dialogues and monologues, the Swedish versions also do not transmit the disapproving and humiliating tendencies in derogatory descriptions of the heathen *Other*, common not only in *Chanson de Roland*, but also for the High Middle German translation *Rolandslied* des Pfaffen Konrad, composed around 1170 (see Seidl 2009). Still, the transmitted images remain stereotypes and clichés of *paiens* branching into three categories of Otherness: their monstrous physical appearance (dark and evil); their geographical discourse of their origin and provenance (hell); and their inner qualities (amoral). As Adams indicates, East Norse literature fits clearly within the western European tradition (Adams 2015: 206). Demonizing the *Other* means to set borders to oneself, namely the Christian identity.

Charlemagne's journey

Christian superiority is also the main theme in the second chanson to be discussed in *Voyage de Charlemagne à Jerusalem et à Constantinople*. In contrast to the Battle of Roncevaux Pass of 778, Charlemagne's pilgrimage to Jerusalem and Constantinople is complete fiction. Here, Frankish supremacy is set against the outrageous wealth of the Byzantine emperor Hugo, embedded in a parody or a "hoax, a fraud" (Burrell 1989: 53) of the genre itself. There are no Saracens on the battlefield whom Charlemagne and his peers must defeat, but different religious constellations in Jerusalem and in Constantinople, the Jewish and the Eastern Christian ones. The following analysis of the construction of Otherness in this episode concentrates on the events in Hugo's palace.

The tale opens with Charlemagne rhetorically asking his wife if she has ever seen anyone wearing sword and crown better than he does. Her shocking answer is that the Byzantine emperor Hugo of Constantinople is both richer and wealthier than Charlemagne, although (admittedly) Charlemagne is the better knight and soldier. This spurs Charlemagne and his peers to undertake this pilgrimage to Jerusalem and the Holy Sepulchre, then onward to Constantinople

Here, two power concepts are set in opposition: Frankish military strength versus Byzantine wealth (Deveraux 2012: 47).

> Rikare ær han til fææ æn thu æst
> Thok ær ey han swa goder konunger som thu
> æst riddare / och ey swa rasker j bardaga. (*KM*, D4a, p.2, 30–32).

He is richer in goods than you are, but he is not such a good king as you are a knight and not so fast in battle.

Charlemagne's pilgrimage begins in Saint-Denis, the burial place for French kings since Dagobert: both a popular pilgrim destination in the Middle Ages and historic launchpad of the Second Crusade under King Louis VII of France. The event is transmitted in the Swedish translation as:

At *sanc*ta dyonisij ær
j frans tok : k : k: kors och allæ ha*n*s
riddara. (*KM*, D4a, p. 6, 6–8).

At Saint-Denis, which is in France, Emperor Charlemagne took the Cross and all his knights.

The ironical twist is already obvious: Saint-Denis functions not only as a starting point for a crusade, but also for a "pilgrimage" in the Orient. After passing Jerusalem, Charlemagne and his peers arrive in Constantinople where they are warmly welcomed by Hugo. In comparison to the first chapter of *Karl Magnus*, the main signifier of Otherness here is not faith, since Byzantium was a Christian realm, but rather a considerable rivalry between Eastern and Western Church. This is clearly represented through Charlemagne and Hugo of Constantinople. The Byzantine Emperor is described as a courtly man, generous and well-behaved:

thy at han saa at han war høffuitzker man (*KM*, p. 12, 13–14)
So that he saw that he [Hugo] was a courtly man.

Ok taka tolk*it* aff gull och silff ha*n*s som ha*n* wilde (ibid., 22–23)
And [he could] take as much of his gold and silver as he wanted.

Hugo's superiority is demonstrated by his wonderful palace. It appears to become the transitional place where two different concepts of power and identity are negotiated, wealth on the one hand and military strength on the other:

Hallen som k: atte war innan gør vnd*er*
likæ thak*it* war skr*i*ffuat mz alzskona
fægrind ho*n* war sihwalff Och en stolpe
stod vnd*er* hallene. (*KM*, p. 12, 30–34).

> The hall of the king was wondrously inside, the ceiling was painted with all sorts of beauties, it [the hall] was vaulted and a column stood under the hall.

The palace starts to rotate when the wind blows. The Frankish men become unsteady and discomforted:

> Nw kom
> wæder hwast aff haffueno och wende
> hallenæ swa som myllno hws [...]
> k: m: k: vndradhæ och frank*is*
> mæn matto ey a fotom standa Och
> huxado for wist / at them ware for-
> gerninga gør. (ibid., 14–24).

> Now, a strong wind from the sea came and turned the hall like a mill's house. King Karl Magnus wondered, and the Frankish men could not stand on their feet and thought for sure this would be their demise.

Beside this opulently decorated palace whose origins might reach back to the traditions of the Celtic sun-worship regarding the parallels in the Irish literature (Schlauch 1932: 501), everything in the Byzantine world emphasizes luxury and wealth: there are golden pillars in the hall, the emperor's herb garden is from pure gold, his chair is golden as well;[9] there are precious stones and statues that look alive. In the depictions of abundance and the marvels of the East, we see another way to re-present the *Other* rather than to demonize it: to exoticize it. Constantinople signified both wealth and power, "which blended sameness (Christianity) with otherness (racial and cultural difference)" (Sinclair 2004: 52). This positive discourse on the luxury of the Eastern world is contrasted to the martial aesthetics of the chapter on the Battle of Roncevaux. Here, the Orient is presented like a vision of a better world, a *utopia*, set against the Crusades, battlefields and Saracens as the essential *Other*. Yet, there is another fight to be fought: The Franks as the ambassadors of the heroic poetry world of Crusades enter the courtly space of the Orient. Significantly, Hugo's golden, spinning palace becomes the space for negotiating with a more nuanced perception of sameness and difference.

But which kind of image of Frankish identity is created in the Swedish translation? First, it is set against the opulent world of the Orient and then, there are few

---

9 "gardhen han war alder aff gulle och sat k: a gull stole enom" (KM, p. 12, 7–9): the garden was all of gold and the Emperor sat on a golden chair.

lines that express the self-reflection of the Franks. As shown in the former examples, Charlemagne and his paladins are frightened facing the marvels of the Byzantine world. Being placed in a splendid chamber after a fine evening meal with a lot of wine, the Franks start telling each other short entertaining stories, *æuentyr*. Though initially amusing, many of these stories are boastful and humiliating towards their host, the Emperor of Constantinople, some aim to destroy the city itself. The Frankish knights here are depicted as drunken barbarians, whose self-esteem rests on malevolent fantasy, culminating in a violation of the Emperor's daughter:

> Take keysaren dotter sinæ the wænæ
> och loffui mik liggiæ enæ nat nær
> henne och om iach gør ey williæ min
> mz henne hundradhæ sinnom / til wit-
> nis henne / tha æghe keysaren wald
> om mit hoffwd. (*KM*, p.18, 18–23)

> The Emperor may take his beautiful daughter and allow me to spend a night with her and if I do not get my will towards her hundred times, so that she can bear witness to it, then the Emperor may have my head.

Though scholars have argued about the real narrative function of this sexualized boasting at the emperor's expense (Aebischer 1956, Picherit 1990), it clearly fits in the pattern of the Western male hegemony over an oriental *Other*.

Being confronted with their transgressive boasting the next morning – Hugo placed a spy in a hollow column – Charlemagne's explanation is coarse and self-deprecating instead of courtly: wi warom j aptons alle drukne" (*KM*, p. 26, 5–6; *we all have been drunk in the evening*). In a moment of self-reflexion on Frankish conventions, he adds:

> Och thz ær frankis manna sider at tala mangt tha the fara soffua badhæ wise och owise. (ibid., 10–12).

> And these are the customs of the Franks to speak much when they go to bed, both wisely and unwisely.

Notably, to prove their power, the Byzantine Emperor arranges for the Franks to fulfil their bragging and invites Oliver to perform his boast. In other words, Hugo of Constantinople provides his own daughter to test Oliver's sexual vaunt.

> Aat qwældeno lot hwgin: k: redhæ
> herbærghe eth som bæst matte / och lot
> j goræ enæ seng / Sidhen dotter hans
> war j seng leedh Tha badh hugin k:
> at then osniælle olifernes skulde j sengh
> fara til henna. (*KM*, p. 28,29 – p. 30,2).

> In the evening, the Emperor Hugo let prepare the best lodging and arrange them a bed. When his daughter was led to the bed, he forced the indecent Oliver to go to bed with her.

To make good on Oliver's and all others' vaunts, Charlemagne relies on the "ultimate *deus ex machina*" (Sinclair 2004: 61): the holy relics from Jerusalem. After having prayed to God, Charlemagne is visited by an angel who promises successful achievement of every vaunt. In Oliver's case, not only Hugo of Constantinople and Charlemagne, but also heaven's angel and God Himself approve the sexual violation of the young lady.[10] The provocative essence of the story is even more striking: although Oliver fails to sexually perform one hundred times, Hugo's daughter nevertheless confirms Oliver's sexual prowess to both her father and all the other Frankish men.

Significantly, the Danish translation of *Voyage de Charlemagne*, *Rejsen til det helige land*, has a tactful conclusion, since Oliver marries Hugo's daughter while the Swedish Oliver just leaves this courtly mannered lady:

> Thu
> goder høffdinge thu skalt thz wita
> at iach skal aldre wider tik osemiæ
> och thin goduili skal aldre aff minom
> hwg ganga. (*KM*, p. 40, 6–10).

> You good nobleman, you should know this that I never will bear hatred towards you and your good will shall never disappear from my mind.

The tale ends with Charlemagne's triumph over Hugo: Hugo becomes the vassal of the Frankish Emperor. Wearing a crown higher than Hugo does, Charlemagne demonstrates his superiority as "supreme Christian emperor" (Sinclair 2004: 63), returning home to his wife after this conquest marked as a 'pilgrimage'.

---

10 Here, Léon Gautier is asking the adequate question: "Qu'est-ce que enfin que ce Dieu, descendant du ciel pour consacrer une telle obscénité et sanctionner de tels crimes?", Gautier 1880: 314.

Summary

Karl Magnus is one of the most fascinating Swedish medieval texts dealing with the construction of foreign images and identities. Even if its transmission was not that extensive as compared to other Nordic versions as *Karlamagnús saga* and *Karl Magnus' Krønike*, the insertion of two extant chapters is remarkable. Alongside other texts like *Fornsvenska legendariet, Flores och Blanzeflor, Mandevilles Rejse* or *Konung Alexander*,[11] it unifies two stories where the negotiations with difference and sameness are embedded into two essentially contrasting frames. *Karl Magnus* introduced a Swedish audience to literary constructions of Otherness in two genres: heroic poetry and parody. However, the Swedish translator was not bound to the conventions and limits of the genre and could modify stories in order to make them accessible and interesting for the contemporary reader. Even when the Swedish adaptation doesn't show a more differentiated concept on alterity than the Old French sources, the fact of transmitting only these two episodes, is outstanding. They are an important source for analysing the transfer of stereotypes and pejorative images into the Old Swedish literature and culture.

Looking at the chapter on the Battle of Roncevaux, the heroic story of Roland and his peers reveals a quite traditional image of heathen enemies, led by their king Marsilius. Here, the Saracens are referred to as 'blamen', *black men*, evoking the established association between darkness and evil (Adams 2015: 205). The shown examples imply that the discourse on Otherness in this chapter is created in a three-fold way: via physical descriptions, geographically, and morally, based on a main signifier of difference: religion. However, a closer look into the text shows though that the social and feudal orders both of Carolingian and Saracen worlds are similar. The heathen soldiers are described as good, fast, and loyal soldiers, whose spiritual devotion to their gods might deliver same results: a victory in the battle and a redemption of the soul after passing. This demonstrates the so-called 'crisis of non-differentiation' (Kinoshita 2011: 86) which needs the maintaining of the religious difference in order to create a European self-image. Even if some narrative nuances were omitted in the process of the translation into Old Swedish and the pejorative images of the 'blamen' predominate, the audience could nonetheless identify the similarity between the systems and hence participate in a long literary tradition dealing with the opposition between 'Self' and 'Other' which was crucial to a construction of a Christian European identity.

The same audience could also experience another literary episode when Charlemagne and his Twelve Peers again face an unknown, foreign world. Here, identity, supremacy and conquest are tested in a liminal place – the marvellous spinning

---

11 s. Adams/Heß 2015, Reiter 2018.

palace of Hugo of Constantinople. The courtly wealthy *utopia* of the oriental world is set against the drunken Frankish barbarians who boast about their destructive and sexual power. Yet, Charlemagne and his peers prevail over the Byzantine emperor. Nonetheless, the Frankish identity is flawed:

> If the fictional manipulations of the Voyage de Charlemagne can have recourse to an external source of resolution – the power of God – its sense of French identity none the less remains fraught with lack. (Sinclair 2004: 67)

The parodistic nature of the story only intensifies the critical potential presented to the Swedish audience as an entertaining boast of drunken Franks. Here, *prodesse et delectare,* educating and delighting, might have been the main function of *Karl Magnus* in the 15th century Sweden.

Referring to the Scandinavian examples of Arabs, Muslims, and Islam, Adams states that they show "little innovation or independent development" (Adams 2015: 224). Adding the depictions of 'Orient' in *Karl Magnus* to this list, only confirms Adams' conclusion. Still, these texts were more than barely epigonal reflections of foreign discourses on identity and alterity. Being translated into West and East Norse, they indicate Scandinavian interest in those issues. Included in four miscellaneous manuscripts of the late Middle Ages, *Karl Magnus* as well as *Flores och Blanzeflor* and *Konung Alexander* enable the Swedish recipients to participate in the long chain of European transmissions of *Others* as well as *Self* – which are both narrative constructions to be re-evaluated in order to trace the origin of the stereotypes that still exist.

BIBLIOGRAPHY

Editions

Kornhall, David (red.). 1957. *Karl Magnus enligt Codex Verelianus och Fru Elins bok* (Lund: Blom).

Lindegård Hjorth, Poul (red.). 1960. *Karl Magnus' Krønike* (København: Schultz).

Unger, Carl Richard (red.). 1860. *Karlamagnús saga ok kappa hans. Fortællinger om Keiser Karl og hans jævninger. I norsk bearbeidelse fra det trettende aarhundre* (Christiania: Jensen).

Printed Works

Adams, Jonathan. 2015. 'The Life of the Prophet Muhammad in the East Norse', in Jonathan Adams and Cordelia Heß (eds.). *Fear and Loathing in the North. Jews and Muslims in Medieval Scandinavia and the Baltic Region* (Berlin: de Gruyter), p. 203–237.

Adams, Jonathan and Cordelia Heß (eds.). 2015. *Fear and Loathing in the North. Jews and Muslims in Medieval Scandinavia and the Baltic Region* (Berlin: de Gruyter).

Aebischer, Paul. 1956. 'Le gab d'Olivier', *Revue Belge de Philologie et d'Histoire,* 34, p. 659–679.

Ailes, Marianne. 2012. 'Tolerated Otherness: Saracens who do not convert in the chansons de geste', in Sarah Lambert and Helen Nicholson (eds.). *Languages of Love and Hate. Conflict, Communication, and Identity in the Medieval Mediterranean* (Turnhout: Brepols Publishers), p. 3–19.

—. 2020. 'Desiring the Other: Subjugation and Resistance of the Female in the chanson de geste', *French Studies,* 74, 2, p. 173–188.

Assman, Jan. 2011. *Cultural Memory and Early Civilization. Writing, Remembrance, and Political Imagination* (Cambridge: Cambridge University Press). [German Edition: Assmann, Jan. 1992. *Das kulturelle Gedächtnis: Schrift, Erinnerung und politische Identität in frühen Hochkulturen* (München: Beck).].

Bampi, Massimiliano. 2008. 'In Praise of the Copy. *Karl Magnus* in 15th-Century Sweden', in Massimiliano Bampi and Fulvio Ferrari (eds.). *Lärdomber oc skämptan. Medieval Swedish Literature Reconsidered* (Uppsala: Svenska fornskriftsällskapet), p. 11–34.

Bastert, Bernd. 2010. *Helden als Heilige. Chanson de geste-Rezeption im deutschsprachigen Raum.* (Tübingen/Basel: Francke).

Bhabha, Homi K. 1994. *The Location of Culture* (London, New York: Routledge).

Burrell, Margaret. 1989. 'The Voyage of Charlemagne: Cultural Transmission or Cultural Transgression?', *Parergon*, p. 7, 47–53.

Classen, Albrecht. 2013. 'Encounters Between East and West in the Middle Ages and Early Modern Age: Many Untold Stories About Connections and Contacts, Understanding and Misunderstanding. Also an Introduction', in Albrecht Classen (ed.). *East Meets West in the Middle Ages and Early Modern Times: Transcultural Experiences in the Premodern World* (Berlin: de Gruyter), p. 1–218.

Devereaux, Rima. 2012. *Constantinople and the West in Medieval French Literature: Renewal and Utopia* (Suffolk: Boydell & Brewer).

Gautier, Léon. 1880. *Les épopées françaises: étude sur les origines et l'histoire de la littérature nationale III*. 2nd ed. (Paris: Palmé).

Hensler, Ines. 2006. *Ritter und Sarrazin. Zur Beziehung von Fremd und Eigen in der hochmittelalterlichen Tradition der "Chanson de geste"* (Köln: Böhlau).

Herman, Gerald. 1969. 'Some Functions of Saracen Names in Old French Epic Poetry', *Romance Notes*, 11, 2, p. 427–433.

Kinoshita, Sharon. 2001. "Pagans are wrong and Christians are right': Alterity, Gender and Nation in the Chanson de Roland', *Journal of Medieval & Early Modern Studies*, 31, 1, p. 79–111.

—. 2006. *Medieval Boundaries. Rethinking Difference in Old French Literature* (Philadelphia: Univ. of Pennsylvania Press).

Landry, Donna and Gerald MacLean (eds.). 1996. *The Spivak Reader. Selected Works of Gayatri Chakravorty Spivak* (Routledge: London).

Martin, John Stanley. 1990. 'Attitudes towards Islam from the *chansons de geste* to the *riddarasǫgur*', *Parergon*, 8, 2, p. 81–95.

Picherit, Jean-Louis. 1990. 'Le Gab d'Olivier dans la littérature française', *Fifteenth-century Studies*, 17, p. 299–335.

Ramey, Lynn T. 2006. 'The Death of Aude and the Conversion of Bramimonde: Border Pedagogy and Medieval Feminist Criticism', in William W. Kibler and Leslie Zarker Morgan (eds.). *Approaches to Teaching the Song of Roland* (New York: Modern Language Association of America), p. 232–237.

—. 2014. *Black Legacies: Race and the European Middle Ages* (Gainesville: University Press of Florida).

—. 2019. 'Orientalism and the 'Saracen'', in Bale, Anthony Paul (ed.). *The Cambridge Companion to the Literature of the Crusades* (Cambridge: Cambridge University Press), p. 136–145.

Reiter, Virgile. 2018. '*Flores och Blanzeflor* and the Orient: Depicting the Other in Medieval Sweden', *Tijdschrift voor Skandinavistiek*, 36, 1, p. 22–37.

Said, Edward W. 1978. *Orientalism* (New York et al.: Vintage Books).

Schlauch, Margaret. 1932. 'The Palace of Hugon of Constantinople', *Speculum*, 7, 4, p. 500–514.

Seidl, Stephanie. 2009. 'Narrative Ungleichheiten. Heiden und Christen, Helden und Heilige in der *Chanson de Roland* und im *Rolandslied* des Pfaffen Konrad', *Zeitschrift für Literaturwissenschaft und Linguistik*, 156 (= Uta Goerlitz and Wolfgang Haubrichs (eds.). *Integration oder Desintegration? Heiden und Christen im Mittelalter*), p. 46–64.

Sinclair, Finn. 2004. 'Conquering Constantinople: Text, Territory and Desire', in Margaret Topping (ed.). *Eastern Voyages, Western Visions. French Writing and Painting of the Orient* (Berlin et al.: Peter Lang), p. 47–68.

Soltani, Zakariae. 2016. *Orientalische Spiegelungen. Alteritätskonstruktionen in der deutschsprachigen Literatur am Beispiel des Orients vom Spätmittelalter bis zur Klassischen Moderne* (Münster: Lit.Verlag).

Index

Persons

- **A** Ambrosius of Milano 211, 217, 230
  - Anders Intila 54
  - Arvidsson, Maria 159
  - Augustinus 213, 230
- **B** Bopp, Franz 16
  - Bridget of Sweden (Birgitta Birgersdotter) 157, 158, 160, 165, 166, 167, 169, 173, 210, 214, 218
  - Brynjolf (bishop) 145
  - Budde, Jöns 60, 207, 208, 210–216, 218–228, 230, 231
- **C** Carlquist, Jonas 21, 24, 46, 62, 160, 174, 197, 201, 210, 212, 214, 220, 223, 233
  - Charlemagne (Karl Magnus) 259, 261–264, 266, 267, 269–271
  - Clibanus 265
  - Cyprianus 217
- **D** Dal, Nils Hufwedsson 187, 197
- **E** Erik Kukola (Eric Kukolan) 54
  - Erik Magnusson 178, 183, 184, 189, 190, 191, 196, 202, 203
  - Erik Viiala (Eric i Viala) 54
  - Eskil Magnusson 145
- **F** Falzaron 264
  - Filippus Finnvidsson (Philppus Fynnewidzson) 60, 61
- **G** Gernwbulus 264, 265
  - Gest, Jakob (Jeppe, Jåp) 55
  - Grimm, Jacob 16
  - Grimm, Wilhelm 16
  - Grondomes 265
  - Gumbert, J. Peter 159, 174
  - Gwenel (Ganelon) 263, 264
- **H** Hadorph, Johan 192, 193, 197, 198, 201, 238, 239, 253
  - Hákon IV Hákonarson 259
  - Henric Kukola (Heyky) 60
  - Hugo of Constantinople 264–268, 270, 272
- **J** Jakobson, Roman 24
  - Jerome (Hieronymus) 214, 217
  - Jöns Filipsson (Filipusson) 48, 51
  - Jöns av Hertula 47
- **K** Karin (Kadrin) Pedersdotter 47, 59
  - Klemming, Gustaf Edvard 160, 161, 165, 166, 169, 170
  - Kwakkel, Erik 159, 161

- L Louis VII of France 267
  Luther, Martin 217, 223
  Lydekinus. 145, 151
- M Magnus Eriksson 46, 146, 184
  Magnus Håkonsson Lagabøte 143, 146, 152, 153,
  Magnus (Magnus, Monss Niglesson, Nilsson) Niklasson . . 56
  Margaris. 264, 265
  Marsilius. 264, 271
  Matz Matsson (Mattis Mattisson) 58
  Mechtilde of Hackeborn. 207–214, 216–231
  Messenius, Johan. 192, 193
- N Nigles (Nicliss, Nils Fynnewidzson) Finnvidsson. 54, 55, 58, 60
- O Olaff Jönsson 56, 59
  Oliver (Olivier) 269, 270
- P Peter Jaakkola (Pedher Jacolan). 54
- R Rask, Rasmus. 16
  Roland 261–266, 271
- S Schleicher, August 16, 17, 21
  Strindberg, August 24
  Sverker II 145
- T Tertullianus. 217
  Torsten Björnsson (Biornsson). 58
  Tyrgils Kristinesson 145
- V Valdemar Magnusson. 145, 178, 183, 184, 189–191, 196, 203
  Vidhems-presten. 145
- W Waldabris 264

Places

Borgarting lagdømme. 143, 144, 146, 152
Børglum. 63
Cologne. 209
Constantinople 261, 266–270
Copenhagen. 114, 115, 128, 139, 177, 201, 238–240, 253
Eisleben. 208, 209
Gudhem Abbey. 145
Helfta. 208, 209
Herttula (in Nådendal) 47
Inttilä (in Nådendal) 54, 55
Jaakkola (in Nådendal) 54
Jerusalem. 261, 264–268, 270
Katamar. 264
Kukola (in Nådendal) 54, 60
Leipzig 209, 210
Masko (fi. Masku). 56

Norge.................................... 143, 144
Nådendal (fi. Naantali) 45–47, 51, 52, 56, 58, 60–62
Närke.................................... 23
Oslo..................................... 144, 148, 158
Reso (fi. Raisio) 47
Rimito (fi. Rymättylä)...................... 47
Roncevaux................................ 261, 264, 266, 269
Saint-Denis............................... 267
Skagerrak 144, 154
Skara.................................... 143, 145, 154
Sweden 47, 143, 160, 179, 181, 187,
  189–191, 196, 237, 238, 242,
  246–250, 252, 253, 257, 261, 270
Thierhaupten.............................. 209, 210
Uppsala.................................. 145, 201
Vadstena 158, 160, 196, 204, 210
Venice................................... 209
Viiala (in Nådendal) 54
Västergötland 143, 144, 146, 147, 154

Titles

A Apostlagärningarna (Acts)................. 157, 160, 164, 165, 169, 172, 216
B Birgittas uppenbarelser (Revelationes of St. Birgitta)..... 157, 160, 165, 166, 169, 173, 210, 218
  Biskop Brynjolfs stadga................... 145
C Chanson de Roland 259–263, 266
  Confessiones 213
E Erikskrönikan........................... 177–184, 188–191, 193–196
  Evangelierna............................ 214–216, 230
F Fjärde Esra 217, 230
  Flores och Blanzeflor..................... 263, 271, 272
  Fornsvenska legendariet................... 271
  Frostatingsloven......................... 146
  Förbindelsedikten........................ 178
G Gulatingsloven.......................... 146
  Gutalagen.............................. 78–81, 92, 93, 95, 98
  Guta Saga.............................. 12, 237–257
H Helga manna leverne (Vitae Patrum)........ 157, 158, 160, 166, 167, 169, 173
  Heliga Birgittas leverne (Vita abbreviata Birgittae)....... 157, 158, 160, 166, 167, 169, 173
  Hertig Fredrik af Normandie 263
J Jesu Barndoms Bog 114, 115, 118, 119
  Jon Præst 20, 114
  Järteckensbok (Miracles).................. 157, 160, 164, 165, 169, 172
K Karl Magnus........................... 12, 259–274
  Karl Magnus' Krønike 113, 117, 259, 263, 271

	Karlamagnús saga ok kappa hans	259, 261, 271
	Karlskrönikan	177, 178, 185, 186, 188, 190, 192–194, 196
	Konung Alexander	271, 272
	Konungs skuggsjá	78–81, 83, 84, 86, 88–91, 94–96, 98, 100
	Kristoffers landslag	25
	Kvinders Urtegård	114, 115, 117–120
L	Laʒamon's Brut (Layamon's Brut)	110
	Legends: St. Barbara, St. Juliana, St. Sylvester	157, 160, 167, 173
	Legends: St. Clara, St. Franciscus, St. Blasius	157, 160, 167, 168, 173
	Lucidarius	220, 221
M	Magnus Erikssons landslag	46, 146
	Magnus Erikssons stadslag	46
	Magnus Lagabøtes landslov	78–81, 90, 91, 94–96, 98, 146, 152, 153
	Mandevilles Rejse	271
	Mechtilds uppenbarelser	12, 205–236
N	Namnlös och Valentin	263
	New Testament in Danish translation	23
	Nikodemusevangeliet (Gospel of Nicodemus)	111, 157, 160, 168, 169, 173
	Nådendalsbreven/Nådendalsdiplomen	45–65
O	Om kranke og fattige Mennesker	114, 115, 120
P	Prosaiska Krönikan	177, 178
	Psaltaren	214, 215, 216, 221, 230
R	Rolandslied des Pfaffen Konrad	266
S	Sermo angelicus	157, 160, 162–164, 169, 172
	Sjælens Trøst	113
	Sturekrönikan	177–179, 186–188, 191, 193, 195–197
U	Uppenbarelseboken	208, 218–221
V	Voyage de Charlemagne à Jerusalem et à Constantinople	261, 266, 270, 272
Y	Yngre Västgötalagen	12, 143–156, 181
Ä	Äldre Västgötalagen	12, 78–83, 87, 88, 95, 98, 100, 143–156

Manuscripts

Bergen
Universitetsbiblioteket
(Bergen University Library)

UBB Ms. 58 . . . . 238, 240, 244

Copenhagen
Den Arnamagnæanske Samling
(Arnamagnæan Collection)

AM 191 fol. 259
AM 243 b alfa fol 78, 79, 81, 83, 84, 86–90, 92, 95, 96, 100
AM 302 fol. 143, 146, 147, 152–155

AM 54 4to. 239
AM 55 4to. 240
AM 544 4to (Hauksbók). 159
AM 657 a–b 4to 159
AM 899 4to. 12, 177–204

AM 28 8vo (Codex Runicus) 12, 127–139
AM 76 8vo 113

AM 455 12mo. 111

Det Kongelige Bibliotek
(Royal Library / Danish National Library)

E don.var. 137 4to. 146
Gl. Kgl. Samling 2414 4to 238, 240, 244–251, 253–255
Ny kgl. Samling 408 4to. 238, 240, 244–251, 253–255
Thott 245 8°. 114
Thott 585 8°. 114

Oslo
Riksarkivet
(National Archives of Norway)

NRA norrøne fragmenter 1A. 143, 146–149, 152–154
NRA norrøne fragmenter 1B 146
NRA norrøne fragmenter 1C. 146

STOCKHOLM
Kungliga Biblioteket
(Royal Library)

A 13. . . . . 210, 222
A 49 (Nådendals klosterbok) 159
A 109. 113
A 110. . . . . 12, 157–175

B 58. . . . . 12, 143, 144, 146, 147, 153–155
B 59. . . . . 12, 78, 81–83, 88, 94, 95, 100,
143, 144, 145, 147, 149–151,
153–155
B 64. . . . . 32, 237–239, 241, 242, 245–247
B 65. . . . . 32, 237–239, 241, 242, 245–252,
254, 255
B 74. 111
B 193. . . . . 143, 145, 147–150, 152, 154

D 2 (Spegelbergs bok). 238, 239, 244–253, 255
D 3 259
D 4 259
D 4a. 259
D 5 178–179
D 6 . . . . 192, 197

Perg 34 4to 78, 81, 90, 91, 94, 96

Vu 82. . . . . 113, 257, 263

Riksarvivet
(Swedish National Archives)

SDHK nr. 412 145
SDHK nr. 31080 47
SDHK nr. 31928 47
SDHK nr. 31929 47

UPPSALA
Universitetsbibliotek
(Uppsala University Library)

E 2 195